C. M. Spoerri

Unlike

Von Goldfischen und anderen Weihnachtskeksen

New Adult

Liebesroman

STERNENSAND VERLAG

Lass Dich verführen …

http://sternensand-verlag.ch
info@sternensand-verlag.ch

1. Auflage, Dezember 2016

Umschlaggestaltung: Rica Aitzetmüller | Cover & Books
Lektorat / Korrektorat: Martina König | Sternensand Verlag GmbH
Illustration Fische S. 6: Mirjam H. Hüberli
Illustration S. 343: Corinne Spörri | shutterstock.com
Weitere Illustrationen: Fotolia.de
Satz: Sternensand Verlag GmbH
Druck und Bindung: Smilkov Print Ltd.

ISBN-13: 978-3-906829-28-9
ISBN-10: 3-906829-28-9

Gegensätze ziehen sich an.

Goldfische und Weihnachtskekse manchmal auch.

Kapitel 1

Evan

Jingle bells, jingle bells, jingle all the way …

Ich konnte es nicht mehr hören! Überall, wo ich hinging, erklang dieses dämliche Lied aus den Musikboxen – und wenn es keine Lautsprecher gab, die zur Lärmbelästigung auf den Straßen beitrugen, ertönte es aus den begeistert aufgerissenen Mündern der Weihnachtssänger, die gefühlt an jeder Ecke standen. Hatten die nichts Besseres zu tun?!

Und sowieso: Wer auch immer dieses Lied – oder jedes andere Weihnachtslied – erfunden hatte, gehörte gehängt, gevierteilt und ertränkt. In dieser Reihenfolge, bevor er verbrannt wurde!

Missmutig kickte ich einen Pappbecher vom schneebedeckten Bürgersteig und zog den Kopf zwischen die Schultern, während ich versuchte, dem lästigen Wind zu entkommen, der mir die Schneeflocken in die Nase trieb. Ich hasste Wind. Ich hasste Winter. Ich hasste diese beschissene Weihnachtszeit hier in New York!

Alle lächelten aufgesetzt, waren gespielt fröhlich, schleppten Einkaufstüten oder wahnwitzig hohe Tannen nach Hause und tranken heißen Kakao, in den sie Weihnachtskekse tunkten – alle außer mir.

Ich war auf dem Heimweg von *ihr*. Sie, die keinen Namen besaß, weil ich ihn bisher schlicht und ergreifend nicht hatte erfahren wollen. Sie, die mich von meinem beschissenen Leben, meiner Vergangenheit und der nicht vorhandenen Zukunft abzulenken verstand – wenigstens für ein, zwei Stunden. Denn länger dauerte unsere gemeinsame Zeit selten. Wenn wir nicht zugedröhnt waren, waren wir berauscht von unserer Zweisamkeit. Zugegeben, keine gute Kombination – weder in die eine noch in die andere Richtung.

Aber sie war der einzige Mensch, den ich kannte, der außer mir den Weihnachtsmist nicht mitmachte. Und gerade in dieser Jahreszeit stellte sie die beste Ablenkung dar.

Noch eine Woche, dann wäre der Scheiß endlich vorbei, die Geschenke im Müll, die Familienfeiern überstanden und New York endlich wieder so, wie ich es mochte: laut und dreckig.

Dann könnte ich in meinen Alltagstrott zurückfallen … zumindest so lange, bis meine Schwester sich bei mir meldete und versuchte, mich zu Plänen zu überreden, die mich von hier wegbrächten.

Aber ich wollte nicht weg. Das hier war mein Zuhause – auch wenn ich die Stadt in diesem Lichterketten-Glitzerkleid abgrundtief hasste.

Doch alles war besser, als in London bei meiner Schwester zu sein. Um sie herum gab es keine Entspannung – im Gegenteil. Sie hätte jedem Drill-Instructor die Tränen in die Augen getrieben und dafür gesorgt, dass er nach seiner Mutter schrie. So war sie nun mal, meine liebe große Schwester: verkappter Marine in einem Frauenkörper.

Kein Wunder, dass das weibliche Geschlecht bei ihr Schlange stand. Jedes Mal, wenn sie mich hier in New York besuchte, stellte sie mir eine andere Eroberung vor. Bei unserem letzten Aufeinandertreffen war es Erina gewesen. Oder Edana? Irgendetwas mit ›E‹, das konnte ich mir immerhin merken, da mein Name mit demselben Buchstaben begann: Evan. Aber die wenigsten nannten mich so. Wenn ich den Namen zu hören bekam, dann von meiner Schwester, bevor sie mir irgendeinen Gegenstand hinterherwarf. Blumenvasen, Kissen, Teller … alles war mir schon hinterher geflogen. Ein schlechter Scherz von Gott: Ihr flogen die Weiber hinterher, mir die Gegenstände – haha, wirklich witzig, da oben!

Ich warf einen verärgerten Blick zum wolkenverhangenen Himmel und verfluchte wieder einmal aufs Derbste den Engel (dessen Name mir gerade nicht einfiel), der die bescheuerte Idee gehabt hatte, dieser Maria vor zweitausend Jahren einen Sohn aufzuschwatzen. Hätte der Flattermann sich damals unterwegs verirrt oder wäre beim Eindringen in die Erdatmosphäre verglüht, gäbe es diesen dämlichen Brauch jetzt nicht. Dann müssten sich nicht alle Leute Geschenke schenken, die man sich selbst niemals im Leben gekauft hätte.

Gut, wahrscheinlich war das etwas zu ketzerisch und auch zu pragmatisch gedacht. Ich war nicht ungläubig, nein. Aber ich durfte mich ja wohl über meinen biblischen Namen aufregen, der ausgerechnet ›Jahwe ist gnädig‹ bedeutete. Was auch immer meine Eltern an dem Tag meiner Taufe geraucht hatten (und sie hatten viel geraucht!), es musste ihnen das Gehirn komplett vernebelt haben.

Jetzt war ich dazu verdammt, mit einem Namen zu leben, den ich hasste, weil er weder zu mir noch zu meinem Leben passte. ›Gnade‹ … Scheiß auf Gnade! Es gab sie nicht. Sonst wäre ich nicht auf die schiefe Bahn geraten, nicht im Gefängnis gelandet … und Diana …

Himmelherrgott! Das war einer der Gründe, warum ich Weihnachten hasste: Ich dachte an Dinge, an die ich nicht denken wollte, sah Bilder, die ich nicht sehen wollte! Es war schon schlimm genug, dass ich mit einem Namen herumlaufen musste, den ich verabscheute – Glitzerketten und gebrannte Mandeln machten das absolut nicht besser!

Allen, die meinen Namen wissen wollten, sagte ich daher, ich hieße Sam. Auch ein biblischer Name, okay, aber auf Polnisch bedeutete Sam ›allein‹, und ich war gern allein. Also passte dieser Name eindeutig besser zu mir als etwas, das mit der Gnade Gottes in Zusammenhang stand.

Ich hatte kein Problem damit, dass es einen Gott geben sollte. Wenn es ihn gab, so rechnete ich ihm immerhin hoch an, dass er ein vollkommen gechillter Typ sein musste. Denn er hatte sich seit zweitausend Jahren nicht mehr hier unten blicken lassen und kümmerte sich um seinen eigenen Kram. Ich mochte Leute, die andere in Ruhe ließen. Aber mit seinem Bodenpersonal stand ich umso mehr auf Kriegsfuß.

Doch von meinem Namen mal abgesehen: Diese gekünstelten Bräuche gingen mir einfach auf den Geist. Sie leerten die Geldbörsen und waren sowieso nur dazu da, der Werbeindustrie in die Tasche zu spielen. Noch ehe man es sich versah, musste man sich für Dinge bedanken, die man das ganze Jahr über nicht gebraucht hatte, und an Weihnachtsessen teilnehmen, die die Bezeichnung ›Mästung‹ vollkommen verdient hätten.

DAS ersparte ich mir alles.

»Pass doch auf!«, herrschte ich einen Jungen an, der mir vor die Füße gelaufen war.

Er hob erschrocken den Kopf und geweitete blaue Augen blinzelten unter einer Wollmütze hervor, ehe er laut »Mom!« schrie und zu einer Frau mit dickem Wintermantel lief, die mir böse Blicke zuwarf.

»Junger Mann, hat man Ihnen keine Manieren beigebracht?«, tönte sie und legte eine Hand auf den Kopf des Jungen, der sich hinter ihr versteckte und mich ansah, als wäre ich ein Troll oder so.

Ich ging wortlos an ihr vorbei und überhörte das »Weißt du, das sind GENAU SOLCHE Leute, die an Heiligabend einsam sein werden« mit einem Zähneknirschen.

Na und? Dann gehörte ich eben zu diesen ›Leuten‹. Das war immer noch besser, als zu *den* Leuten zu gehören, die mit einem Haufen lärmender Kinder um sich herum krampfhaft versuchten, in Weihnachtsstimmung zu kommen. ›Leuchtende Kinderaugen‹, ›fröhliches Lachen‹, ›glückliche Gesichter‹ – pah! Das waren alles Gründe, die sich die Erwachsenen einredeten, um ihren Kaufwahn zu rechtfertigen.

Ich wich einer älteren Dame mit drei riesigen Einkaufstüten aus und erhaschte im Vorbeigehen einen Blick auf ihr Gesicht. Sie sah nicht glücklich oder zufrieden und schon gar nicht fröhlich aus. Nein, ihre Miene war verbissen, die Lippen zusammengekniffen, die Wangen ebenso gerötet wie die Augen. Auf ihrer Oberlippe konnte ich sogar einen Schweißfilm entdecken.

DAS war der wahre Weihnachtsgeist: Abgekämpfte alte Frauen, die versuchten, ihre Enkel zufriedenzustellen. Großmütter, die ihre letzten Cents zusammenkratzten und massenweise Geschenke für die ›lieben Kleinen‹ anschleppten. Nur um dann in zehn Jahren allein an Heiligabend vor einem kümmerlichen elektrischen Tannenbaum zu sitzen und zu ›den Leuten‹ zu gehören, weil ihre Enkel sich irgendwo in der Karibik die Sonne auf den Bauch scheinen ließen.

Diesen Schritt übersprang ich liebend gern – vor allem blieb mir dadurch viel mehr Geld für die wirklich wichtigen Dinge im Leben: eine Flasche Alkohol, eine Tüte Gras und eine weitere (größere) Tüte von McDonald's.

Ja, ich hörte mich wie ein Junkie an, der Junkfood aß. Aber das war nun mal mein alljährlicher stiller Protest in der stillen Nacht: stoned vor dem Fernseher zu sitzen, mich zu betrinken und ungesundes Zeug in mich reinzustopfen, während ich mir irgendeinen Schrott aus der Glotze reinzog, den ich am nächsten Tag sowieso wieder vergessen hatte. Aber KEINE Weihnachtsfilme, das war *meine* heilige Regel.

Ich zuckte zusammen, als mein Handy in der Hosentasche vibrierte. Widerwillig schob ich eine Hand aus dem Jackenärmel, wo ich erfolglos versucht hatte, meine Finger aufzuwärmen (es war aber auch arschkalt!), und holte das Telefon hervor.

Auf dem Display leuchtete eine neue Nachricht.

Ruf mich an, wenn du das siehst!!!

Ich musste erst gar nicht auf den Namen des Absenders schauen, um zu wissen, von wem die Mitteilung kam, da es nur einen einzigen Menschen auf dieser Welt gab, der mir Befehle mit drei Ausrufezeichen als SMS-Nachricht schickte: Carol, meine Schwester.

Wenn man von Gott und dem Teufel spricht …

Ohne darauf zu reagieren, steckte ich das Handy in die Tasche zurück und ging weiter. Das fehlte noch, dass ich ihr antwortete. Das würde nur ein stundenlanges Gespräch mit horrenden Kosten zur Folge haben, weil mich meine Schwester wieder zulaberte, wie toll es doch in England sei und wie schön es wäre, wenn ich bei ihr wohnen würde.

Einen Scheiß würde ich tun! Nein, ich würde nicht nach England ziehen! Obwohl es mir rein formal keine Probleme bereitet hätte, denn ich besaß genau wie Carol zwei Pässe: einen amerikanischen und einen britischen. Was wir unserer Mutter zu verdanken hatten – das Einzige, was uns von ihr geblieben war, nachdem sie sich das Hirn weggekokst hatte.

Carol lebte schon seit einigen Jahren in London und war der felsenfesten Überzeugung, dass mir ein Tapetenwechsel guttun würde – endlich raus aus den alten Mustern … zugegeben, bis zu einem gewissen Grad hatte sie schon recht damit, dass ich in Mustern festgefahren war. Aber ich brauchte nun mal Strukturen, um auf dem richtigen Pfad zu bleiben und nicht wieder in die Kleinkriminalität abzudriften (wow, meine Psychiater wären stolz auf so viel Einsicht!). Und sowieso … ob ich mir *Carols* Muster antun wollte, war eine ganz andere Frage.

Ich blickte über die Straße, die mir in den letzten fünf Jahren so vertraut geworden war. Hier war ich jetzt zu Hause. In einem Wohnblock in der Bronx. Hier wusste ich, dass mich alle in Ruhe ließen. Nun ja, von der alten Miss Walker im Erdgeschoss des Hochhauses mal abgesehen. Die schien den lieben langen Tag nichts anderes zu tun, als mir aufzulauern – und just in dem Moment vor der Tür zu stehen, wenn ich den Müll rausbrachte, Zigaretten kaufen ging oder mich mit meinen Kumpels traf.

Da ich sehr wenige Kumpels hatte und Müll mich nicht sonderlich störte, waren es vor allem die Zigaretten, die mich aus der Wohnung trieben. Oder meine Anstellung als Pizzakurier, der ich seit fünf Jahren nachging.

Ich mochte meinen Job. Ich mochte es, unterwegs zu sein und meinem Voyeurismus zu frönen, wenn ich eine Zustellung machte und in fremde Wohnungen kam. Was ich in den fünf Jahren schon alles gesehen hatte, würde wahrscheinlich die gesamten Klatschblätter von Amerika ein Jahr lang füllen.

Die Arbeit in der Pizzeria brachte nicht viel Geld ein und, da ich nicht der gesprächigste Kurier war, auch nicht viel Trinkgeld. Aber es reichte, um die Monatsmiete zu bezahlen. Zudem war es das Einzige gewesen, was ich ohne richtige Ausbildung und mit einer Strafakte, die für mein Alter schon viel zu dick war, hatte bekommen können. Ich war froh, dass Antonio mich damals bei sich eingestellte, und hatte auch nicht vor, den alten Italiener zu enttäuschen.

Diese Zeiten lagen hinter mir.

So ein Mist, ich dachte schon wieder an die Frau, die ich erfolglos seit fast acht Jahren zu vergessen versuchte. Vergebens. Meine Vergangenheit holte mich immer wieder ein, wenn ich nicht aufpasste und aktiv etwas gegen die Bilder in meinem Kopf unternahm. Wie Alkohol zu trinken, zu kiffen, mit meiner namenlosen Geliebten Sex zu haben … oder eben zu arbeiten. Vor allem arbeiten. Denn mein Job lenkte mich am zuverlässigsten von all dem Scheiß ab, der hinter mir lag und mir diese elenden Schuldgefühle bereitete … diese Scham … diesen Schmerz …

Falsche Gedanken. Falsche Gefühle.

Ich musste mich auf das Hier und Jetzt konzentrieren! Schließlich war ich lange genug bei Psychiatern ein und aus gegangen, um dies zu kapieren.

Also: Hier und jetzt stand ich vor der Fassade des alten Wohnblocks, in dem sich meine Wohnung befand.

Ich zögerte einen Moment. Drinnen erwarteten mich nichts als Melancholie, Bier – und Toni. Nein, so hieß nicht meine aufblasbare Sexpuppe, sondern mein Goldfisch. Da ich nicht wusste, ob es ein Weibchen oder ein Männchen war, hieß der Fisch einfach Toni, denn diesen Namen konnte man für beide Geschlechter verwenden. Genauer gesagt war es Toni Nummer 3. Seine Vorgänger hatten beide nicht lange in dem runden Glas durchgehalten.

Ich kramte in meiner Jackentasche nach dem Hausschlüssel. Gerade als ich ihn endlich in der Hand hatte, ging die Tür auf – und der viel zu weiblich aussehende Nachbar namens Hannes trat heraus. Er hatte deutsche Wurzeln, was auch seinen dämlichen Namen erklärte. Hannes Schmidt. Wie zum Teufel konnte man nur so heißen? Ich hätte mir sofort ein Pseudonym zugelegt. Allein das Buchstabieren jedes Mal, wenn jemand den Namen wissen wollte, wäre mir zu sehr auf die Eier gegangen. Denn Hannes bestand darauf, ›Hannes‹ genannt zu werden (dämlicher Typ!).

Seit ich meinen Hannes-Nachbarn einmal beim Rumknutschen mit einem Mann vor der Haustür erwischt hatte (ja, ›erwischt‹, denn er war so peinlich berührt gewesen, als hätte ich ihn bei einem Pornodreh überrascht), war meine Vermutung bestätigt, dass er schwul war. Das wiederum erklärte, warum er sich in meiner Gegenwart etwa so verhielt wie ein kleines Mädchen vor dem Eisverkäufer.

Auch jetzt sah er mich mit großen Augen an und seine Wangen röteten sich auf ungesunde Weise. Vielleicht war er aber auch einfach nur erkältet. Diese Chance ließ ich ihm.

»Evan, hi!«

Gut, es gab noch jemanden, der mich ›Evan‹ und nicht ›Sam‹ nannte: Hannes.

»Hi«, antwortete ich kurz angebunden und versuchte mich an ihm vorbeizudrücken, um ins Haus zu gelangen.

Nur kein Körperkontakt.Das könnte er womöglich falsch verstehen.

»Was läuft?« Hannes trat leider nicht zur Seite, sondern strich sich eine seiner blonden Haarsträhnen zurück und sah mich erwartungsvoll an. Er war ein bisschen kleiner als ich, was aber nichts Außergewöhnliches darstellte. Ich überragte die meisten Leute und hatte mich daran gewöhnt, dass sie zu mir aufsahen – obwohl es meiner Meinung nach hier oben nicht viel zu sehen gab.

Diese Meinung schien Hannes allerdings nicht mit mir zu teilen. Er sah mich so gespannt an, als hätte er mir die Quizfrage des Jahrhunderts gestellt. Ich konnte förmlich die Jeopardy-Musik in meinen Ohren hören.

Wollte er das jetzt wirklich durchziehen? Smalltalk mit mir führen? Er müsste mittlerweile wissen, dass ich quasi der Smalltalk-Grinch war. Schließlich wohnten wir seit fünf Jahren Tür an Tür.

»Läuft«, brummte ich. »Gehst du mal zur Seite?«

Hannes sah mich mit dunklen Kulleraugen an, die wahrscheinlich das Herz einer Tierschützerin an ein Robbenbaby erinnert hätten – bei mir verfehlte sein Blick allerdings diese Wirkung. Ich mochte keine Robben, die stanken zu sehr.

»Ich wollte dich fragen, ob du morgen Abend Lust hast, bei mir zu essen?«, sagte er in derart bedürftigem Tonfall, dass mir fast übel wurde.

»Essen?«, wiederholte ich. »Danke. Mein Kühlschrank ist voll.«

»Aber …«

»Was?!« Ich sah ihn entnervt an. »Ich habe keine Lust auf Gesellschaft, okay?«

Hannes zuckte kurz zusammen, aber dann streckte er den Rücken durch und straffte die Schultern. »Ich habe Gäste«, wagte er einen weiteren Versuch. »Und ich dachte, sie könnten sich vielleicht mit dir anfreunden.«

Ach du heilige Schweinekacke! Jemand musste sein Gehirn zu heiß gewaschen haben, anders war dieser plötzliche Kuschelmodus nicht zu erklären. Ich brauchte keine Freunde und ich hatte keine Lust auf seine Gäste! Was war bloß mit ihm los, dass er plötzlich glaubte, ich würde mich als Anstandsdame eignen?! Wenn er Leute zu sich einlud, war das ganz allein sein Problem. Nicht meins. Ich hatte genug eigene Probleme.

»Nein.« Ich sah ihn mit schmalen Augen an. »Und jetzt geh zur Seite.«

Auch wenn Hannes aufdringlicher als eine Stechmücke sein konnte, so schien er immerhin zu merken, dass er mich heute weder zu einem romantischen Dinner noch zu einem Kaffeekränzchen mit irgendwelchen Freaks überreden konnte. Ja, Freaks – denn niemand sonst verbrachte freiwillig Zeit mit diesem Spinner. Definitiv nicht.

Er trat zur Seite und gab den Weg frei.

»Schade …«, murmelte er noch, als ich an ihm vorbeiging.

Nein, hier war gar nichts schade! Ich wollte einfach nur in mein kleines Apartment, mich aufs Sofa setzen und mir bis spät in die Nacht irgendwelche Talkshows reinziehen, während ich meinen Biervorrat killte – oder Situps und Liegestütze machte, was wahrscheinlich die gesündere Alternative wäre.

Dass Hannes plötzlich solche Anwandlungen zeigte, musste eindeutig daran liegen, dass dieses beschissene Weihnachtsfest näher rückte.

Ach, ich HASSTE diese Weihnachtszeit!

Kapitel 2

Sara

Ach, ich LIEBTE diese Weihnachtszeit!

Ich saß in meinem Londoner Einzimmerapartment vor dem Computer und surfte mit verträumtem Blick durch diverse Webseiten. Sah mir Bilder und Reiseberichte über New York an und kam mit jeder einzelnen Beschreibung mehr in Weihnachtsstimmung.

Kutschenfahrt im verschneiten Central Park, das berühmte Kaufhaus Macy's dekoriert zur zauberhaften Winterlandschaft, festlich geschmückte Straßen, an jeder Ecke Weihnachtssänger und … der Grund, warum ich es kaum noch erwarten konnte, dorthin zu reisen: der Weihnachtsbaum am Rockefeller Center.

Ein mindestens fünfundsechzig Fuß hoher, meist aber noch viel höherer Baum, der mit einer fünf Meilen langen Lichterkette geschmückt wurde. Seit ich als kleines Mädchen in einer Zeitschrift den Baum zum ersten Mal gesehen hatte, war es mein größter Traum, ihn einmal in Realität zu bewundern.

In diesem Jahr sollte mein Traum endlich Wirklichkeit werden. Vor einer Woche war ich einundzwanzig geworden und hatte von meinem Dad einen Flug nach New York spendiert bekommen. Für mich und meine beste Freundin Mary. Ich war noch nie in Amerika gewesen, und jetzt gleich für eine ganze Woche! Wahnsinn! Christmas-Shopping mit Mary. Das würde großartig werden!

Zudem würde ich endlich Sam treffen. Den heißen, dunkelhaarigen Kerl, mit dem ich seit einigen Wochen chattete. Er hatte uns angeboten, während unseres Aufenthalts bei ihm zu wohnen. Nach kurzem Zögern hatte ich mir einen Ruck gegeben und sein Angebot angenommen. Es war endlich an der Zeit, dass ich meine Übervorsichtigkeit und den Kontrollwahn etwas ablegte. Leider musste ich Mary recht geben, die immer behauptete, dass in mir ein Kontrollmonster hause. Es hatte den größten Teil meines bisherigen Lebens bestimmt, sodass alles in geordneten Bahnen verlief. Kontrolliert und geplant. Doch jetzt wollte ich einmal etwas tun, das ganz und gar nicht zu mir passte. Meinen Horizont erweitern, Grenzen testen, über mich hinauswachsen. Mein Gott, ich war einundzwanzig Jahre alt und die Welt stand mir offen!

Umso mehr hatte es mich erstaunt, dass es dieses Mal *Mary* war, die die Alarmglocken geläutet hatte.

»Du kennst ihn doch noch gar nicht richtig. Ist das eine gute Idee? Was, wenn er ein Serienkiller ist? Wir können doch nicht bei einem wildfremden Menschen übernachten. Vielleicht hat er eine Frau und Kinder …«

… das wären normalerweise *meine* Worte gewesen.

Ich hatte sie bloß angestarrt und versucht, nicht auf die Stimme meines Kontrollmonsters zu hören, das mit dem Zeigefinger herumwedelte und Mary in allen Punkten recht gab. Nein, ich wollte das nicht hören – ich wollte ein Mal in meinem Leben unkontrolliert und spontan sein! Aber Mary hatte so lange auf mich eingeredet, bis ich ihr versichert hatte, dass ich Nachforschungen anstellen würde, ehe wir losflogen.

Deswegen riss ich mich jetzt von den New Yorker Weihnachtsbildern los und begann mit der Suche nach Sam in der Stadt, die niemals schlief. Ich hatte es so lange vor mir hergeschoben – aus Angst, dass ich beim kleinsten Zweifel auf das Kontrollmonster in mir hören und die Reise nicht antreten würde. Aber es war schon später Nachmittag und morgen Früh ging unser Flug, also *musste* ich jetzt endlich mein Versprechen Mary gegenüber einlösen und mit der Recherche beginnen.

Als Erstes fand ich über Google Earth Sams Wohnhaus. Es lag in einem heruntergekommenen Quartier in der Bronx – das für seine Kriminalität bekannt war, wie mir ein Blick auf die New Yorker Reiseseite verriet. Großartig. Vielleicht hatte Mary doch recht und Sam war ein Triebtäter … Aber ich würde das schönreden. Irgendwie ...

Mein Kontrollmonster holte tief Luft, um mir vor Augen zu führen, wie strohdumm ich mich verhielt, wie unvernünftig und leichtgläubig. In solchen Moralpredigten war es Weltklasse! Aber ich blendete die Stimme aus, indem ich an die Worte dachte, die Sam mir geschrieben hatte: ›Mach keine Listen, und schon gar keine Wunschlisten. Wünschen sollte man folgen und sie erleben. Es ist zu schade, sie bloß auf Papier festzuhalten.‹

Hach … er war ja so romantisch …

Ich warf einen verträumten Blick auf das Bild, das ich mir von der Dating-Plattform heruntergeladen und ausgedruckt hatte. Es stand nun eingerahmt neben meinem Laptop. Darauf war Sam zu sehen – wie er über die Straße ging. Irgendwo in New York.

Seine blauen Augen waren aufmerksam auf den Verkehr gerichtet, das dunkle, halblange Haar verwuschelt. Der Bartschatten stand ihm ebenso gut wie sein grauer Kapuzenpulli. Sein Kinn war markant, seine Nase gerade. Es war ein Schnappschuss aus seinem Leben, wie er mir im Chat berichtet hatte. Ein Freund hatte das Foto geschossen und seither verwendete er es als Profilbild. Er hatte mir noch weitere Bilder geschickt, aber dieses hier mochte ich am liebsten.

Nein, der Kerl war kein Triebtäter. Zudem passten so viele unserer Interessen zusammen, dass es beinahe unheimlich erschien. Aber Dating-Plattformen logen nicht, daran glaubte ich fest. Einige meiner Freundinnen hatten sich sogar in Chatforen verliebt und lebten glücklich mit ihrem Freund oder gar Ehemann zusammen.

Der Plattform zufolge war Sam ein fünfundzwanzigjähriger Student, der in New York als Schauspieler durchstarten wollte und im Moment als Pizzakurier sein Geld verdiente. Mit seinem Aussehen hätte er auch eine Modelkarriere anstreben können – er war wirklich heiß … zumindest in meinen Augen. Wahrscheinlich hätten ihn viele als zu schmächtig oder zu drahtig empfunden, aber ich stand nun mal auf solche Typen.

Aber … vielleicht war der Sam, mit dem ich gechattet hatte, gar nicht der Kerl da auf dem Bild … womöglich hatte er einen Bierbauch und war fünfzig Jahre alt. Vielleicht war das der Grund, warum er nicht mit mir hatte skypen wollen – und seine Entschuldigung, er hätte keine Webcam, bloß eine Ausrede?

Mist!

Mary hatte mich angsteckt und das Kontrollmonster in mir wieder lauter werden lassen, obwohl ich es einfach nur ein Mal in meinem Leben zum Schweigen bringen wollte!

Ich atmete tief durch und gab die Wohnadresse, die Sam mir angegeben hatte, in ein Online-Telefonbuch ein. Vielleicht fand ich seinen Namen ja und konnte mich vergewissern, dass er auch wirklich dort wohnte.

Leider musste ich wenige Sekunden später feststellen, dass kein Sam in der angegebenen Straße zu Hause war. Dafür gab es vier andere Einträge zu dieser Hausnummer.

Mist!

Der würde mir einiges zu erklären haben, wenn ich das nächste Mal mit ihm chattete – was in ein paar Minuten sein würde, denn morgen früh ging unser Flug. Ich hatte ihm noch meine Handynummer geben wollen. Nun war ich mir nicht mehr sicher, ob das eine gute Idee war …

Gut, wahrscheinlich war ich wirklich zu blauäugig an das Ganze herangegangen und hatte einfach so dringend etwas Spontanes, Unberechenbares machen wollen, dass ich auf die kleinsten Anzeichen nicht geachtet hatte.

Das Kontrollmonster in mir nickte bei diesem Gedankengang zustimmend und begann sich aufzuplustern, aber ich schubste es in die hinterste Ecke meines Gehirns.

Ruhig jetzt. Nachdenken.

Ich strich mir meine braunen Haare hinter die Ohren und fuhr mir dann mit beiden Händen über das Gesicht.

Okay. Vielleicht hatte Sam seine Telefonnummer einfach nicht ins Adressbuch eintragen lassen. Diese Chance ließ ich ihm. Nicht jeder wollte für jedermann im Internet auffindbar sein. Eine logische Erklärung, oder?

Das Kontrollmonster grummelte in seiner Ecke vor sich hin.

Ich ließ meinen Blick über den Bildschirm vor mir wandern, bis er an einer Telefonnummer hängen blieb, die zu einer Frau gehörte: Margaret Walker. Den Daten zufolge wohnte sie im selben Haus wie mein vermeintlicher Sam.

Sollte ich sie anrufen?

Vielleicht konnte sie mir sagen, ob es überhaupt einen Sam in ihrem Haus gab – und ob der annähernd so aussah wie auf dem Foto.

Erneut betrachtete ich sein Bild. Er sah so gut aus … und gleichzeitig irgendwie verletzlich. Eine Kombination, die in mir regelrechte Hormonschübe auslöste und mein angeborenes Helfersyndrom ins Unermessliche steigerte.

Hilf ihm, umarme ihn, küss ihn … gut, erwischt: Ich hatte mir heimlich bereits ausgemalt, dass wir uns beim Rockefeller Center vor dem Weihnachtsbaum zum ersten Mal küssen würden. So richtig kitschig, mit Weihnachtsmusik in den Ohren, während Schneeflocken auf uns herunterrieselten. Vielleicht würden wir eine Runde Eislaufen. Es gab dort schließlich eine Eisbahn. Okay, womöglich hatte ich zu viele Weihnachtsfilme geschaut. Aber in mir hausten eben nicht nur ein Kontrollmonster und ein Helfersyndrom, sondern auch eine hoffnungslose Romantikerin, die jetzt das Zepter an sich riss.

Ich war so was von in Weihnachtsstimmung. So was von!

Das Kontrollmonster schüttelte resigniert den Kopf. Die Romantikerin und ich straften es mit bösen Blicken.

Mary und ich *mussten* bei Sam übernachten, wenn wir die ganze Reise nicht abblasen wollten. Denn für einen Hotelaufenthalt *und* die geplanten Weihnachtseinkäufe reichte unser Geld nicht. Wir arbeiteten zwar nebenher in einem Café als Bedienung, aber viel brachte uns der Job nicht ein. Immerhin hatte diese Arbeit Mary und mich zusammengeführt, denn in der Uni wären wir uns niemals über den Weg gelaufen. Sie studierte Germanistik im fünften Semester, ich Sozialpsychologie. Mein Vater hatte mich immer in der Politik sehen wollen, aber mir widerstrebte es, in seine Fußstapfen zu treten. Daher war ich auch von zu Hause ausgezogen, als ich mein Studium begonnen hatte, denn die ewigen Diskussionen waren mit der Zeit unerträglich geworden.

Ich hätte auch meinen Dad fragen können, ob er uns ein Hotel in New York bezahlen würde. Da er ein dauerschlechtes Gewissen hatte, weil er sich als alleinerziehender Vater viel zu wenig um mich kümmerte, bezahlte er mir so gut wie alles.

Meine Mutter hatte uns wegen einem anderen Mann sitzen lassen, als ich noch recht gewesen klein war. Seither hatte ich keinen Kontakt mehr zu ihr – und wollte ihn auch nicht haben. Schon früh hatte ich auf eigenen Beinen stehen müssen und war stolz darauf, dass mir das so gut gelang. Gut, das Kontrollmonster war dadurch geboren worden, weil ich Angst hatte, Fehler zu machen. Aber selbständig zu sein war mir nun mal wichtig.

Nein … es war schon genug, dass mein Vater den Flug bezahlte. Ich wollte ihn nicht auch noch um das Geld für das Hotel bitten müssen. Und ich wollte bei Sam übernachten …

Seufzend warf ich einen Blick auf Sams Foto, ehe ich mein Handy in die Hand nahm und die Nummer von Miss Walker wählte.

Es dauerte etwas, bis die Verbindung hergestellt war. Dann klingelte es einige Sekunden lang und endlich hob jemand den Hörer ab.

»Hallo?«

Sofort hatte ich das Bild einer alten, vereinsamten Frau vor Augen. Ihre Stimme klang griesgrämig, als ob sie keine Lust auf ein Gespräch hätte.

Dennoch räusperte ich mich und suchte meine einschmeichelndste Stimmlage hervor. »Hallo, Miss Walker? Hier ist Sara Miles.«

»Wer?«

»Wir kennen uns nicht«, fuhr ich hastig fort. »Aber ich kenne jemanden, der bei Ihnen im selben Haus wohnt … denke ich. Ich rufe aus London an.«

Oh Gott. Ich hätte mir vielleicht zurechtlegen sollen, wie ich das Gespräch beginnen wollte. Aber jetzt war es sowieso zu spät. Ich spürte, wie meine Handflächen feucht wurden, weil ich zu schwitzen begann. Ich hasste es, keinen Plan zu haben. Keine Kontrolle …

»Und wen?«, fragte die alte Frau am anderen Ende.

Anscheinend war Miss Walker kein Mensch der großen Worte.

»Sam. Sam Wayne.«

Am anderen Ende herrschte einen Moment lang Stille.

»Ja, der wohnt hier«, sagte die Frau schließlich. »Warum? Hat er etwas ausgefressen?«

Ich schüttelte vehement den Kopf, obwohl sie das nicht sehen konnte. »Nein. Nein, hat er nicht. Ich wollte nur wissen, ob er tatsächlich da wohnt.«

»Soll ich ihm etwas ausrichten?« Sie klang gelangweilt. Offenbar würde ich sie nicht mehr lange in der Leitung halten können.

»Nein, schon gut«, erwiderte ich hastig. »Ich wollte nur wissen, ob er … hat er dunkle Haare und blaue Augen?«

Gut, ich hörte mich wie eine Psychopathin an und ich hätte es Miss Walker nicht übel genommen, wenn sie jetzt kommentarlos auflegte. Aber offenbar schien sie Psychopathen gewohnt zu sein, die nach ihren Hausbewohnern fragten.

»Ja, hat er«, antwortete sie. »Ist das dann alles?«

»Ähm …«

»Spucken Sie's aus.« Jetzt klang sie wie eine Marktschreierin, die zu viel Whiskey getrunken hatte.

»Ist er … ich meine … er ist … sauber, oder? Also nicht im Sinne von ordentlich, sondern … ähm …«

Mist! Ich hatte keine Ahnung, wie ich es formulieren sollte, ohne dass es noch komischer klang, als es das ohnehin schon tat.

»Sie wollen wissen, ob er ein Verbrecher ist?« Ich konnte in Miss Walkers Stimme eine Spur von Neugier erkennen.

»Nun … ja … ich …«

»In den letzten fünf Jahren hat er sich benommen«, war die ernüchternde Antwort. »Wenn Sie dann mit Ihrem Verhör fertig sind, lege ich auf. Ich habe noch zu tun.«

»Ist gut, danke für die Auskunft.«

Ehe ich den Satz beendet hatte, hatte Miss Walker aufgelegt.

›In den letzten fünf Jahren hat er sich benommen.‹

Was bitte schön hieß das? Dass er davor ein Gewaltverbrecher gewesen war? Dass er auf Bewährung war?

Mann, ich hätte mich nicht so leicht abwimmeln lassen dürfen. Aber mir fehlte der Mut, nochmals anzurufen.

Also sah ich erneut auf das Bild auf meinem Schreibtisch und runzelte die Stirn.

Sam hatte in unseren Chats immer sehr freundlich geklungen. Vielleicht manchmal etwas zu gestelzt … aber das sprach ja eher dafür, dass er eben KEIN Verbrecher war. Oder?

Ich hatte keine Ahnung, *wie* sich Verbrecher ausdrückten …

Ach, er würde uns schon nicht töten. Hoffte ich.

Das Kontrollmonster in mir schlug den Kopf gegen eine imaginäre Wand.

Ich wählte die Nummer meiner Freundin, um ihr das Ergebnis meiner Recherche mitzuteilen. Es dauerte eine Weile, bis sie ranging.

»Sara!«

Ich konnte ihrer Stimme direkt anhören, dass etwas nicht stimmte.

»Mary, was ist los?«, fragte ich, ohne sie zu begrüßen.

»Ich … ach, es tut mir so leid.«

Oje, das klang nicht gut. Ganz und gar nicht.

»Was ist los?«, wiederholte ich meine Frage.

»Ich bin … Mann … ich bin so blöd!«, rief sie in den Hörer.

Ich schüttelte verständnislos den Kopf. »Was ist denn?«

»Du weißt doch, dass es bei mir um die Ecke diesen neuen Sushi-Laden gibt«, holte Mary aus. Ich nickte, aber sie fuhr bereits fort: »Nun, da war ich gestern Abend. Mit Alex.«

Alex war ihre neue Bekanntschaft und sie erhoffte sich, dass bald mehr daraus entstehen würde.

»Und?« Ich konnte immer noch nicht nachvollziehen, warum Sushi und Alex sie *blöd* machen sollten.

»Ich war da gestern essen. Ein Date. Und ... ach, ich sag's einfach, wie es ist: Ich habe mir eine Fischvergiftung zugezogen.«

Ich riss die Augen auf. »Oh ...«

»Ja ... es tut mir so leid. Der Arzt meinte, es wird mir in ein paar Tagen besser gehen. Aber ich werde morgen nicht mitfliegen können ... ich sitze eigentlich nur auf dem Klo – wenn ich nicht gerade kotze.«

»Oh ...«

Ich sah meinen ganzen Traum vor meinem inneren Auge platzen. Den Traum, in New York zu sein – mit Mary zusammen. Mit ihr diese Stadt zu entdecken, einzukaufen, Spaß zu haben ...

»Geh trotzdem«, drängte Mary, ehe ich ihr sagen konnte, dass ich das Ganze abblasen würde. »Du hast dich so darauf gefreut.«

»Nein, wir wollten das zusammen machen«, antwortete ich energisch. »Ich werde das nicht ohne dich tun. Zumal ich nicht allein bei einem wildfremden Kerl übernachten werde.«

Jetzt hörte ich ein leises Schnauben am anderen Ende, das amüsiert klang. »Aber du sagtest doch selbst, dass Sam nicht irgendein wildfremder Kerl ist. Du kennst ihn seit zwei Monaten, chattest mehrmals pro Woche mit ihm. Ich war da vielleicht etwas zu skeptisch, aber er scheint doch ein netter Typ zu sein.«

Ja, in den letzten fünf Jahren hat er sich benommen …

»Ich habe Nachforschungen über ihn angestellt«, begann ich.

»Und?«

»Er scheint wirklich dort zu wohnen – und er ist auch kein Verbrecher … seiner Nachbarin zufolge.«

»Du hast mit seiner Nachbarin telefoniert?« Ich hörte förmlich, wie Marys Augenbrauen nach oben schnellten.

»Nun ja, du hast doch gesagt, dass ich nachforschen soll«, verteidigte ich mich.

»Ja, aber … ach, egal. Also er ist kein Gewaltverbrecher, Serienmörder, Triebtäter oder Dealer. Das heißt, du kannst guten Gewissens dorthin reisen. Melde dich bitte regelmäßig bei mir, ja? Vielleicht kannst du auch mal mit mir skypen. Dann sehe ich, dass alles in Ordnung ist, und muss mir keine Sorgen machen.«

Ich atmete tief durch. Die Vorstellung, ohne Mary nach New York zu fliegen, behagte mir immer noch nicht. Es wäre nicht das Gleiche …

Aber der Flug war bereits gebucht. Es wäre schade, ihn einfach in der Weihnachtsluft verpuffen zu lassen …

»Sara?«, fragte meine Freundin, da ich nichts mehr gesagt hatte.

Ich seufzte traurig mein Handy an. »Ja, bin noch da … ich … ach Mensch, ich wäre so gern mit dir zusammen dorthin geflogen.«

»Ich weiß … es tut mir echt total leid. Aber mir geht es wirklich mies. Außerdem habe ich Fieber und fühle mich, als sei ein Schnellzug über mich drübergefahren.« Meine Freundin klang ehrlich zerknirscht.

Ich wollte ihr kein noch schlechteres Gewissen machen …

»Gut«, sagte ich mit fester Stimme. »Ich fliege. Und ich werde alles für dich auf Videos und Fotos festhalten. Dann schauen wir uns das zusammen an, wenn ich zurück bin, abgemacht?«

»Abgemacht! Ich freue mich, dass du trotzdem dorthin fliegst. Ich hätte sonst ein unglaublich schlechtes Gewissen gehabt …«

»Ich weiß.« Ich lächelte. »Aber mach dir keine Sorgen. Ich melde mich, sobald ich am Flughafen bin.«

»Schlaf dann gut.« Ich hörte, wie meine Freundin ebenfalls lächelte. »Und träum schön von New York … und Sam.«

»Werde ich, danke.«

Ich legte auf. Bevor ich von irgendetwas träumen würde, würde ich mir erst noch Sam vorknöpfen. Na warte, der würde was zu hören kriegen!

Kapitel 3

Evan

Na warte, der würde was zu hören kriegen!

Ich starrte meinen Nachbarn entgeistert an und wusste nicht genau, wie ich auf seine Offenbarung reagieren sollte.

»Du hast … WAS?«, rief ich und fuhr mir mit beiden Händen durch die Haare, um meine Finger darin zu verkrallen. »Spinnst du?!«

Hannes warf mir solch schuldige Blicke zu, als hätte er mir soeben gestanden, dass er meinen Goldfisch gegrillt hatte. Aber auch jetzt hatten seine großen, braunen Kulleraugen eher eine gegenteilige Wirkung auf mich.

Ich wollte dieses Robbenbaby ertränken!

»Ach komm schon, so schlimm ist es doch nicht«, wagte er den schwachen Versuch, sich herauszureden.

»So schlimm ist es doch nicht?!« Ich war im Moment viel zu aufgebracht, um mir eigene Worte zum Schreien auszudenken. »So schlimm ist es doch nicht?!«

Ja, die Worte ließen sich *hervorragend* brüllen!

»Evan, jetzt hör doch zu … es war nur gut gemeint …«

»Gut gemeint?!« Ich schnaubte wütend. »Wenn ich mir eine Frau suchen will, tue ich das auf MEINE Art, kapiert?! Nicht auf DEINE! Du hast kein Recht, dich in mein Privatleben einzumischen! Für wen hältst du dich eigentlich?!«

Hannes wurde unter meinem flammenden Blick noch ein Stück kleiner. »Ich konnte nicht mehr mit ansehen, wie du immer zur Weihnachtszeit in diesen Trott verfällst. Du solltest mal sehen, was für Blicke du den Menschen zuwirfst. Das ist nicht auszuhalten.«

»Ach?!« Etwas anderes kam mir gerade nicht in den Sinn. Ich war viel zu aufgebracht und vor allem viel zu wütend auf meinen Nachbarn.

Was glaubte er eigentlich, wer er war? Ein Heiratsvermittler?

Wenn er meine Blicke nicht aushalten konnte, sollte er wegsehen! So einfach war das! Ich brauchte kein Date – schon gar nicht in der Weihnachtszeit!

»Schau zu, wie du da rauskommst!«, blaffte ich ihn an. »Ich werde dieser Londoner Göre bestimmt nicht zur Verfügung stehen!«

Hannes wirkte jetzt so verloren wie ein Robbenbaby auf einer einsamen Eisscholle. Aber ich hätte eher die Eisscholle in tausend Stücke gehackt, als ihm da runterzuhelfen!

»Aber … Evan. Du kannst die Frau doch nicht enttäuschen. Sie kommt extra deinetwegen aus London hierher. Eine Woche lang.«

»Eine Woche lang?! Spinnst du eigentlich? Was hast du ihr erzählt? Dass wir eine Woche lang Sex haben werden?«

Gut, das wäre eine annehmbare Alternative zu dem Plan, den Hannes sich wahrscheinlich ausgedacht hatte und der mir bestimmt – ganz bestimmt! – NICHT gefallen würde.

Pass auf, Robbenbaby, was du gleich sagst …

»Nein, ich dachte, du könntest sie etwas in New York herumführen.«

Et voilà, da war er: Hannes' dämlicher Plan!

»Sehe ich aus wie ein Reiseleiter?!«, bellte ich. »Ich habe einen Job! Ich kann nicht einfach Urlaub nehmen!«

»Du … ich …«

Hannes begann herumzustottern und ich ahnte bereits Böses.

»Was?!« Ich ging einen bedrohlichen Schritt auf ihn zu, was ihn vor mir zurückweichen ließ.

»Du hast frei«, nuschelte Hannes, ohne mir dabei in die Augen sehen zu können.

Ich starrte ihn an, als hätte er mir gesagt, dass er mich heiraten wolle.

»Wie meinst du das?« Meine Stimme war gefährlich leise geworden. Ich wollte meine Stimmbänder etwas schonen, da ich sicher war, dass da noch mehr kam – und dafür wollte ich ihn gebührend laut anschreien können, ohne dass ich direkt heiser wurde.

»Ich habe es mit deinem Chef Antonio geklärt«, hauchte Hannes.

Er war nun so weit zurückgewichen, dass er fast bei der Tür angekommen war, die zu seinem eigenen Apartment führte. Es war nur zu seinem Besten, denn die Tür stellte seine einzige Rettung dar, ehe ich ihm den Kopf von den Schultern reißen würde.

»Du hast …« Mir blieben die Worte im Hals stecken und ich atmete tief ein und aus. »Du hast …« Auch beim zweiten Mal verschluckte mein Zorn die Worte, also ließ ich es und begann direkt wieder zu brüllen. »Welches Rentier hat dir denn bitte schön ins Hirn geschissen?!«

Hannes hob beide Hände in die Luft, um sie wie einen Schild zwischen mich und sich zu halten. »Beruhig dich, Mann!«, rief er. »Du hattest noch Urlaubstage übrig und dein Chef hat dir diesen Gefallen sehr gern getan. Du hast bis Weihnachten bezahlten Urlaub und damit ab morgen frei.«

Ich wusste nicht, ob ich noch weiter brüllen oder ihm einfach eine reinhauen sollte. Vielleicht eine Kombination davon: ihm brüllend eine reinhauen!

Mein Job war neben meiner namenlosen Geliebten das Einzige, was mich in dieser beschissenen Weihnachtszeit über Wasser hielt. Dass Hannes mir ausgerechnet *das* genommen hatte, war einfach … es war … ich fand keine Worte dafür.

Mein Chef Antonio hatte mir natürlich immer wieder ans Herz gelegt, ich solle endlich mal Urlaub machen. Ich hatte in den fünf Jahren, die ich bei ihm arbeitete, noch nie frei genommen, war auch noch nie krank gewesen. Mein Job machte mir Spaß und er lenkte mich davon ab, dumme Sachen zu tun. Sachen, die mich dahin zurückgebracht hätten, wo ich vor fünf Jahren gewesen war.

Eine Woche ohne Arbeit glich der Hölle!

»Geh mir aus den Augen!«, fauchte ich.

Hannes trat hastig den Rückzug an. Er war zwar ein aufdringlicher Depp, der sich in die Privatsphäre anderer Leute einmischte, aber er war nicht so dumm, noch länger in meiner Gegenwart zu verweilen. Dass ich ihm bis jetzt keine reingehauen hatte, war einzig und allein dem Umstand zu verdanken, dass ich in den letzten fünf Jahren gelernt hatte, meine Aggressionen so weit im Griff zu halten, dass ich keine Prügeleien mehr anfing. Etwas, das sich hier und heute schlagartig ändern konnte, wenn ich noch länger in sein ›Ich bin ein Robbenbaby ertränk mich nicht‹-Gesicht schauen müsste.

Als die Tür hinter Hannes ins Schloss fiel, holte ich noch einmal tief Luft und knurrte so laut, dass es im Treppenhaus widerhallte.

»Was ist denn da oben los?«

Na prima ... jetzt steckte wieder Miss Walker ihre Nase in meine Angelegenheiten.

»Nichts!«, rief ich hinunter und trat meinerseits den Rückzug in mein Apartment an. Ich hatte nicht die geringste Lust, mich mit der alten Schnepfe auseinanderzusetzen.

Leider schien Miss Walker wieder einmal so einsam zu sein, dass sie nichts Besseres zu tun hatte, als sich in die Angelegenheiten fremder Leute zu mischen.

»Wenn es um das Mädchen aus London geht – die hat angerufen!«, rief sie nach oben.

Ich erstarrte mitten in der Bewegung.

Himmel noch eins! Wusste denn das ganze Haus schon über den Besuch dieser Londoner Tussi Bescheid?!

»Dann rufen Sie zurück und sagen Sie ihr, dass der Aufenthalt gestrichen ist!«, rief ich zurück.

Einen Moment lang herrschte Stille, dann hörte ich ihre Stimme erneut. »Das können Sie ihr selbst sagen!« Ihre Tür fiel krachend ins Schloss und ich war allein im Treppenhaus.

So ein verdammter Mist!

Mit genau dem gleichen Gedanken erwachte ich auch am nächsten Morgen.

So ein verdammter Mist!

Hannes hatte gesagt, sie würde heute Abend ankommen.

Ein Teil von mir war wirklich neugierig darauf, wen Hannes sich da aus London angelacht hatte. Der andere Teil (und der war definitiv größer!) war mit Schadensbegrenzung und Mordplänen beschäftigt.

Schadensbegrenzungsplan Nummer 1: Ich würde mir jetzt meinen Job zurückholen – und meinen Chef Antonio zur Rede stellen, weil er einfach hinter meinem Rücken hirnverbrannte Idiotenpläne mit Hannes schmiedete.

Ich hielt mich nicht lange damit auf, mich zurechtzumachen – kurze Dusche, mit dem Rasierer die Bartstoppeln gekürzt …

die Kunden sahen sowieso nur die Pizza und nicht mich. So war es immer. Daher war es auch vollkommen egal, wie ich aussah – ein weiterer Grund, warum ich meinen Job mochte.

Normalerweise war ich mit dem Fahrrad unterwegs, aber es hatte in den letzten Tagen so viel geschneit, dass ich keine Chance gehabt hätte, unfallfrei zur Pizzeria zu gelangen. Da ich zu wenig Geld für ein Taxi besaß, musste ich also zu Fuß gehen.

Ich war froh, dass mir weder Hannes noch Miss Walker oder sonst jemand von meinen Nachbarn im Treppenhaus begegneten. Bei Hannes hätte ich kaum für seine Gesundheit garantieren können. Über Nacht war meine Wut auf ihn nicht geringer geworden – eher im Gegenteil.

So rasch ich konnte, lief ich durch die klirrende Kälte zur Pizzeria ein paar Blocks weiter. Der Laden hatte bereits geöffnet. Antonio stand meist sehr früh in der Küche, um den Pizzateig vorzubereiten. Ich hatte es in all den Jahren nie geschafft, vor ihm da zu sein, was nicht daran lag, dass ich unpünktlich kam, sondern viel mehr daran, dass Antonio noch ein größerer Workaholic war als ich.

Auch jetzt fand ich ihn in der Küche vor, wo er gerade den Teig auf die Pizzableche legte. Wenn man länger hinsah, bekam man fast Kopfschmerzen davon, denn er drehte die Teigstücke so schnell und geschickt, dass man seinen Händen kaum folgen konnte.

»Sam! Buon giorno.« Er blickte auf, ohne in seiner Arbeit innezuhalten. »Was tust du hier? Dir Giovanni nicht gesagt, dass du hast frei?«

Antonio hatte diesen typisch italienischen Akzent, mit dem er selbst in seinem Alter noch Frauen reihenweise begeistern konnte. Er nannte Hannes auch nie bei seinem richtigen Namen, sondern immer nur Giovanni. Ich musste zugeben, dass das deutlich besser klang.

Mein Chef war knapp sechzig Jahre alt und sein schwarzes Haar durchzogen von weißen Strähnen. Sein Gesicht hätte hervorragend auf jede Pizzawerbung gepasst. Er war ein Italiener wie aus dem Bilderbuch – mit gepflegtem Schnauzer, etwas rundlichem Gesicht und funkelnden Augen, die den New Yorker Signorinas den Kopf verdrehten. Sein Bauch war etwas zu dick und seine Arme und Beine etwas zu kurz, aber sein Charme dafür umso größer. Er reichte mir bis knapp zur Brust, sodass er meist den Kopf in den Nacken legen musste, um mit mir zu sprechen. So auch jetzt.

»Ciao. Vergiss, was Hannes mit dir ausgemacht hat«, knurrte ich missmutig und griff mir eine Schürze.

Ehe die ersten Bestellungen eintrudelten und ich mich ins Auto setzen oder aufs Fahrrad schwingen musste, half ich Antonio meist dabei, die Pizzas vorzubereiten – oder wischte Boden, Theke und Stehtische im Kundenbereich, sorgte dafür, dass die Flyer und Visitenkarten bei der Kasse aufgefüllt waren … zu tun gab es genug.

Antonio unterbrach seine Arbeit und griff sich die Schürze, die ich mir umbinden wollte. »Scusi. Aber … come si dice … ich dich nicht hier lassen arbeiten«, sagte er in energischem Tonfall.

Ich sah ihn mit großen Augen an. »Ist das dein Ernst?!«

Antonio erwiderte meinen Blick, ohne mit der Wimper zu zucken. »Ich haben bereits Ersatz. Meinen Neffen aus Roma. Er kommt heute Nachmittag und übernimmt deinen Job für diese Woche.«

Meine Augen wurden noch größer. Von jetzt auf gleich ersetzt zu werden, war wirklich ein Scheißgefühl – selbst wenn es nur für eine Woche war.

»Scusate«, entschuldigte sich Antonio und breitete die Arme aus. »Aber Giovanni sagt, kommen bella signorina aus England. Du kannst nicht allein in New York lassen. Du dich musst um sie kümmern, adesso basta!«

Ich seufzte frustriert in mich hinein und sah ihn mit schmalen Augen an. »Diese Schnepfe kommt nicht meinetwegen hierher, sondern wegen Hannes. Er soll sich mal schön selbst um sie kümmern – schließlich hat *er* sie herbestellt, nicht ich!«

»Mamma mia, sie nicht wird beißen!« Antonio gestikulierte wild mit seinen Händen. »Du kümmern dich um sie! Geh nach Hause und räum auf für signorina!«

Er sagte es so bestimmt, dass ich kurz zusammenzuckte.

Meine Mutter hatte mir nie etwas vorgeschrieben, und so war ich es auch nicht gewohnt, mir etwas vorschreiben zu lassen. Aber Antonio hatte dies in den letzten Jahren nach und nach geändert. Er war für mich so etwas wie ein Vaterersatz, da ich meinen Erzeuger seit etwa zwanzig Jahren nicht mehr gesehen hatte. Meine Mutter war vor sieben Jahren an einer Überdosis gestorben. Und davor hatte sie alles getan, um mich möglichst wenig sehen zu müssen. So war mir nur meine Schwester als einziges Familienmitglied geblieben – und die war, kurz nachdem ich aus dem Knast gekommen war, nach England abgehauen. Mit ihrer damaligen Liebhaberin.

Wäre Antonio nicht gewesen, wäre ich wahrscheinlich postwendend zurück ins Gefängnis gewandert. Aber er hatte sich um mich gekümmert, mir Manieren beigebracht (ein paar zumindest) und ich hörte auf ihn (größtenteils).

Er konnte sehr streng sein, so wie auch jetzt. Seine dunklen Augen funkelten mich an und er hatte den Kopf nach vorn gestreckt wie ein Stier, der zum Angriff übergehen wollte. Diesen Angriff wollte ich lieber nicht erleben …

Also hob ich die Hände zu einer beschwichtigenden Geste und wich einen Schritt zurück. »Na gut, na gut«, sagte ich in versöhnlicherem Tonfall. »Ich gehe. Aber ich werde morgen wiederkommen. Ich habe keine Lust, eine Woche lang den Babysitter für diese Tussi zu spielen.«

Über Antonios Gesicht huschte ein hintergründiges Lächeln. »Perfetto!« Es fehlte nicht viel, und er hätte sich wahrscheinlich die Hände gerieben wie ein Mafiaboss, der einen Deal an Land gezogen hatte.

Ich brummte etwas zum Abschied und verzog mich aus der Küche, um den Heimweg anzutreten.

Okay, ich würde Antonio den Gefallen tun und in mein Apartment zurückkehren. Aber ich würde bestimmt nicht aufräumen. Wenn es etwas gab, das ich noch mehr hasste als diese Weihnachtszeit, dann war es aufräumen! Die kommende Woche würde die Hölle werden, ich wusste es jetzt schon!

Kapitel 4

Sara

Die kommende Woche würde der Himmel auf Erden werden, ich wusste es jetzt schon! Wenn es etwas gab, das ich noch mehr liebte als diese Weihnachtszeit, dann war es reisen. Und ich war noch nie so weit geflogen wie heute.

Die Romantikerin in mir juchzte vor Freude und holte ihre Pompons hervor.

Ich sah auf die Landebahn und zählte die Sekunden, bis wir auf dem Boden aufsetzen würden. Gleich wäre ich wirklich und wahrhaftig zum ersten Mal in Amerika.

Ein kleiner Wermutstropfen blieb zwar, weil meine Freundin Mary nicht mit dabei sein konnte, aber dennoch klopfte mein Herz so schnell, dass ich es in meinem Hals spürte. Ich war so aufgeregt! Und ich tat zum ersten Mal etwas, das ich nicht wirklich kontrollieren konnte. Etwas, das so gar nicht mir entsprach. Urlaub allein in New York. Zusammen mit Sam. Himmlisch!

Ich hatte meinem imaginären Kontrollmonster verboten, mitzukommen. Das hier wollte ich genießen, ohne schlechtes Gewissen und ohne diese dumme innere Stimme, die mich ständig tadelte und mir verbot, verrückte Dinge zu tun. Dieser Urlaub gehörte mir.

Sam hatte erklärt, dass sein Freund Hannes mich vom Flughafen abholen würde, da er selbst verhindert sei. Hannes würde mich dann sicher in die Bronx bringen. Ich war etwas versöhnter gewesen, als Sam mir offenbart hatte, dass ›Sam‹ bloß sein Spitzname war und ich ihn deswegen nicht im Telefonbuch gefunden hatte. Eigentlich hieß er Evan. Ein schöner Name, wie ich fand. Ich würde ihn in Zukunft nur noch so nennen, auch wenn er im Chat gemeint hatte, dass er das nicht wirklich mochte.

Jetzt freute ich mich einfach nur auf die Kontrollmonsterfreien, romantischen Weihnachtstage hier in New York. Die Skyline hatte ich bereits aus der Luft bewundern können – sie war atemberaubend schön! Genau so, wie ich sie immer in Filmen gesehen hatte.

Ein Ruck ging durch die Maschine, als wir landeten, und mein Herz machte gleichzeitig einen Hüpfer vor Freude.

Es dauerte gefühlt ewig, bis ich endlich aus dem Flugzeug steigen konnte, um mein Gepäck zu holen. Endlich hatte ich meinen kleinen Koffer in der Hand und mir einen Weg zur Empfangshalle des Flughafens gebahnt, wo ich mich erwartungsvoll umsah.

Ein schlanker, junger Mann trat auf mich zu und schenkte mir ein schüchternes Lächeln. Er trug einen weißen Pullover, auf dem ich den dunkelblauen Schriftzug ›New York Yankees‹ lesen konnte, darüber eine schwarze Daunenjacke und hellblaue Jeans. Sein blondes Haar war halblang und seine großen, dunklen Augen blickten freundlich. Er war wahrscheinlich Mitte zwanzig, obwohl sein Gesicht sehr jugendlich wirkte.

Das musste Hannes sein – Evan-Sams Beschreibung passte perfekt auf ihn.

In dem Moment wusste ich, dass ich keinesfalls auf irgendeinen Massenmörder oder Serienvergewaltiger hereingefallen sein konnte. Massenmörder und Serienvergewaltiger hatten nicht solch freundlich blickende Freunde mit Engelsgesichtern.

»Bist du Sara?«, fragte er und augenblicklich verliebte ich mich in seinen amerikanischen Akzent.

»Ja, bin ich!«, rief ich aufgeregt und wusste nicht genau, wie ich ihn begrüßen sollte, bis er mir seine Hand entgegenstreckte. Ich hätte ihn vor Freude auch umarmt, das wäre mir einerlei gewesen. Aber ein Händeschütteln tat es für den Anfang auch.

»Ich bin Hannes. Freut mich, dich kennenzulernen.« Sein Lächeln wirkte so warm und liebenswert, dass ich ihn auf Anhieb in mein Herz schloss.

Notiz an mich: Manchmal war es eben doch gut, wenn man etwas Spontanes, Verrücktes tat und nicht immer auf das innere Kontrollmonster hörte.

»Ich freue mich riesig, hier zu sein«, schwärmte ich und sah mich in der Eingangshalle um. »Danke, dass du mich abholen kommst.«

»Dein erstes Mal in Amerika?«, fragte Hannes, während er ganz Gentleman-like nach meinem Koffer griff und dann mir voran in Richtung Rolltreppe ging. Darüber erkannte ich ein Schild, das U-Bahn-Stationen anzeigte.

Ich nickte, merkte dann aber, dass er mich ja nicht sehen konnte, weil ich hinter ihm auf der Rolltreppe stand, also schickte ich ein hastiges »Ja« hinterher.

»Wie war dein Flug? Gut?«, fragte er weiter, als wir die Rolltreppe verlassen und ein Ticket für mich gelöst hatten.

»Oh ja, sehr gut«, nickte ich, während wir bei den Gleisen warteten. »Ich liebe es, zu fliegen.«

Er warf mir von der Seite einen kurzen Blick zu und ich sah, wie sich ein Schmunzeln auf seine Lippen legte. »Ich mag das Fliegen nicht«, gestand er. »Ist mir zu hoch.«

»Hast du Höhenangst?«

Ich wusste, dass man solche Fragen nicht bei der ersten Begegnung stellte, aber mir waren die Worte entschlüpft, ehe ich sie aufhalten konnte.

Hannes nickte knapp und sein Schmunzeln wurde etwas gequält. »Immer schon gehabt.«

»Oh.« Ich hatte keine Ahnung, wie ich darauf reagieren sollte.

Warum hatte ich ihm bloß diese blöde Frage gestellt?! Daher sah ich nun betreten zu Boden und begutachtete meine Füße, die in einfachen Turnschuhen steckten. Es war ein absoluter Stilbruch zu meinem wunderschönen, hellgrauen Mantel mit dem weißen Pelzkragen, den ich extra für New York gekauft hatte. Aber auf so einem langen Flug mit Stiefeln unterwegs zu sein, hätte mich wahrscheinlich umgebracht. Und Schuhe ausziehen im Flugzeug – ne!

»Du bist bestimmt müde von der Reise«, half mir Hannes aus der Klemme.

Ich nickte – vielleicht ein bisschen zu erleichtert. »Ja, es war wirklich ein langer Flug. Aber es hat sich bestimmt gelohnt.« Ich lächelte ihn an. »Dein Freund Sam hat mir erzählt, dass wir heute Abend zusammen essen werden?«

Hannes wich meinem Blick aus. »Ja, ich koche für uns«, antwortete er, ohne mich anzusehen. »Ah, da ist unsere Bahn. Komm, dein New Yorker Abenteuer beginnt soeben. Jeder, der diese Stadt besucht, muss mindestens ein Mal in der New Yorker Subway gesessen haben.«

Das Abteil war zum Bersten voll und ich konnte gerade so einen Stehplatz für mich und meinen Koffer neben Hannes erkämpfen. Es dauerte eine gefühlte Ewigkeit, bis wir endlich ausstiegen. Ich hatte unterwegs nicht viel außer Industriegebieten und Wohngegenden zu sehen bekommen, die ich in London auf jeden Fall gemieden hätte. Die New Yorker Skyline konnte ich längst nicht mehr sehen.

Hier wohnte also Sam-Evan? Ich konnte mir nicht vorstellen, dass man sich in dieser Gegend wohl fühlte. Nun ja, wir würden bestimmt morgen nach Downtown fahren und dann könnte ich mir New York endlich richtig ansehen.

Hannes führte mich durch Straßen, die etwas heruntergekommen wirkten, in denen sich aber immerhin keine komischen Gestalten herumtrieben. Bei einem hohen Gebäude hielt er an.

»Hier wohnst du für die nächsten Tage.« Er deutete mit dem Kopf die Fassade empor.

Ich nickte. Die Gegend hier hatte ich mir bereits auf Google Earth angeschaut und wusste daher, was mich erwartete. In echt wirkte alles aber irgendwie trostloser.

»Du kannst in meiner Wohnung warten, bis Sam zurück ist. Er erledigt noch ein paar Sachen.« Hannes strahlte mich an.

Ich nickte erneut. »Gern.«

Was das wohl für Sachen sein mochten? Hatte er sich etwas für mich einfallen lassen? Ein Geschenk? Irgendeine Aufmerksamkeit?

Ich konnte es nicht verhindern, dass meine Wangen bei diesen Gedanken warm wurden und mein Bauch zu kribbeln begann, während sich mein romantisches Ich mit glänzenden Augen vorstellte, wie Sam-Evan mich begrüßen würde. Mit einer Umarmung? Vielleicht sogar einem Kuss? Er hatte mir gestern im Chat geschrieben, dass er sich wahnsinnig auf mich freue und es kaum erwarten könne, mich endlich live zu sehen. Mir ging es bei ihm genauso. Ich musste zugeben, dass ich mich etwas in ihn verguckt hatte.

Hach, das würden wundervolle Tage hier in New York werden!

Beschwingt folgte ich Hannes die Treppe hinauf und wartete, bis er den Schlüssel zu seiner Wohnung herausgesucht hatte. Dabei fiel mir auf, dass seine Hände etwas zitterten, als wäre er nervös.

»Ich habe selten Frauen zu Besuch«, sagte er mit einem entschuldigenden Lächeln, als er meinen Blick auf seine Finger bemerkte.

Ich erwiderte sein Lächeln herzlich. »Ach, das macht doch nichts«, meinte ich schulterzuckend. »Ich bin mindestens genauso aufgeregt wie du.«

»Du magst Evan ... äh ... ich meine Sam, oder?«, fragte er mit einem flüchtigen Blick zu mir.

Endlich schloss er die Tür auf und gab mir mit einer Handbewegung zu verstehen, dass ich eintreten konnte.

»Nun ja, ich kenne ihn ja nur aus dem Chat«, antwortete ich ausweichend, während ich an ihm vorbeiging und im Zimmer stehen blieb, das ich betreten hatte. »Aber das, was ich von ihm kennengelernt habe, mag ich auf jeden Fall. Er ist sehr aufmerksam und freundlich.«

Hannes war hinter mir ebenfalls in sein Apartment getreten und legte die Schlüssel auf einen kleinen Beistelltisch neben der Tür. »Ich hoffe, er kann sich benehmen«, sagte er. »Willkommen in meinem bescheidenen Heim. Da drüben ist die Toilette, falls du dich frisch machen möchtest, dort die Küche.«

Er deutete auf zwei Türen, die einander gegenüberliegend von dem kleinen Zimmer abgingen. Ansonsten gab es an Möbelstücken außer einem Ledersofa und einem Fernseher nur einen Holztisch mit zwei Stühlen. Dafür aber jede Menge Dekorationen wie kleine Pflanzen oder Bilder an den Wänden. Hannes hatte sich wirklich ein gemütliches Nest eingerichtet.

»Das Schlafzimmer ist direkt hier.« Er deutete auf die Couch und schenkte mir ein entschuldigendes Lächeln, das ich jetzt schon öfters bei ihm gesehen hatte. »Ich werde mich dann mal ans Kochen machen. Möchtest du etwas trinken?«

»Wasser, danke«, antwortete ich und stellte meinen Koffer neben die Tür.

»Kommt sofort.«

Hannes verschwand in der Küche und kam wenige Sekunden darauf mit einem Glas in der Hand zurück. »Mach es dir gemütlich«, meinte er mit einem Blick zum Ledersofa.

»Danke.« Ich nahm das Wasserglas entgegen und trank einen Schluck. Es schmeckte ziemlich komisch … irgendwie nach Chlor. Seltsam …

Hannes schien mein Gesichtsausdruck aufgefallen zu sein. »Oh, tut mir leid. Unser Leitungswasser hat immer diesen Geschmack. Hab nicht daran gedacht, dass Ausländer das nicht gewohnt sind. Ich werde rasch losgehen und Mineralwasser kaufen.«

»Nein, mach dir bitte keine Umstände.« Ich hielt ihn am Arm fest, da er direkt losstürmen wollte. »Ich werde mich wahrscheinlich daran gewöhnen.«

»Sicher?« Er sah mich skeptisch an.

»Nun ja, ihr trinkt das ja auch, oder?«

»Na ja, nicht immer. Meist trinken wir Wasser aus der Flasche, da der Chlorgehalt hier in New York schon sehr stark ist. Aber ich werde schnell zu Evan rübergehen – er hat bestimmt noch Mineralwasser.«

Mein Herz machte einen kleinen Hüpfer bei der Erwähnung seines Namens. »Ich dachte, er ist noch nicht zu Hause?«, fragte ich mit großen Augen.

»Ich … äh … ich werde mal schauen gehen. Vielleicht ist er doch schon zurück«, wich Hannes aus, was mich die Stirn runzeln ließ.

»*Ich* kann das doch machen«, schlug ich vor.

»Schon gut. Mach du dich frisch und erhol dich vom Flug«, winkte Hannes ab. »Ich werde mal rübergehen und die Lage checken. Evan kann sehr ruppig sein, wenn er nervös ist – und das wird er bestimmt sein, wenn er dich sieht.« Hannes zwinkerte mir verschwörerisch zu, während er sein strahlendstes Engelslächeln hervorholte. »Ist vielleicht besser, wenn ich kurz mit ihm rede.«

Ich warf Hannes einen langen Blick zu, dann nickte ich. »Nun gut, ich gehe dann mal kurz in dein Bad, wenn das in Ordnung ist?«

»Sicher!« Er rief das Wort beinahe. »Bis gleich.« Damit verschwand er aus seiner Wohnung.

Ich sah stirnrunzelnd auf die Tür, die er hinter sich zugezogen hatte. Dieser Hannes verhielt sich äußerst merkwürdig. Vielleicht sollte ich mir doch Sorgen machen?

War das hier der Anfang eines Splatter-Movies? Naive junge Frau geht in die Wohnung eines fremden Kerls, der sie gleich mit seinem Freund zusammen vierteilen wird?

Pssst, Kontrollmonster! Du hast Sendepause!

Sicherheitshalber suchte ich dennoch nach meinem Handy und wählte Marys Nummer, während ich aus meinem Koffer mein Necessaire hervorsuchte und in Richtung Bad ging. Ich hatte ihr schon eine SMS geschickt, als ich gelandet war, nun war mir aber danach, ihre Stimme zu hören.

Nach dreimaligem Klingeln nahm sie ab.

»Sara?« Ihre verschlafene Stimme ließ mich augenblicklich daran denken, dass es bei ihr ja bereits tief in der Nacht sein musste. Hier in New York war es nämlich siebzehn Uhr.

Ich suchte eine Haarbürste hervor und kämmte damit meine braunen Locken.

»Oh, tut mir leid, Liebes«, stotterte ich in die Leitung, während ich das Handy zwischen Wange und Schulter einklemmte, um etwas Deo zu benutzen und dann Parfum zu versprühen. »Ich hab vergessen, dass du wahrscheinlich schon schläfst.«

»Jetzt nicht mehr.« Sie klang munterer und ich hörte ihre Decke rascheln. Vermutlich hatte sie sich im Bett aufgesetzt. »Bist du schon bei Evan?«

Ich hatte ihr erzählt, dass er nicht Sam hieß.

»Ja – das heißt: Nein. Ich bin bei seinem Freund Hannes in der Wohnung. Er will für uns heute Abend kochen.«

Ich legte ein wenig Rouge nach und puderte meine Nase, ehe ich die Wimpern tuschte. Schon sah ich weniger müde aus, als ich mich fühlte.

»Seinem Freund?! Sag bloß, Evan ist schwul!« Ihre Stimme klang entgeistert.

Daran hatte ich noch gar nicht gedacht …

Konnte das sein? Ach du meine Güte, ich hatte einfach angenommen, dass er hetero war. Ich hatte ihn nie danach gefragt … wie peinlich wäre das denn bitte, wenn dieser Hannes und er … wenn sie … MIST! Hannes wirkte tatsächlich, als könne er auf Männer stehen … Und Evan wäre dann der Mann in ihrer Beziehung … Herrje!

Ich verließ das Bad und legte mein Necessaire zurück in den Koffer.

»Du weißt es nicht«, schlussfolgerte Mary aus meiner langen Pause, in der ich auf meiner Unterlippe herumgekaut hatte.

»Ähm … nein«, bestätigte ich, während ich ans einzige Fenster trat, das es hier im Raum gab, und hinausblickte. Draußen war nichts als eine weitere Häuserfassade zu sehen. »Aber Evan sieht doch nicht schwul aus, oder?«

»Du weißt, dass Homosexualität niemandem auf die Stirn tätowiert ist?«, sagte Mary belehrend.

Ich hasste diesen Tonfall …

»Und selbst wenn Evan schwul ist …«, begann ich laut und hielt mitten im Satz inne, als ich hinter mir die Tür vernehmlich ins Schloss fallen hörte.

Einen Moment lang wollte ich einfach nur im Erdboden versinken. Als das jedoch nicht passierte, drehte ich mich wie in Zeitlupe um und betete zu Gott, dass hinter mir nicht gerade Evan stand.

Gott machte heute wohl blau.

»Entschuldige, ich muss auflegen«, stammelte ich und ließ mein Handy sinken.

Da stand er und sah mich mit verschränkten Armen und zusammengezogenen Augenbrauen an: Evan.

Kapitel 5

Evan

Da stand sie und sah mich mit großen Augen und hängenden Schultern an: Sara.

Ich versuchte, nicht allzu sauer auszusehen, aber der Satz, den ich eben gehört hatte, dröhnte noch in meinen Ohren und ließ meine Nackenhaare aufstellen.

Hannes drückte sich mit einer Flasche Wasser an mir vorbei und faselte etwas von »gutem Wasser« und »das ist Evan«.

Aber meine Augen waren fest auf die junge Frau gerichtet, die mich ihrerseits ansah, als befände sie sich in Schockstarre.

Sie war eigentlich ganz niedlich, die Kleine. Nicht zu groß, nicht zu klein, nicht zu dick, nicht zu dünn. Ihre braunen Haare waren schulterlang und glänzten leicht im fahlen Licht, das in Hannes' Apartment herrschte. Sie hatte grüne Augen – nichts Besonderes, aber es passte irgendwie zu ihr. Ihre Stupsnase war mit Sommersprossen übersät und ihre Haut hatte einen blassen Teint. Sie gehörte wahrscheinlich zu der Sorte Menschen, die kaum zehn Minuten in der Sonne bleiben konnten, ohne sich eine Verbrennung zehnten Grades zu holen (oder ersten Grades? Egal). Ihre Kleidung war schlicht, wirkte aber dennoch teuer. Dunkle Jeans und eine weiße Bluse, dazu schwarze Chucks.

Ja, sie könnte wirklich in mein Beuteschema passen …

Verdammt! Falscher Gedanke!

Ich war nur aus einem einzigen Grund hier: um dieses Theater zu beenden, bevor es begonnen hatte.

Hannes war vorhin in meiner Wohnung fast auf den Knien vor mir herumgerutscht und hatte mich angefleht, freundlich zu sein zu Sara, die nebenan wartete. Nett, lieb, aufmerksam … Adjektive, die ich mit einem Chihuahua-Schoßhündchen verband, aber sicher nicht mit mir!

Ich hatte diese Tussi nicht angelacht, sondern *er*! Sollte er doch selbst sehen, wie er sie jetzt eine Woche lang bei Laune hielt.

Ich verlagerte mein Gewicht von einem Fuß auf den anderen und unterdrückte das Knurren, das mir auf der Zunge lag.

»Entschuldige«, hauchte Sara, als sich ihre Schockstarre langsam auflöste. Sie machte ein paar Schritte auf mich zu. »Das war … das war ein dummer Spruch …«

Ihr Akzent war nicht unsexy, das musste ich ihr lassen. Und die Stimme passte zu ihr – warm, weich und melodisch. Wahrscheinlich hörte sie sich toll an, wenn sie in Fahrt kam. Und ich dachte nicht ans Autofahren …

Ohne ihr zu antworten, hob ich eine Augenbraue. Gleichzeitig ließ ich meinen Blick über ihren Körper schweifen. So langsam und lauernd, wie es bestimmt KEIN Homosexueller machen würde. Das sollte ihr als Antwort hoffentlich genügen.

Mit Genugtuung stellte ich fest, dass sie unter meiner Musterung noch unruhiger wurde und ihre Arme sogar auf Brusthöhe zuckten, um sie davor zu verschränken. Sie gab ihrem Drang jedoch nicht nach, aber ihr Blick glich jetzt dem eines Hasen, der sich einem Wolf gegenübersah.

Ja, DAS gefiel mir deutlich besser als irgendwelche Sätze darüber, dass ich schwul sein könnte.

Ich und schwul … lachhaft!

»Es tut mir leid, das war ein unglücklicher Start.« Sara legte ihr Handy auf dem Fernsehtisch ab und trat einen weiteren Schritt auf mich zu. Ihre Befangenheit verbarg sie mit beinahe bewundernswerter Schnelligkeit hinter einem strahlenden Lächeln.

Wer zur Hölle hatte denn so weiße Zähne?! Und solche Grübchen?!

Sie streckte mir die Hand entgegen und ehe ich mich dagegen wehren konnte, hatten sich meine Finger um ihre gelegt. Ihre Haut fühlte sich kühl und weich an. Beinahe zart …

Stopp, dummes Gehirn! Stopp, du dummes Ding, das sich unter meiner Gürtellinie zu regen und zusammen mit meinem

Gehirn zu rätseln begann, ob ihre Haut wohl *überall* so zart war.

»Hör zu«, sagte ich und ließ ihre Hand schnell wieder los. »Das hier …«

»… ist das erste Mal, dass er ein solches Date hat«, unterbrach mich Hannes, der seinen Kopf aus der Küche streckte.

Ich warf ihm einen flammenden Blick zu, den er jedoch mit einem frech-unschuldigen Grinsen parierte.

›*Warte du erstmal, bis wir unter vier Augen sind!*‹, schickte ich ihm in Gedanken entgegen.

Er schien jedoch immun gegen meine Gedankenrede zu sein, denn der lebensmüde Kerl schlenderte mit einem entspannten Schmunzeln und zwei Wassergläsern zu uns und drückte davon eins mir und das andere Sara in die Hand.

»Setzt euch doch und lernt euch besser kennen«, meinte er mit einem weiteren arglosen Blick zu mir. »Evan hat in den letzten Wochen so viel von dir geschwärmt, dass ich fast das Gefühl habe, dich besser zu kennen als er.«

Ehe ich auf diese dreiste Bemerkung ein wütendes Brummen von mir geben konnte, fuhr er eilig fort: »Ich denke, ein paar Minuten für euch allein tun euch ganz gut. Ich koche währenddessen was Leckeres. Ich bin in der Küche, falls ihr mich braucht.«

»Ich habe nicht …«, begann ich.

»Ach, er ist einfach manchmal etwas zu schüchtern«, meinte Hannes mit einem unerhört frechen Zwinkern zu Sara, die dieses auch noch mit einem verständnisvollen Lächeln erwiderte.

Ich war fassungslos. Was bitte schön geschah hier?!

»Ich werde nicht …«, begann ich erneut, wurde aber dieses Mal von Sara unterbrochen.

»Evan, komm, setzen wir uns doch erstmal«, sagte sie in mütterlich-fürsorglichem Tonfall und zog mich am Ärmel meines dunkelgrauen Kapuzenpullovers zur Couch.

Sie nannte mich *Evan*! Daran war nur Hannes Schuld, da er mich ständig so ansprach. Na warte, mein Repertoire an Mordplänen wurde gerade um ein paar kreative Einfälle erweitert!

»Hör zu, Sara«, sagte ich, als sie mich mit erwartungsvollen, großen Augen vom Sofa aus ansah, auf das sie sich bereits gesetzt hatte. »Das hier ist ein Missverständnis.«

Sie schluckte merklich und ihre grünen Augen weiteten sich noch mehr.

Himmelherrgott! Wenn sie mich so ansah, konnte ich ihr nicht erklären, dass ich nur hier war, um ihr zu sagen, dass sie sich ihren Urlaub sonst wohin stecken konnte. Sie wirkte wie jemand, der nahe am Wasser gebaut war. Ich war zwar ein Arsch, aber ich hatte noch nie Frauen weinen sehen können. Schon gar nicht, wenn ich der Grund dafür war … Shit!

Okay, ich musste mir erst die Worte so zurechtlegen, dass sie nicht in Tränen ausbrach, wenn ihre Luftblase platze … Frauen!

Ich seufzte ausgiebig und ließ mich neben ihr auf dem Sofa nieder. Erster Punkt: Sie würde auf keinen Fall in meiner Wohnung die Nacht verbringen! »Du wirst bei Hannes übernachten.«

Sara hatte ganz offensichtlich die Luft angehalten. Jetzt breitete sich wieder dieses Grübchen-Lächeln auf ihren Lippen aus und sie trank einen großen Schluck Wasser, ehe sie sich mir zuwandte. »Das ist kein Problem.«

Mist, diese Grübchen sind verheerend. Und dieser englische Akzent … er gehört verboten!

Ich trank ebenfalls einen großen Schluck und wünschte mir, es handle sich dabei um Wodka, Whiskey oder Tequila. Alles davon hätte ich jetzt definitiv nötig.

»Wie läuft die Suche nach einem Ausbildungsplatz?«, fragte sie, ehe ich in meinem Gehirn die richtigen Worte für eine Abfuhr zusammensuchen konnte.

Ich warf ihr stirnrunzelnd einen Blick zu, dann drehte ich mich zur Küche um, wo mein hilfsbereiter Nachbar Hannes in ebendiesem Moment wieder in der Tür auftauchte.

»Gestern hatte er ein Schauspiel-Casting für eine Nebenrolle«, sagte er rasch und wenn ich mich nicht beherrscht hätte, wäre mein Kiefer nach unten geklappt. So aber traf ihn nur mein ungläubiger Blick.

Was zum Teufel hat dieser Kerl ihr erzählt?!

Aber schon sah mich Sara derart bewundernden und erwartungsvoll an, dass ich förmlich spüren konnte, wie ich immer stärker in diese Scheiße geritten wurde.

So ein Mist! Wenn sie nur nicht solche Augen hätte! Und solche Brüste … und Beine … verdammt! Sie sah aus wie ein Supermodel und das Ding unter meiner Gürtellinie hatte gerade die Kontrolle über meinen gesamten Körper (und vor allem meine Gedanken) übernommen. Shit!

Ich kniff kurz die Augen zusammen und überlegte, wie ich einen Ausweg aus Hannes' Lügenkonstrukt finden konnte, ohne dass sie zu weinen begann. »Ich war nicht beim Casting, ich will kein Schauspieler mehr werden«, ergriff ich die erstbeste Erklärung, die mir in den Sinn kam.

»Nicht?« Ihre Augenbrauen hüpften in die Höhe und sie strich sich ein paar Haarsträhnen hinter die Ohren. »Warum denn nicht?«

Beinahe vermeinte ich, einen enttäuschten Klang in ihrer Stimme zu vernehmen. Aber ich überhörte ihn großzügig.

»Weil es Wichtigeres im Leben gibt«, war meine einfache Antwort.

»Oh.« Sie stellte das Glas auf dem Couchtisch ab, der vor uns stand, und als mich ihr Blick wieder traf, war noch stärkere Bewunderung in ihren Augen zu finden. »Du bist so ganz anders als im Chat, weißt du das?«

Das liegt wohl daran, dass ich nicht der bin, mit dem du gechattet hast, Baby …

Diese Worte brannten mir auf der Zunge, aber etwas in mir brachte es nicht übers Herz, sie derart vor den Kopf zu stoßen.

Wenn diese großen grünen Augen sich mit Tränen gefüllt hätten, hätte ich mir das wirklich nicht verzeihen können … Herrgott noch mal, ich steckte echt in der Scheiße!

»Ach, und wie bin ich?«, fragte ich gespielt desinteressiert und stellte ebenfalls mein Glas auf den Tisch, um mich dann etwas zurückzulehnen und sie erneut ausgiebig zu mustern. Meine Blicke machten sie nervös, das konnte ich ohne Weiteres erkennen. Und es gefiel mir. Leider …

»Du bist so … so …« Sie holte tief Luft und begann den Satz nochmals von vorn. »Du bist so … düster.«

Ich konnte nichts dagegen tun, dass mir ein lautes Lachen entfuhr, das sie zusammenzucken ließ. Wie niedlich sie aussah, wenn sie zusammenzuckte … Ich begann mir plötzlich vorzustellen, wie sie in gewissen Situationen … Shit!

Ehe meine Fantasie ausufern konnte, biss ich mir auf die Unterlippe, lehnte mich näher zu ihr hinüber und ließ meinen Blick funkeln. Keine Ahnung, wie ihre Augen es schafften, noch größer zu werden und zu einem Dunkelgrün zu wechseln. Es war faszinierend, ihr dabei zuzusehen …

»Ja, ich bin düster, Baby. Sehr sogar. Daher solltest du dich von mir fernhalten.« Ich raunte ihr diese Worte zu, was meiner Stimme einen heiseren Klang verpasste. Einen Klang, der seine Wirkung nicht verfehlte. Sie wurde knallrot und senkte den Blick.

»Evan, benimm dich«, erklang Hannes' mahnende Stimme aus der Küche.

Stalkte uns das Robbenbaby etwa?

Ich warf einen Blick über die Schulter und meine Miene verfinsterte sich, als ich Hannes mit belehrendem Zeigefinger in der Tür stehen sah. In der anderen Hand hielt er eine Kelle, die er wohl zum Kochen benutzte.

»Und du lass uns mal endlich für ein paar Minuten in Ruhe, ja?«, knurrte ich ihn an.

»Nur wenn du dich zu benehmen weißt«, forderte der dreiste Kerl auch noch.

»Hau ab!«, bellte ich.

Immerhin verfehlte mein Ton auch bei *ihm* seine Wirkung nicht. Er hob beide Hände und verzog sich zurück in die Küche.

Leider hatte sich Sara in der Zwischenzeit etwas gefangen und ihre Wangen überzog nur noch ein dezentes Rosa. Schade, aber ich würde das schnell wieder zu einem Dunkelrot werden lassen.

Wenn sie schon meinetwegen hier war, durfte ich auch meinen Spaß mit ihr haben, oder? Man bestellte sich doch nicht extra ein Spielzeug aus London, nur um es dann lediglich anzuschauen.

Na warte, kleine Engländerin, ich zeige dir, was du davon hast, dass du freiwillig hergekommen bist …

»Wo waren wir stehen geblieben?«, fragte ich gespielt beiläufig.

»Nirgendwo. Wir sitzen.«

Ihre Antwort kam wie aus der Pistole geschossen und einen Augenblick lang war ich zu überrumpelt, um meinen perplexen Blick zu kontrollieren.

Verdammt … Nicht nur hübsch, sondern auch noch witzig …

Bei dieser Frau musste ich wirklich auf der Hut sein.

Kapitel 6

Sara

Bei diesem Mann musste ich wirklich auf der Hut sein.

Er war nicht nur sexy, sondern düster-sexy. Von der Sorte ›Bad Boy‹, die gern löchrige Jeans und Kapuzenpullis trugen. Darauf stand ich … leider.

Ich versuchte die letzten Reste meines Selbstbewusstseins zusammenzukratzen, das er soeben mit einem einzigen Satz in Kombination mit diesem fassungslos verführerischen Blick hatte bersten lassen.

Ja, ich bin düster, Baby … oh mein Gott, ich stand auf düstere Kerle!

Es dauerte ein paar Sekunden, bis ich wieder lockerer wurde und ruhiger atmen konnte.

Während er mir mit einer Mischung aus Überraschung und Stirnrunzeln in die Augen schaute, bemühte ich mich, in seinem Gesicht zu lesen. Er sah genauso aus wie auf den Fotos, die er mir geschickt hatte. Sein dunkelbraunes Haar war so dicht, dass ich am liebsten meine Finger darin vergraben hätte. Seine blauen Augen sahen mich abwartend an. Aus der Nähe wirkten sie wie tiefe Seen. Ich hatte noch nie in meinem Leben derart blaue Augen gesehen …

Ja, er sah so aus wie auf dem Foto. Aber er verhielt sich vollkommen anders als im Chat.

Ich hatte erwartet, dass er auf meinen Witz mit einem Lächeln reagierte, wenigstens einem Schmunzeln – irgendeinem Anzeichen dafür, dass er meinen Scherz lustig fand. Im Chat hatte er immer so viele Smileys geschickt, weil er meinen Humor mochte. Aber jetzt glich sein Gesicht eher einem Emoticon, das in eine Zitrone gebissen hatte. Er schien seinerseits meine Mimik zu studieren und zu versuchen, mich einzuschätzen.

Er wirkte wie ein Mann, der keinem vertraute. Und dennoch kannte ich diese offene, gesprächige Seite von ihm. Die Seite, die mit mir schon stundenlang gechattet hatte. Über Gott und die Welt. Es war nur eine Frage der Zeit, bis ich es schaffen würde, diese Seite hinter seiner düsteren, abweisenden Maske hervorzukitzeln. Schließlich war ich angehende Psychologin!

Herausforderung angenommen! Ich werde deine Fassade zum Einsturz bringen, Bad Boy.

Ich straffte die Schultern und sah mich suchend um. »Wo genau soll ich schlafen?«, fragte ich, um die peinliche Stille zwischen uns zu vertreiben, die schon viel zu lange andauerte.

Es war eine gute Frage. Eine sehr berechtigte. Denn auf dem einzigen Schlafplatz, den es hier gab, saßen wir gerade. Und es stand außer Frage, dass ich zusammen mit Hannes in einem Bett schlief. Aber ich war mir sicher, Evan und er hatten sich dafür schon eine Lösung ausgedacht – und die wollte ich jetzt hören.

Einen Augenblick lang schien Evan von meiner Frage überrumpelt zu sein, dann zuckte er mit den Schultern. »Hannes wird sicher sein Bett hergeben«, sagte er so laut, dass sein Freund es hören musste.

Tatsächlich streckte der blonde Typ keine Sekunde später den Kopf durch die Küchentür. »Ja, das mache ich. Ich werde in der Zwischenzeit bei Evan auf der Couch schlafen.«

Ehe ich etwas antworten konnte, war Evan aufgesprungen und stieß dabei fast sein Wasserglas um.

»WAS hast du da gesagt?!«, rief er entrüstet. »Kommt nicht in Frage! Du wirst bestimmt nicht bei mir schlafen!«

Ich sah stirnrunzelnd zu Evan hoch und erhob mich dann ebenfalls. »Ich kann sonst auch … ähm … vielleicht gibt es hier eine Jugendherberge oder so?«, startete ich den Versuch, den aufkeimenden Streit zu schlichten. Denn *dass* es einen geben würde, konnte ich Evans wutentbrannter Miene ohne Weiteres ansehen. Dazu hätte ich nicht mal Psychologie studieren müssen.

Hatten die beiden sich denn nicht darüber unterhalten, wo ich schlafen würde?

Typisch Männer …

»Die Alternative ist, dass du ihr *dein* Bett anbietest«, meinte Hannes und hielt Evans flammendem Blick stand. Wahrscheinlich hatte Hannes' Ego einen eingebauten Feuerlöscher, anders war diese Ausdauer nicht zu erklären, mit der er Evan die Stirn bot.

»*Mein* Bett?«, wiederholte der düstere Schönling verdattert.

»Also ich kann sonst auch auf deiner Couch schlafen«, schlug ich in einem weiteren Anlauf vor, eine Lösung zu finden. »Das macht mir nichts aus, ehrlich.«

Wie hatten sie es sich denn vorgestellt, wenn Mary noch mitgekommen wäre? Wir zwei auf dem Boden schlafend?

Evans Blick glitt von Hannes zu mir und ich sah in seinen blauen Augen den Ärger aufflackern, den er seinem Freund gegenüber empfand.

Aus dieser Freundschaft wurde ich nicht wirklich schlau. Evan schien Hannes nicht zu mögen – dennoch hatte er ihn gebeten, mich am Flughafen abzuholen und sogar für uns zu kochen.

Manchmal waren Männer kryptischer als eine Hieroglyphe.

Ein paar Sekunden lang ruhten die blauen Augen auf mir, ehe das Feuer darin erlosch. »Du schläfst bestimmt nicht auf meiner Couch, Sara«, sagte Evan in ruhigerem Tonfall. Er warf Hannes einen weiteren messerscharfen Blick zu. »Gut, dann schläft sie eben bei mir«, meinte er in einem derart resignierten Tonfall, dass ich mich augenblicklich schlecht fühlte.

»Ich will dir wirklich keine Umstände bereiten, Evan«, murmelte ich.

Mit einem Mal fühlte ich mich fehl am Platz und konnte nicht weiter die Kraft aufbringen, die aufkeimenden Zweifel zu unterdrücken. Das Kontrollmonster in mir übernahm das Ruder, von dem ich es mit aller Macht hatte fernhalten wollen. Jetzt knickte ich ein und ließ zu, dass es tief Luft holte, um mir in Form meines inneren Kritikers eine Moralpredigt der Extraklasse aufzutischen.

Wie hatte ich nur so blöd sein können, ganz allein hierherzukommen? Zu wildfremden Männern, von denen ich nur einen aus dem Chat kannte – und der sich überhaupt nicht so verhielt, wie ich es erwartet hatte?

Ich hätte meiner Übervorsichtigkeit besser nachgeben und mir ein Hotelzimmer buchen sollen. Auch wenn das bedeutet hätte, dass ich meinen Vater anpumpen musste – es wäre besser gewesen, als sich hier überflüssig zu fühlen. Sollte ich meinen Dad jetzt noch anrufen? Ich hatte das nur im äußersten Notfall tun wollen … denn es fühlte sich nach einer Niederlage an.

Aber vielleicht war es an der Zeit, mir diese Niederlage einzugestehen. Ich war noch nicht selbständig genug. Noch nicht erwachsen genug. Ich war nur eine verträumte Göre, die glaubte, dass ihr die Welt offenstand. Pustekuchen! Nichts stand mir offen. Ich hatte nicht einmal ein Bett zum Übernachten.

Während das Kontrollmonster in mir kurz nach Luft schnappte, um dann Runde zwei einzuläuten, spürte ich, wie meine anfängliche Euphorie schwand. Wahrscheinlich war es der anstrengenden Reise zuzuschreiben, dass ich mich elend fühlte. Vielleicht war auch die Desillusionierung oder einfach die Tatsache schuld, dass ich mich allein fühlte, obwohl hier zwei Typen standen. Ich vermisste Mary plötzlich so sehr, dass es weh tat.

Ehe ich etwas dagegen tun konnte, füllten sich meine Augen mit Tränen. Hastig wandte ich mich von Evan ab und setzte mich wieder auf das Schlafsofa. Das fehlte noch, dass er mich heulen sah.

Ich senkte den Blick und atmete ein paar Mal tief ein und aus. Versuchte, die zweite Runde der Moralpredigt, die das Kontrollmonster für mich parat hatte, zu unterdrücken. Vergebens.

Was hatte ich mir nur dabei gedacht, allein hierher zu reisen? Wie naiv war ich bloß?!

Ich war den beiden ganz offensichtlich ein Klotz am Bein und Evan freute sich anscheinend nicht wirklich, dass ich hier war. Dabei hatte er gestern Abend noch so positiv und freundlich geklungen …

Ehe ich noch weiter in dem Strudel der Selbstvorwürfe versinken konnte, spürte ich eine Hand, die zaghaft meine Schulter berührte.

»Weinst du etwa?« Evan. Er klang zerknirscht – auf jeden Fall nicht mehr so verärgert wie eben noch.

Ich schüttelte den Kopf und versuchte meine Tränen wegzublinzeln.

Na toll! Jetzt rannen sie mir tatsächlich über die Wangen.

»Na, das hast du ja prima hinbekommen!«, rief Hannes aus der Küche.

Ich konnte hören, wie Evan ein aufkommendes Knurren herunterschluckte, das stattdessen in einem Schnauben endete. »Herrgott noch mal, halt endlich die Klappe!«, rief er zurück.

Ich kniff die Augen zusammen und atmete erneut tief durch. Dann hob ich den Blick und sah Evan an, während ich rasch die Tränen auf meinen Wangen mit den Fingern wegwischte. Er blickte mich tatsächlich besorgt an.

»Ich kann wirklich in irgendeinem Hotel unterkommen«, begann ich und merkte, dass meine Stimme zitterte.

Mist, warum war ich gerade zur Heulsuse des Jahres geworden?!

Evan schüttelte langsam den Kopf.

Dennoch fuhr ich fort. »Ich muss nur schnell meinen Vater anrufen. Er wird mir Geld überweisen, damit ich ein Hotelzimmer buchen kann.«

Wenn Evan wüsste, wie schwer mir dieser Vorschlag fiel … Ich hasste es, bei meinem Vater um Geld zu betteln. Aber in diesem Fall schien es mir die einzige Lösung zu sein.

»Kommt nicht in Frage«, sagte Evan in energischem Tonfall. »Du schläfst in meinem Bett, ich auf meiner Couch, und damit Ende der Diskussion.«

Ich sah ihn misstrauisch an. Sagte er das jetzt nur, weil ich heulend neben ihm saß? Würde er es morgen früh bereuen, dass ich ihn auf seine Couch verdrängt hatte?

»Du kannst auch deinen Vater anrufen, wenn dir das lieber ist«, lenkte Evan in dem Moment ein und zuckte mit den Schultern.

»Nein, ich … danke«, murmelte ich.

Allein bei der Vorstellung, meinen Vater anbetteln zu müssen, wurde mir übel. Ich hatte ihm erklärt, dass ich den Rest der Reise selbst organisiert bekommen würde. Dass ich erwachsen genug dafür war. Er wusste noch nicht mal, dass Mary nicht hatte mitkommen können …

»Dann ist das ja geklärt«, ertönte Hannes' Stimme aus der Küche. »Ich brauche hier noch eine Weile, bis das Essen fertig ist. Evan, in der Zwischenzeit kannst du Sara ja schon mal deine Wohnung zeigen.«

Über Evans Gesicht glitt ein Ausdruck, den ich nicht so richtig deuten konnte. Irgendetwas zwischen Resignation und Verärgerung. Jedenfalls schien er sich wirklich nicht zu freuen, dass ich während der nächsten Tage in seiner Wohnung sein würde. Aber ehe ich meinen Vorschlag mit dem Hotel oder der Jugendherberge wiederholen konnte, hatte er sich erhoben und ging zu meinem Koffer.

»Mehr hast du nicht dabei?«, fragte er mit einem Blick auf das überschaubare Handgepäck.

Ich schüttelte den Kopf und erhob mich ebenfalls. »Ich dachte, ich kaufe mir hier einen großen Koffer und fülle ihn dann mit Kleidern und Geschenken und so ...«, erklärte ich.

»Frauen ...«, murmelte Evan, während er mein Gepäck nahm und sich in Richtung Tür bewegte.

Er wartete nicht darauf, dass ich ihm folgte, sondern verließ Hannes' Apartment, ohne sich noch einmal umzudrehen. Ich zögerte einen Augenblick, dann sah ich Hannes an, der in der Küchentür erschien und mir mit der Kochkelle zu verstehen gab, dass ich Evan folgen sollte. Ich nickte eilig und verließ die Wohnung ebenfalls.

Im Flur angekommen, konnte ich gerade noch erkennen, wie Evan im gegenüberliegenden Apartment verschwand. Er ließ die Tür offen. Anscheinend nahm er *doch* an, dass ich ihm folgen würde.

Zaghaft betrat ich seine Wohnung und schloss die Tür hinter mir.

Vor mir lag ein ähnliches Zimmer, wie ich es bei Hannes gesehen hatte. Ein Zweiersofa aus dunklem Stoff stand mit dem Rücken zu mir vor einem Fernseher, ein paar Regale mit Büchern zierten die Wand und es gab ein Fenster direkt gegenüber der Eingangstür. Im Gegensatz zu seinem Freund hatte Evan keine Dekorationen in seinem Apartment verteilt. Die Ausnahme bildete ein Goldfischglas, das auf einer Kommode rechts neben dem Eingang stand. Es roch nicht wirklich gut hier drin – nach kaltem Rauch und vergammeltem Essen.

Anders als Hannes besaß Evan rechts neben dem dunklen Sofa eine offene Küche mit einer kleinen Kochinsel. Der höhenverstellbare Barhocker, der davor stand, wirkte jedoch nicht sehr vertrauenserweckend – wahrscheinlich wackelte er, sobald man sich daraufsetzte. Überall waren leere Pizzakartons, Papptüten vom Chinesen, Bierdosen und irgendwelche Klamotten verteilt. Evan schien nicht der ordentlichste Mensch auf dieser Welt zu sein.

Ich nahm an, dass hinter der Tür links vom Eingang das Bad lag. Anders als in zu Hannes' Apartment gab es direkt daneben ein weiteres Zimmer, auf das Evan zusteuerte. Anstelle einer Tür war jedoch ein dunkler Fadenvorhang angebracht.

Evan drehte sich im Türrahmen zu mir um und ich musste unwillkürlich schmunzeln, denn die Fäden auf seinem Kopf wirkten wie Haarverlängerungen. »Das ist dein Zimmer.« Er stutzte, weil er mein Lächeln wohl nicht einschätzen konnte.

Ich räusperte mich und trat zu ihm, um hinter den Fadenvorhang zu blicken. Da Evan nicht zur Seite wich, konnte ich nicht viel erkennen. Ein breites Bett, dunkle Wäsche und überall weitere Klamotten, die auf dem Boden herumlagen. Auch hier drin roch es nicht sonderlich angenehm.

»Ich habe nicht aufgeräumt«, meinte er überflüssigerweise.

»Macht nichts, ich kann das für dich erledigen.«

Evan grunzte amüsiert und ich sah zu ihm auf. Er stand so dicht neben mir, dass ich seinen Duft wahrnehmen konnte. Anders als die Wohnung roch *er* ziemlich gut. Ich glaubte, ein Calvin-Klein-Duschgel zu identifizieren.

Ehe ich ihn noch länger anstarren konnte, trat Evan nun doch endlich an mir vorbei und stellte den Koffer neben das Bett. Dann drehte er sich wieder zu mir um und musterte mich mit diesen unwirklich blauen Augen. »Brauchst du sonst noch was?«, fragte er.

Ich schüttelte den Kopf, was ihn nicken ließ.

»Hör zu, Sara«, begann er und trat auf mich zu.

Als er die Hand nach meinem Gesicht ausstrecke, hielt ich den Atem an. Doch er schob nur einen Faden, der sich über meine Wange gelegt hatte, etwas zur Seite und ich stieß die Luft leise wieder aus. Ich musste ihn ziemlich dämlich ansehen, denn er runzelte die Stirn und sein Blick wurde forschender.

»Was wolltest du sagen?«, fragte ich. Peinlicherweise schlich sich ein leichtes Beben in meine Stimme.

Ich meine: Wir standen hier in seinem *Schlafzimmer* … und mein romantisches Ich war in Gedanken dabei, sich die Beine zu rasieren und Parfum aufzutragen, während es in Karaoke-Manier Whitney-Houston-Songs trällerte.

Wenn ich ehrlich zu mir war: Ich hatte mir gewünscht, dass wir uns näher kämen. Denn ich war ja nicht ganz ohne Hintergedanken nach New York gereist.

Jetzt hier bei ihm zu sein – bei dem Mann, dessen Bild ich in den letzten Wochen wie ein verliebter Teenie angeschmachtet hatte –, ihm in die Augen zu sehen ... Hey, ich war auch nur eine Frau! Und ich hatte so meine Schwächen, was verkorkste Männer anging. Wahrscheinlich, weil ich ihnen helfen wollte, ihre Verkorkstheit abzulegen ... aber wahrscheinlich auch, weil sie mir im selben Zuge diese Unkontrollierbarkeit gaben, die ich ansonsten in meinem Leben nicht besaß – nicht zuließ. So weit zumindest meine eigenen Persönlichkeitsanalysen für diese komische Vorliebe.

Meine letzten drei Beziehungen waren alles eher Fälle für den Psychologen als für eine junge Frau auf der Suche nach Liebe gewesen. Aber ich war auch gar nicht auf der Suche nach der großen Liebe – das hatte noch Zeit. Ich war jung, wollte meinen Spaß haben. Hier in New York. Mit Evan.

Wenn ich dabei meiner psychologischen Ader frönen konnte, umso besser.

Mein Helfersyndrom hakte sich gerade bei meinem romantischen Ich unter und streckte dem Kontrollmonster die Zunge raus.

Ja, ich hatte gehofft, dass wir irgendwann in Evans Schlafzimmer landen würden. Aber dass es so schnell gehen würde, hätte ich nicht zu träumen gewagt.

Okay, die Romantikerin in mir brachte alle meine Hormone durcheinander. Herrje, er zeigte mir doch nur, wo ich schlafen konnte!

Evan räusperte sich und trat einen Schritt von mir zurück. »Ich bin echt nicht gut in dem, was du von mir erwartest«, brummte er.

In diesem Moment hoffte ich inständig, dass er keine Gedanken lesen konnte. Denn wenn er wüsste, was ich von ihm jetzt – in dieser Sekunde – erwartete und woraus mein innerer Monolog bestand, dann hätte ich wohl oder übel ein Loch im Erdboden suchen müssen.

»Was meinst du?«, fragte ich vorsichtig, in der Hoffnung, dass er wirklich keine telepathischen Kräfte besaß.

»Du willst jemanden, der sich um dich kümmert, mit dem du Spaß haben kannst, der dich unterhält und dir die beste Zeit deines Lebens hier in New York beschert.« Er schüttelte den Kopf, fuhr sich durch das dunkle Haar und richtete seinen Blick zu Boden. »Ich weiß, was Mädchen wie du erwarten. Was sie wollen. Aber ich bin ganz und gar nicht geeignet für das alles.«

Als er mir wieder in die Augen sah, konnte ich wirklich Resignation in seinem Blick erkennen.

Hastig trat ich auf ihn zu, um ihm mit aller Eindringlichkeit zu erklären, dass ich *kein* solches Mädchen war. Dass ich keinerlei Erwartungen an ihn hatte (was absolut gelogen wäre). Aber ich konnte diese Kapitulation nicht länger mit ansehen. Mein Helfersyndrom drehte gerade vollkommen durch und schrie mich an, etwas gegen seinen Selbsthass, den er ganz offensichtlich empfand, zu unternehmen. Die Romantikerin in mir wollte ihn unbedingt umarmen und sich an ihn schmiegen. Und das Kontrollmonster suchte währenddessen nach einer Pistole, um sich das Gehirn wegzupusten aufgrund so viel vereinten Schwachsinns.

Leider übersah ich, dass sich eine Jeans quer auf dem Boden zwischen ihm und mir befand. Meine Füße verhedderten sich in dem Stoff, noch ehe ich etwas von dem sagen oder tun konnte, was ich vorgehabt hatte. Ich strauchelte, suchte nach Halt und fand ihn einzig und allein in Form von Evan, der seinerseits überrascht zurückwich, als ich die Hände nach ihm ausstreckte.

Der Raum war so klein, dass sich das Bett direkt hinter ihm befand. Einen Moment lang schien es, als könne er mich auffangen, dann kippte sein Körper nach hinten.

Mein Kinn schlug hart auf, als es Bekanntschaft mit Evans Rippen machte, und ich stöhnte unwillkürlich. Es dauerte eine Weile, bis ich begriff, dass ich auf ihm lag.

Okay, so schnell war ich noch nie mit einem Mann im Bett gelandet.

Kapitel 7

Evan

Okay, so schnell war ich noch nie mit einer Frau im Bett gelandet.

Meine Rippen taten dort, wo ihr Kinn aufgeschlagen war, ziemlich weh. Aber ihrem verzerrten Gesichtsausdruck konnte ich entnehmen, dass auch für *sie* der Sturz nicht ganz schmerzfrei gewesen war.

Rasch stützte ich mich auf die Unterarme und sah auf sie herunter. Sie lag mit der Hälfte ihres Oberkörpers auf mir. »Geht's?«, fragte ich.

Sie rieb sich mit der Hand über das Kinn und nickte. »Ja. Tut weh.«

»Eis! Ich hole dir Eis.« Ich versuchte mich unter ihr wegzuschieben, was jedoch dazu führte, dass sie mit den Knien auf den Boden rutschte und mit dem Kopf zwischen meinen Beinen landete.

Hm, nicht mal eine *so* unangenehme Position … wieso kam mir gerade *jetzt* dieses Jingle-Bells-Weihnachtslied in den Sinn?

Ehe sich das Ding unter meiner Gürtellinie über diesen unerwartet intensiven Körperkontakt freuen konnte, richtete Sara sich jedoch mit hochrotem Kopf auf und grüne Augen sahen mich peinlich berührt an.

»Tut … tut mir leid …«, stammelte sie. »Das … ich … normalerweise bin ich nicht so tollpatschig. Das war … scheiße … entschuldige.«

Ein Schmunzeln legte sich auf meine Lippen. Das erste, welches sie von mir überhaupt zu sehen bekam. »Kein Grund, sich zu entschuldigen. Das war grad ein ziemlich guter Anfang.«

Ich hätte nicht gedacht, dass ihr Kopf noch röter werden konnte. Sie war in Nullkommanichts auf den Beinen und klopfte ihre Jeans ab, als hätte sie sich schmutzig gemacht – eine Geste, die meine Augenbrauen sich zusammenschieben und das Schmunzeln ersterben ließ.

Ich war nicht schmutzig! Ich hasste diese verwöhnten Gören, die sich für etwas Besseres hielten!

Ihre großen, beschämten Augen und ihr verkniffener Mund machten das Ganze auch nicht besser.

Ja, ich wusste, dass ich überreagierte – aber wenn mich jemand als ›schmutzig‹ wahrnahm, triggerte das Erinnerungen an meine ganze verdammte Vergangenheit.

Beim letzten Mal, als mich jemand als ›schmutzig‹ bezeichnet hatte, war ich wutentbrannt aus dem Haus gestürmt … und nie wieder zurückgekehrt. Das war gewesen, als Dianas Eltern mir die Schuld für alles in die Schuhe geschoben hatten.

›*Du schmutziger Bastard!*‹

Noch heute konnte ich die Stimme ihres Vaters in meinen Ohren dröhnen hören.

Verfluchter Mist! Warum waren die Erinnerungen immer in der Weihnachtszeit so lebendig? Ich hasste es, an Dinge erinnert zu werden, an die ich nicht erinnert werden wollte!

Daher stieß ich mich nun ebenfalls von der Matratze ab und erhob mich, um an Sara vorbei aus dem Zimmer zu laufen. Ich hatte keine Lust auf ihre gut gemeinten Worte – die sie mit Sicherheit von sich gegeben hätte, wenn sie bemerkte, dass sie mich ungewollt vor den Kopf gestoßen hatte. Ich hatte keinen Bock auf ihre Erklärungen, ihre halbherzigen Floskeln. Sie verstand nichts von dem, was gerade in mir vorging, und dabei wollte ich es auch belassen. Ich hatte schon genügend Psychiatern mein Herz ausschütten müssen. Irgendwann reichte es!

Sie holte mich ein, als ich in der Küche angekommen war. Ich spürte ihre Hand, die sich warm an meinen Oberarm legte.

Zu warm. Zu nah. Zu intensiv …

»Wow, trainierst du?«

Ihre Frage riss mich aus dem Loch, in das ich zu fallen bereit gewesen war. Das Loch, das sich ›verfluchte, beschissene Vergangenheit‹ nannte und aus dem ich meist nur rauskam, wenn ich mich besoff, kiffte oder Sex hatte.

Ich wandte mich zu ihr um und blickte sie verdutzt an. Ihre Hand lag noch immer an meinem Oberarm und sie drückte mit Zeigefinger und Daumen etwas zu. Nicht fest, gerade so, dass sie meine Muskeln spüren konnte.

»Gelegentlich«, murrte ich und versuchte meinen Arm aus ihrem Griff zu befreien, ohne dass es zu sehr nach Flucht aussah.

»Was ist los? Hab ich was Falsches gesagt oder so?«, fragte Sara. Sie schien zu merken, dass ich nicht mit ihr sprechen wollte, aber es nicht zu akzeptieren.

Meine Augen glitten über ihr hübsches Gesicht (ja, verdammt, ich fand sie hübsch! Verklagt mich!) und ich knurrte in mich hinein. »Warum habt ihr Frauen immer das Gefühl, dass es an *euch* liegt, wenn ein Mann nicht mit euch sprechen will?«

Endlich ließ sie meinen Arm los und starrte mich stattdessen überrascht an.

Okay, vielleicht hätte ich sie meinen Arm weiterhin halten lassen sollen – diesen Blick von ihr mochte ich noch weniger als ihre Berührung.

»Weißt du, ich dachte wirklich, dass du anders bist«, murmelte sie, ohne ihre Augen von mir zu nehmen.

»Ach? Und wie sollte ich denn bitte schön sein?«, blaffte ich sie an.

Sie zog ihre kleine Nase kraus und sah zur Decke, als würde sie sich ernsthaft eine Antwort überlegen. Dabei konnte ich in ihren Augen erkennen, dass sie diese bereits auf der Zunge hatte. »Weniger … maulig.«

Ich konnte nichts dagegen tun, dass mein Kiefer nach unten klappte und ich wohl wie ein Frosch aussah, der seine Zunge verschluckte. Meine Stimme wollte mir nicht gehorchen, also kam sogar ein ähnliches Geräusch aus meiner Kehle, als hätte ich meine Zunge tatsächlich verschluckt. Ich versuchte einen zweiten Anlauf und immerhin nahm mein Sprachzentrum langsam wieder seinen Dienst auf.

»Ich … wie bitte? Du hast mich als … ›maulig‹ bezeichnet?«, fragte ich fassungslos.

Maulig waren kleine Kinder. Verwöhnte Gören. Verrückte Schnepfen … aber nicht ich!

Sie nickte meine Worte auch noch ab. »Ja, hab ich.« Ihre Augen wechselten zu diesem dunkleren Grün. Wahrscheinlich taten sie das immer, wenn Sara sich auf etwas zu konzentrieren versuchte. »Und nicht nur das – du scheinst auch noch selbstzerstörerisch zu sein.« Sie nickte zu meinem Biervorrat, der sich neben und auf dem Couchtisch ansammelte. »Und vor allem unsicher.«

Ich schüttelte den Kopf, weil ich nicht glauben konnte, was diese Hobby-Hellseherin in mir zu sehen glaubte. »Sag mal, was glaubst du eigentlich, was du bist? Eine CIA-Profilerin? Hellseh Tussi? Psychiaterin?«

Sie nickte lächelnd. »Mit Letzterem hast du ins Schwarze getroffen.« (Ach du verdammte Scheiße!) »Ich bin angehende

Psychologin. Nun ja, das unterscheidet sich von einer Psychiaterin ein wenig, aber das würde jetzt zu weit führen.« Sie legte den Kopf schief. »Und? Mache ich meinen Job gut?«

»Deinen ... Job?« Diese Frau machte mich vollkommen wahnsinnig. »Deinen ... verdammten Job? Du siehst *das* hier als ... JOB?!« Ich breitete die Arme aus, um eine weitläufige Geste zu machen, die das Wohnzimmer umfasste.

Ihre Augen wurden wieder groß und heller. »Kein Grund, aus der Haut zu fahren, Evan.«

»Nenn mich nicht so!«, unterbrach ich sie unwirsch.

»Evan?«

»Genau so! Nenn mich nicht so!«

Mein Blick hätte sie eigentlich verbrennen lassen müssen (oder zumindest verstummen), aber stattdessen verschränkte sie die Arme vor der Brust, hob eine Augenbraue und das Lächeln auf ihrem Gesicht wurde breiter. Beinahe herausfordernd. »Warum, wenn ich fragen darf? Ich finde, Evan ist ein schöner Name. Er passt zu dir.«

Ich schnaubte, weil alles, was mir auf der Zunge lag, dazu geführt hätte, dass sie vor den Kopf gestoßen worden wäre. Dann hätte sie wieder geweint und ich hätte wieder Dinge versprochen, nur damit sie aufhörte. So wie vorhin bei Hannes.

Wie dämlich war ich eigentlich, ihr zu erlauben, in *meinem* Bett zu schlafen?! Ich hatte in all den fünf Jahren, die ich in dieser Wohnung lebte, noch NIE eine Frau mit nach Hause genommen – und schon gar nicht in meinem Bett schlafen lassen! *Ich* war es immer gewesen, der zu den Frauen nach Hause ging, mit denen ich Sex hatte. Nie umgekehrt.

Das hier war mein *Reich*. Meine *Privatsphäre*. Und diese Sara trampelte gerade wie ein Elefant im Porzellanladen darin herum. Okay, ein hübscher, äußerst zierlicher Elefant – aber dennoch durfte sie das nicht! Das durfte niemand!

Sie nahm meine Stummheit wohl als Zustimmung dafür, dass sie mit ihrer Elefanten-Zerstörungswut fortfahren durfte.

»Weißt du, vorhin, als du gelächelt hast, da hast du richtig gut ausgesehen«, meinte sie und deutete mit dem Daumen über die Schulter in Richtung Schlafzimmer. »Warum tust du das nicht einfach öfters?«

Was glaubte sie eigentlich, wen sie vor sich hatte? Den Grinsepeter des Jahrhunderts?

Ich ließ mein Gesicht sich extra stark verfinstern und verschränkte meinerseits die Arme vor der Brust. »Okay, das reicht. Jetzt hör mal zu, Kleine …«, begann ich meine Ansprache, die ihr ein für alle Mal klarmachen sollte, dass sie meine Privatsphäre zu respektieren hatte.

Ihre Augenbrauen hüpften erwartungsvoll in die Höhe. Warum hatte ich das Gefühl, dass sie jedes einzelne meiner Worte in eine Waagschale werfen würde? Egal. Ich musste ihr klipp und klar sagen, dass mein Leben sie nichts anging. Auch nicht mein Name, meine Wohnung … nichts, das etwas mit mir zu tun hatte.

»Weißt du eigentlich, dass es viel mehr Muskeln und damit Energie benötigt, ein wütendes Gesicht zu machen, als ein fröhliches?«, unterbrach sie mich, ehe ich ihr verdeutlichen konnte, dass sie sich aus meinem Leben raushalten sollte.

Meine Gesichtszüge, die ich gerade hervorragend im Finster-Modus gehabt hatte, entglitten mir wieder. Immer wenn ich dachte, ich hätte die Oberhand, kam sie mit irgendwelchen Themen, auf die ich nicht vorbereitet war.

Wie zum Teufel sollte ich gebührend wütend blicken, wenn sie mich immer wieder den Fokus verlieren ließ?!

»Ich nehme an, das war dir nicht bewusst, wie?«, fuhr sie fort und legte den Kopf erneut schief. »Solltest du vielleicht öfter mal dran denken.«

Sie wagte es tatsächlich, den Zeigefinger in die Luft zu heben und damit vor meinem Gesicht herumzuwedeln.

Das war zu viel. Ich schnappte ihren Finger und hielt ihre Hand fest. Sie war so überrascht, dass ihr ein leiser Schrei entwich, als ich sie nahe an mich heranzog. Ich genoss es, sie aus ihrem verflucht gut durchdachten Psychiater-Konzept zu bringen.

Ja, auch ICH konnte unberechenbar sein. Sehr gut sogar!

Ihr Atem ging mit einem Mal schneller, als ich mit der freien Hand an ihren Rücken griff, ihren Körper gegen meinen presste und mich zu ihr hinunterbeugte.

»Hör zu«, raunte ich ihr ins Ohr. »Du hast wohl das Gefühl, eine ganz große Nummer zu sein. Wahnsinnig intelligent, gebildet und schlagfertig. Wahrscheinlich trägt dein Daddy dich auf Händen und deine Mom schmiert dir noch das Butterbrötchen. Aber …« Ich machte eine kunstvolle Pause, um mich zu vergewissern, dass sie mir auch zuhörte. Das tat sie. Und ich konnte voller Genugtuung feststellen, dass sich ihre Nackenhärchen unter meinem Atem aufstellten, der über ihren Hals glitt. »Du bist jetzt nicht bei deinen Eltern, sondern hier in New York. Bei mir. Und das vollkommen freiwillig. Ich weiß ja nicht, was dich geritten hat, hierherzukommen. Es braucht ganz schön viel Dummheit, in ein fremdes Land zu zwei fremden Männern zu reisen. Allein.«

Während ich sprach, spürte ich, wie sie sich unter meinem Griff anspannte. Sie mochte es nicht, wie ich mit ihr redete. Wahrscheinlich war ich der erste Mann, der überhaupt *so* mit ihr sprach. Aber das war mir gleichgültig. Ich hatte es noch nie darauf angelegt, anderen zu gefallen. Und bei ihr würde ich ganz bestimmt nicht damit anfangen!

»Lass mich los«, zischte sie leise.

Aus ihrer Stimme konnte ich eine Spur Angst heraushören. Womöglich war ihr bewusst geworden, dass sie *wirklich* ganz allein in einem fremden Land war. Mit einem Typen, den sie nur aus dem Chat kannte – und ich war nicht einmal dieser Typ. Aber diese Offenbarung wollte ich mir noch ein wenig aufsparen. Es würde sie aus der Bahn werfen und ich würde es genießen, die rosa Traumblase dieser verwöhnten Göre zum Zerplatzen zu bringen.

Was dachte sie sich eigentlich dabei? Sie war wirklich überdurchschnittlich dumm, wenn sie zu irgendwelchen Fremden in die Ferien fuhr – allein. Ich hätte ein Massenmörder sein können. Ein Triebtäter. Ein Junkie ... okay, Letzteres war gar nicht so weit hergeholt.

Wenn sie meine Freundin gewesen wäre, hätte ich ihr die Leviten gelesen und ihr Hausarrest erteilt ... oder den Hintern versohlt. Sie hatte bestimmt einen niedlichen Hintern, dem ein paar rote Flecken hervorragend stehen würden.

...

...

...

WAS dachte ich da?

Niedlicher Hintern? Freundin?

Bah! So eine Tussi hätte ich nie zur Freundin!

Sie roch nach Orangenblüten und Zartbitterschokolade. Ich hingegen war ein Bier- und Wodka-Typ. Nein, wir passten definitiv nicht zusammen. Nicht in diesem und nicht im nächsten Leben!

»Lass mich los!« Ihre Stimme wurde energischer.

Sieh an, das Püppchen hatte doch ein bisschen Feuer in sich.

Allein um zu sehen, ob das alles war, was sie an Energie aufbrachte, verstärkte ich den Griff um ihren zierlichen Körper und senkte meinen Kopf so weit zu ihr hinunter, dass ich mit den Lippen ihren Hals berührte. Sie wand sich unter mir und versuchte loszukommen. Was ihr nicht gelang. Sie war kleiner und schwächer als ich. Und ich genoss diesen Moment gerade viel zu sehr.

»Was willst du von mir?!«, fuhr sie mich an und ich musste ihr hoch anrechnen, dass ihre Stimme nicht zitterte. Denn ihr Körper tat es bereits.

Bevor sie tatsächlich wieder in Tränen ausbrechen konnte, ließ ich sie endlich frei und sie machte ein paar Schritte rückwärts. Weg von mir.

Ich hatte bisher nicht gewusst, dass ihre grünen Augen lodern konnten wie Smaragde, die in Flammen standen. Es war faszinierend, diese Veränderung zu verfolgen, und ich war einen Augenblick lang versucht, sie erneut an mich zu ziehen, um das Feuer genauer in Augenschein zu nehmen. Allerdings ließ ich es bleiben und verschränkte stattdessen meine Arme vor der Brust.

»Du bist ein Arschloch!«, stellte sie fest. Ihre Stimme bebte immer noch nicht, aber ihre Augen begannen nun unnatürlich zu glänzen.

Verdammt, sie weinte schon wieder … das war eindeutig mein Rekord im ›Frauen-zum-Weinen-bringen‹. Okay, ich hatte mir nicht wirklich Mühe gegeben, es nicht zu tun.

»Das höre ich öfters«, erwiderte ich so cool, wie ich konnte. Dennoch war meine Stimme ein bisschen zu heiser für meinen Geschmack. Was eindeutig daran lag, dass sich Orangenblüten und Bier nicht vertrugen.

»Was ist eigentlich dein Problem?«, maulte sie und erlangte langsam ihre Fassung zurück. »Du hast selbst gesagt, dass du dich darüber freust, wenn ich hierherkomme. Und nun … du verhältst dich so komisch, dass ich mir nicht vorstellen kann, dass du derselbe Typ sein sollst, mit dem ich gechattet habe!«

Ich bohrte meinen Blick in ihren. Es war an der Zeit, ihr die Augen zu öffnen, damit sie die Realität sah – nicht nur ihr Rosa-Tupfen-Leben. »Vielleicht solltest du mal aus deiner Märchenwelt erwachen, Prinzessin. Dann siehst du, dass vieles nicht so ist, wie es zu sein scheint. Du erwartest Herzchen furzende Einhörner und Gold scheißende Esel. Einen schillernden Prinzen, der mit dir auf seinem Hengst reitet und dir das Abenteuer deines Lebens beschert. Aber wenn du aus deiner Traumwelt heraustrittst, siehst du, dass nicht alles so ist wie auf deinem rüschenverzierten Ponyhof.«

Ihre Augen wurden wieder dunkler, das Feuer erlosch beinahe und die Tränen, die eben noch darin geglänzt hatten, versiegten so rasch, dass ich blinzeln musste. Ich hatte in der Zwischenzeit gelernt, dass diese Veränderung ihres Blickes entweder bedeutete, dass ich sie in den nächsten zwei Minuten sexy fand – oder nervtötend. Leider war jetzt wohl Letzteres der Fall, so wie sie ihre Lippen schürzte.

»Gut, ich habe verstanden«, nickte sie. »Du gehörst also zu der Sorte Menschen, die alles und jeden von sich wegstoßen, nur um nicht verletzt zu werden.«

Okay, Letzteres war *definitiv* der Fall … sie nervte – und wie!

»Und *du* gehörst zu der Sorte Menschen, die alles und jeden analysieren müssen, nur um die Kontrolle behalten zu können!«, schmetterte ich ihr entgegen.

Ja, ich war lange bei irgendwelchen Psychiatern gewesen – und ich hatte meine Hausaufgaben gemacht ... und ins Schwarze getroffen, wie ich ihrem erstaunten Blick entnehmen konnte.

Sie wollte etwas erwidern. Irgendetwas Tolles. Philosophisches. Bedeutendes. Das konnte ich ihr ansehen. Doch ihr Mund klappte bloß auf und zu, ohne dass ein Ton herauskam.

Das war meine Chance, sie endlich von diesem Psychoanalysen-Scheiß abzubringen. Dass sie heute nicht mehr abreisen würde, war mir klar. Morgen ebenfalls nicht. Ich hatte sie an der Backe und wenn ich auch nur eine weitere Stunde mit ihr verbringen sollte, würde ich sie lockerer machen müssen.

Ich hob beide Hände in die Luft zum Zeichen, dass ich einen Waffenstillstand vorschlagen wollte. »Okay, dafür, dass wir uns noch nicht wirklich kennen, ist das Ganze ziemlich ausgeufert«, lenkte ich ein und erhielt von ihr ein bestätigendes Nicken.

»Das kannst du laut sagen.«

Ich nickte ebenfalls. »Ich würde vorschlagen, dass wir erstmal was trinken.« Ich ließ meinen Blick kurz über ihren Körper schweifen. Sie war Engländerin. Dann trank sie sicher ... »Bier?«

Sie schüttelte den Kopf, was mich eine Augenbraue heben ließ. »Gib mir was Härteres. Hast du Wodka?«

Meine zweite Augenbraue schoss ebenfalls in die Höhe und es dauerte ein paar Sekunden, bis ich nickend zu meinem Kühlschrank ging, um die Flasche rauszuholen. Ich bewahrte sie immer dort auf, das ersparte mir das Eis.

Leider konnte ich keine zwei sauberen Gläser in meinem Küchenschrank finden, also musste es ein Einzelnes tun. Ich goss die klare Flüssigkeit hinein und ging zurück zu Sara. Sie hatte mir stumm zugesehen und als ich ihr jetzt das Glas reichte, trafen sich unsere Blicke wieder.

Sie wirkte um einiges zugeknöpfter als eben noch – und irgendwie fand ich das ziemlich schade. Ich hatte in den letzten Minuten dieses Feuer in ihren Augen zu schätzen gelernt. Nun ja, es würde bei ihrem Temperament wohl nicht lange dauern, bis ich es wieder zu sehen bekam …

»Auf New York«, meinte ich, als sie das Glas an die Lippen setzte.

Kapitel 8

Sara

Auf Weihnachten«, meinte ich, als ich das Glas an meine Lippen setzte. Den Blick wandte ich dabei nicht von Evan ab, da ich das Gefühl hatte, etwas zu verpassen, wenn ich es doch tat. In den letzten Minuten hatte er mir so viele Seiten von sich gezeigt, dass ich gar nicht mehr wusste, was ich von ihm halten sollte.

War er aggressiv? Nein, irgendwie konnte ich mir das nicht wirklich vorstellen.

Aufbrausend? Jap – er war sehr, sehr temperamentvoll. Doch das fand ich gerade so spannend.

Freundlich? Vielleicht … er schien seine Freundlichkeit nur sehr gut zu verstecken.

Aber vor allem war er verschlossen. Er verbarg viel vor mir. Viel Schmerz, viel Selbsthass, viele Ängste, viel Unsicherheit. Das konnte ich an der Art sehen, wie er jetzt die Stirn in Falten legte und mich mit schmalen Augen dabei beobachtete, wie ich am gut gefüllten Glas nippte. Er vertraute niemandem, mochte niemanden, stieß alle von sich weg. Er war der einsame Wolf, der sich in der Nacht selbst bemitleidete – aber von niemand anderem Mitleid duldete. Evans ganze Haltung war Abweisung pur. Seine Lippen waren zusammengepresst, die Arme vor der Brust verschränkt.

Ich hielt Blickkontakt mit ihm, während der Wodka in meinen Mund floss. Der Alkohol war stark und unverdünnt, aber kühl. Er rann brennend meine Kehle herunter und wärmte mein Inneres.

Ich trank normalerweise keine so harten Sachen – und schon gar nicht unverdünnt. Mein Ding waren eher Prosecco, Wein und Bier. Aber mir war in den letzten Minuten klar geworden, dass ich mich an Evan anpassen musste, wenn ich diese harte Schale knacken wollte. Und das wollte ich … ich wollte diesen Mann vor mir haben, den ich im Chat kennengelernt hatte. Ich wusste, wie einfühlsam er sein konnte – nur schien er das im Moment selbst komplett vergessen zu haben. Vielleicht gehörte er auch einfach zu den Typen, die besser darin waren, ihre Gefühle aufzuschreiben, als emotionale Seiten von sich in einem Gespräch zu präsentieren.

Ein Schauer rann über meinen Rücken, als ich daran dachte, wie nahe wir uns eben noch gewesen waren. Es hatte sich irgendwie verdammt gut angefühlt, seine Lippen auf meiner Haut zu spüren, auch wenn es eine reine Provokation seinerseits gewesen war – das war mir natürlich bewusst. Und dennoch …

Ach ja … ich hatte schon erwähnt, dass ich auf kaputte Typen stand, oder? Falls nicht: Das hier war der Beweis dafür.

Imaginär fesselten meine innere Romantikerin und das Helfersyndrom gerade das Kontrollmonster und steckten ihm einen Knebel in den Mund.

In Realität setzte ich das Glas ab und hielt es Evan hin, der es wortlos entgegennahm.

»Können wir«, ich sah mich kurz um und deutete dann auf das Sofa, »uns setzen? Im Stehen trinkt es sich weniger gut.«

Evan nickte beinahe schon roboterhaft, dann folgte er mir zu seinem Sofa, während er selbst einen großen Schluck Wodka trank. Ich musste die Sitzfläche erst von ein paar leeren Pizzakartons befreien, ehe ich mich setzen konnte. Beim Gedanken daran, dass Evan meinetwegen hier schlafen musste, spürte ich das schlechte Gewissen an mir nagen. Das Sofa war nicht allzu groß und Evan müsste wohl oder übel die Beine anziehen, wenn er hier einigermaßen bequem liegen wollte.

Ich hätte schon ein wenig Geld gehabt, um in einer Jugendherberge unterzukommen. Aber das wollte ich aus Gründen (die nur Frauen wirklich verstehen konnten) lieber für mein Weihnachts-Shopping aufheben, das ich mir auf keinen Fall entgehen lassen durfte. Hey, ich war in New York und mein Kontrollmonster hatte jetzt gefälligst Sendepause! Es reichte schon, dass ich vorhin in Hannes' Wohnung beinahe eingeknickt wäre.

Trotz der Tatsache, dass ich saß, blieb Evan wie angewachsen vor mir stehen und sah skeptisch auf mich herunter.

Hallo? Ich beiße nicht.

Erst nachdem ich neben mir auf die Sitzfläche geklopft hatte, um zu verdeutlichen, dass er sich auch hinsetzen sollte, bewegte er sich. Als würde es ihn größte Überwindung kosten, ließ er sich neben mir nieder. Ich wäre beleidigt gewesen, hätte ich nicht den brennenden Wunsch in mir verspürt, hinter seine harte Schale zu blicken und diesen weichen Kern zu entdecken, den er mir im Chat so bereitwillig gezeigt hatte.

»Und? Was tust du sonst so in deiner Freizeit?«, fragte ich ihn, um irgendein Gespräch zu beginnen, das weniger verfänglich war als das, welches wir soeben beendet hatten.

Evan warf mir einen kurzen Blick zu, dann trank er nochmals einen Schluck und umfasste das Glas mit beiden Händen, während er seine Unterarme auf den Oberschenkeln abstützte, die Augen auf irgendeinen Punkt am Boden gerichtet. Das dunkle Haar fiel ihm ins Gesicht, sodass ich seine Mimik nicht mehr richtig ablesen konnte.

Ich versuchte, nicht seine abweisende Haltung zu spiegeln. Daher winkelte ich mein rechtes Knie an, klemmte den Unterschenkel unter den linken Oberschenkel und legte meine Hände locker darauf, den Oberkörper ihm zugewandt.

Ja, *so* war das richtig. *So* zeigte man Interesse und Zuwendung.

Schau her, mauliger, düsterer New Yorker Möchtegern-Bad-Boy! So geht das!

Evan seufzte leise, als er merkte, dass ich meine Frage nicht ändern oder wiederholen würde. Langsam drehte er den Kopf so weit, dass er mich anschauen konnte. Ein paar seiner Haarsträhnen fielen ihm weiterhin in die Stirn, sodass ich nur einen Bruchteil von dem erkannte, was in seinen Augen lag. Aber es reichte, um mir eine Gänsehaut über den Rücken zu jagen. Ich hatte noch nie einen Menschen so hart blicken sehen.

»Du willst *das hier* tatsächlich durchziehen, oder?«, fragte er in einem Tonfall, der ebenso stählern war wie sein Blick.

»Was ...« Meine Stimme klang belegt, ich räusperte mich. »Was meinst du?«

»Diese ›Ich geh dir so lange auf den Keks, bis du mit mir sprichst‹-Komödie.« Er schnaubte, aber es klang nicht amüsiert. »Weißt du, du wirst bestimmt einmal eine hervorragende Psychiaterin ... alle, bei denen ich war, hatten genau den gleichen Tonfall drauf wie du. Lächerlich freundlich, als kämen ihnen beim Scheißen Sonnenstrahlen aus dem Arsch.«

Einen Moment lang war ich zu perplex, um etwas zu erwidern.

Ich hätte ihn zurechtweisen können wegen der Sprache, die er benutzte. Ich hätte ihm an den Kopf werfen können, dass er endlich begreifen sollte, dass Psychiater und Psychologen nicht das Gleiche waren. Ich hätte ihn dafür rügen können, dass er sich gerade benahm wie ein Stier in einer leeren Arena, der auf Biegen und Brechen nach einem Stück rotem Stoff suchte. Ich hätte … ich hätte vieles tun können. Sicher hätte ich ihn auch beleidigen, anschreien, verfluchen oder einfach aufstehen und gehen können …

Stattdessen tat ich etwas, das mich selbst wahrscheinlich noch mehr überraschte als ihn. Es musste eindeutig daran liegen, dass ich laut juchzend mit meinem Helfersyndrom und der Romantikerin um das gefesselte Kontrollmonster Polonaise tanzte. Ja, das war ziemlich sicher der Grund dafür, dass ich folgendes tat: Ich lehnte mich nach vorn, ganz nah zu ihm, und sagte: »Küss mich.«

Ich sagte es nicht in einem befehlenden Tonfall. Nicht in einem freundlichen oder gar flehenden. Es war wie eine nüchterne Feststellung. Als ob ich ihm gesagt hätte, dass dort ein Fleck auf dem Teppich sei.

Die Wirkung war jedoch umso vielseitiger. Er zuckte vor mir zurück und ließ beinahe das Glas fallen, obwohl er beide Hände darum geschlungen hatte. Sein Mund klappte auf und zu, ohne dass ein Ton herauskam, und auf seiner Stirn bildete sich eine tiefe Falte, während sich sein Blick ungläubig erst auf meine Lippen, dann wieder auf meine Augen richtete.

»Du willst … *was*?« Seine Stimme klang rau und ebenso entgeistert, wie er gerade aussah.

»Du hast mich schon richtig verstanden«, antwortete ich in festem Tonfall und klammerte mich dabei imaginär an die Romantikerin und das Helfersyndrom, die mir gut zusprachen. Vielleicht war es doch nicht so eine gute Idee gewesen, das Kontrollmonster zu fesseln? Doch. Das war es. Evan zu küssen machte absolut Sinn! (Danke, Romantikerin.)

»Je schneller du nicht mehr eine deiner Psychiaterinnen in mir siehst, desto eher können wir ein normales Gespräch führen – ich nehme nämlich nicht an, dass du jemals eine deiner Psychiaterinnen geküsst hast, oder?« Ich hob eine Augenbraue und sah ihn forschend an. »*Oder*?« Mit einem Mal hatte ich Angst, dass er es doch getan haben könnte.

Doch er schüttelte zu meiner Erleichterung unwillkürlich den Kopf. »Nein, aber ...«

»Dann küss mich.« Dieses Mal grenzten meine Worte eher an einen Befehl.

Und dieser Tonfall wirkte noch besser. Evan stellte das Glas auf den kleinen Tisch vor sich (wie er eine freie Fläche darauf erspäht hatte, ohne richtig hinzusehen, würde mir wohl für ewig ein Rätsel bleiben). Dann hob er eine Hand an meine Wange und ich spürte seine Fingerspitzen in meinem Nacken etwas Druck ausüben, als er mich näher zu sich zog.

Ich leistete keinen Widerstand, obwohl mein Herz schneller zu schlagen begann. Denn in diesem Moment wurde mir erst wirklich bewusst, was ich ihm erlaubt hatte. Aber jetzt war es zu spät für einen Rückzieher. Zudem wollte ich es. Ich wollte seine Lippen auf meinen spüren. Das wollte ich schon, seit ich das erste Mal ein Foto von ihm gesehen hatte. Ich hatte es mir den ganzen Flug über vorgestellt … nun gut, in meiner Fantasie hatten wir vor dem Weihnachtsbaum des Rockefeller Centers gestanden … und er hatte mich von sich aus küssen wollen und mich dabei verliebt angelächelt. Aber das waren Details, die gerade in den Hintergrund rückten …

Als ich die Augen schloss, spürte ich seinen Atem, der warm und sacht wie eine Feder über meinen Mund strich. Seine Finger, die ihren Griff verstärkten, als er noch näher zu mir kam. Und dann küsste er mich. Es war kein sanfter oder liebevoller Kuss, aber das hatte ich von ihm auch nicht erwartet. Er presste seinen Mund für ein paar Sekunden auf meinen.

Seine Lippen fühlten sich warm und weich an.

Viel wärmer, als sein Blick bisher gewesen war …

Viel weicher, als er sich mir bisher gezeigt hatte …

Seine Lippen wirkten echt. Richtig … *aufrichtig*.

Wahrscheinlich war *das* der Grund, warum ich meine Hände um seinen Nacken schlang, als er sich von mir lösen wollte. Wahrscheinlich folgte ich seinem Mund *deswegen* und wollte mehr. Mehr von Evan. Dem *echten* Evan. Dem, den ich bisher hier in New York noch nicht hatte kennenlernen dürfen.

Als ich die Augen dicht vor seinem Gesicht etwas öffnete, konnte ich erkennen, dass er mich ungläubig musterte, weil ich mich ganz offensichtlich mit diesem kleinen Kuss nicht zufrieden gab. Er schien zu zögern, abzuwägen, was ich bezwecken wollte. Wo der Haken war.

Er war so skeptisch …

Ehe er einen Rückzieher machen konnte, nahm ich ihm die Entscheidung ab und lehnte mich so weit zu ihm, dass sich unsere Lippen ein zweites Mal trafen.

Jetzt öffnete ich meinen Mund ein wenig, um ihm zu zeigen, dass er auch von *mir* mehr haben durfte. Ein Angebot, das er viel schneller annahm, als ich geglaubt hätte. Ich spürte seine Zunge, die sich an meine herantastete, über sie rieb und mit ihr einen sanften Tanz aufführte. Er schmeckte nach Wodka und etwas, das ich ab sofort als den Evan-Geruch bezeichnen würde.

Als ich meinen Mund noch etwas weiter öffnete, begann er ihn zu erkunden und mir entwich ein leises Seufzen, das er ebenso leise erwiderte. Das Vibrieren, das er dabei in meinem Mund auslöste, war atemberaubend. Es zog sich als Kribbeln weiter durch meinen Körper und berauschte mich.

Ich hatte schon einige Männer geküsst, aber keiner hatte so verletzlich gewirkt wie Evan in diesem Moment. Vielleicht bildete ich mir das auch nur ein, weil ich gesehen hatte, dass es ihn – trotz seiner coolen Fassade – Überwindung kostete, meiner Aufforderung nachzukommen. Vielleicht *wollte* ich auch einfach an der Vorstellung festhalten, dass er sich mir verletzlich zeigte … wie auch immer, er küsste so gut, dass mir fast schwindelig wurde.

Wir holten beide kurz Luft, dann lehnte er sich auf seiner Seite des Sofas zurück, sodass ich gegen ihn sank und nun halb auf ihm lag. Unsere Lippen zogen sich an wie zwei Magnete und ich spürte seine Hände, die über meinen Rücken fuhren. Er ertastete über der Bluse den Verschluss meines BHs, ließ aber von ihm ab und strich stattdessen meine Wirbelsäule entlang nach unten. Ich vergrub meine Finger in seinem dichten Haar, was ich mir ebenso lange gewünscht hatte wie den Kuss.

Es fühlte sich großartig an, seine starken Arme um mich zu spüren. Ich nahm seinen Puls wahr, der sanft gegen meine Brust pochte, und …

»Oh! Entschuldigt bitte, ich wollte euch nicht stören!«

Hannes' Stimme riss uns förmlich auseinander. Ich stieß mich von Evans Brust ab und hüpfte zurück auf meine Seite des Sofas, während er sich aufrappelte. Er strich seine Haare nach hinten, die ich verstrubbelt hatte. Jetzt sahen sie wieder gewollt unordentlich aus.

»Hannes!«, knurrte Evan, während er vom Sofa aufsprang und dann zu seinem Freund herumfuhr. »Kannst du nicht anklopfen, verdammt?!«

Hannes stand in der Tür, die Kochschürze umgebunden und mit seiner Kelle in der Hand, von der Tomatensauce tropfte. Sein Blick sah so aufgesetzt unschuldig aus, dass ich keine Sekunde daran zweifelte, dass er uns *absichtlich* unterbrochen hatte. Eine Feststellung, die mir die Schamesröte auf die Wangen trieb.

Verdammt, ich hatte mich hinreißen lassen, einen Typen zu küssen, den ich nur aus dem Chat kannte – in seiner Wohnung!

Andererseits … ich hatte auch schon betrunken in Diskotheken mit wildfremden Typen geknutscht, die ich danach nie wieder gesehen hatte … aber ich *war* jetzt nicht betrunken! Ich war … was war ich? Mist, nicht einmal *das* fiel mir mehr ein. Es schien beinahe, als torkele mein Gehirn gerade nach einer Achterbahnfahrt mit all meinen Gefühlen im Schlepptau aus dem Fahrzeug und müsse sich erstmal so richtig übergeben … natürlich nur im übertragenen Sinn.

Mir war nicht schlecht … ich fühlte mich nur so …

Verdammter Hannes!

Kapitel 9

Evan

Verdammter Hannes!

Meine Lippen pulsierten noch immer von diesem unwirklich weichen Mund, der mich geküsst hatte. Wie konnte man nur so verdammt gut küssen?! Gab es an der Uni (und ja, sie hatte mit *Sicherheit* die Uni besucht) etwa ein Seminar zum Thema ›Wie küsse ich einen Mann ins Koma‹?

Ich wusste nicht, was mich geritten hatte, ihr ›Angebot‹ anzunehmen. Wahrscheinlich war es die pure Neugierde gewesen, herauszufinden, ob ein kleiner Schluck harten Alkohols schon genügte, um sie *so* betrunken zu machen, dass sie mich küssen wollte. Oder ob sie das wirklich durchziehen würde. Oder …

Ach verdammt! Es änderte nichts daran: Ich hatte sie geküsst. Sie mich. Wie auch immer. Und Hannes hatte uns dabei erwischt!

»Verdammt!«

Den letzten Fluch stieß ich leise zwischen den Zähnen hervor. Er galt nicht dem Kuss, sondern der Tatsache, dass Hannes jetzt ein Druckmittel gegen mich in der Hand hatte. Ab sofort wusste er, dass mir diese Sara nicht ganz so egal war, wie ich ihm versucht hatte weiszumachen. Dass sie mich nicht ganz so kalt ließ, wie ich es selbst gern gehabt hätte. Und er würde so lange keine Ruhe geben, bis ich dies vor ihm zugab.

Verdammt!

Sara hatte sich inzwischen ebenfalls vom Sofa erhoben und zupfte an ihrer Bluse herum, die während unserer Knutscherei etwas nach oben gerutscht war. Für einen kurzen Moment erhaschte ich zwischen den Knöpfen hindurch einen Blick auf ihren nackten Bauch. Sie hatte ein Bauchnabelpiercing … irgendwie törnte mich das noch mehr an, als gut für mich war.

Ich musste schleunigst dafür sorgen, dass so viel Abstand wie möglich zwischen uns kam!

»Ihr könnt essen kommen«, tönte Hannes in dem Moment und Sara ging wie eine aufgezogene Puppe um das Sofa herum auf das bescheuerte Robbenbaby zu, das nerviger war als eine Fliege im Schlafzimmer.

Ich hingegen blieb an Ort und Stelle stehen.

Als Hannes mich auffordernd ansah und sich auch Sara mit fragendem Blick nach mir umdrehte, schüttelte ich den Kopf und machte eine fahrige Handbewegung Richtung Hannes' Wohnung. »Geht. Mir ist grad der Appetit vergangen.«

Ich konnte in Saras grünen Augen lesen, dass mein Satz sie mehr verletzte, als sie jemals zugeben würde. Gut so, das würde sie mir hoffentlich in Zukunft vom Leib halten, sodass ich nicht gezwungen wäre, mich mit dieser komischen Anziehungskraft, die ganz offensichtlich zwischen uns herrschte, auseinanderzusetzen.

Hannes schüttelte den Kopf und sah mich verärgert an. »Du bist echt ein Arschloch, Evan«, brummte er.

»Danke, vielleicht sollte ich das in meinen Pass eintragen lassen. Das scheint ja eure Lieblingsbezeichnung für mich zu sein«, knurrte ich. Ohne sie noch einmal anzusehen, drehte ich ihnen den Rücken zu und ließ mich aufs Sofa fallen. Aber nicht ohne vorher das Glas zu packen und einen großen Schluck Wodka daraus zu trinken.

Die konnten mich alle mal kreuzweise! Ich war in den letzten verfuckten Jahren ein friedlicher Mensch geworden, der einfach nur seine Ruhe haben wollte … was mir auch hervorragend gelungen war. Aber jetzt verwandelten dieser Hannes und diese Sara mein Leben in einen Wirbelsturm, auf den ich nicht vorbereitet war. Und ich hasste Überraschungen!

»Komm, Sara, lassen wir den Vollpfosten allein«, hörte ich Hannes hinter mir sagen.

Wenig später fiel die Tür ins Schloss und damit kehrte endlich wieder die Ruhe in meine Wohnung zurück, die ich gewohnt war … nur dass sich in diese Ruhe zum ersten Mal auch Kälte mischte.

»Verdammt«, knurrte ich erneut und trank einen weiteren Schluck Wodka aus dem Glas – leider den letzten. Jetzt müsste ich aufstehen, um mir nachzuschenken. »Verdammt!«

Ich musste auf dem Sofa eingepennt sein, denn ich schreckte aus einer unsagbar unbequemen Position hoch, als mich eine Hand an der Schulter berührte.

Da ich den ganzen Abend lang Wodka getrunken und gehörig einen sitzen hatte, waren meine Reflexe beschissen. Ich kugelte mir beinahe den rechten Arm aus, als ich mich umdrehte, da er unter mir eingeklemmt gewesen war. Mir entwich ein zischender Laut, während ich Sterne vor den Augen sah. Mein Hintern war auf diese rasche Bewegung ebenfalls nicht vorbereitet gewesen, sodass ich von der Kante des Sofas rutschte und mich gerade noch mit der linken Hand auffangen konnte, sonst wäre ich auf den Boden geknallt. So landete ich immerhin etwas sanfter auf meinem Hinterteil, stieß mir aber das rechte Knie am Fernsehtisch an, was nun *wirklich* einen schmerzhaften Laut aus mir presste.

Wäre ich ein in der Wildnis lebender Indianer gewesen und die Hand, die mich berührt hatte, die Tatze eines Bären, hätte dieser sich wohl vor Lachen in die Hosen gemacht. Zum Glück war ich kein Indianer und die Hand gehörte nicht einem Bären (die ja auch normalerweise keine Hosen trugen), sondern Sara. Okay, ob Letzteres wirklich ›Glück‹ war, wagte ich seit unserem Kuss zu bezweifeln. Im Moment hätte ich ihr einen Bären sogar fast vorgezogen (egal ob mit oder ohne Hosen) – die wollten einen wenigstens nur fressen, nicht küssen.

»Entschuldige! Ich wollte dich nicht erschrecken.« Sie ging neben mir in die Hocke und strich mir wie einem kleinen Jungen über den Kopf. »Tut … tut es weh?«

Ich knurrte in mich hinein und stützte meine Hand auf dem Tisch ab, um aufzustehen. »Nein, ich brülle nur gern in meiner Wohnung herum!«, blaffte ich.

Mein Kopf schmerzte und als ich einen Blick auf den Boden warf, sah ich, dass die vorher noch mindestens halbvolle Wodka-Flasche jetzt tatsächlich leer neben dem Sofa lag. Zum Glück war ich nicht darauf gefallen, das hätte böse enden können …

»Hast du die ganz allein ausgetrunken?« Sara war meinem Blick gefolgt.

»Nein, ein paar Nutten haben mir dabei geholfen!« Ich schnaubte unwirsch und versuchte den Nebel aus meinem Hirn zu bekommen, den der Wodka dort hinterlassen hatte. Als das nicht funktionierte und Sara mich weiterhin fragend anstarrte, riss mir vollends der Geduldsfaden. »Bist du meine Mutter?!«

Mir war schwindelig, daher torkelte ich auch leicht, als ich ihr den Rücken zudrehte und versuchte, aus ihrer Reichweite zu gelangen. Leider kam ich nicht weit, denn sie packte mich am Pullover und zog mich zurück. Da ich nicht wahnsinnig viele Kleidungsstücke besaß und dies mein Lieblingskapuzenpullover war, blieb ich stehen, ehe sie ein Loch hineinreißen konnte.

»Hör auf, ständig davonzurennen oder mich wegzustoßen!«, forderte sie in vollkommen verändertem Tonfall.

Hatte ihre Stimme vorher noch einfühlsam und beinahe entschuldigend gewirkt, war jetzt jegliches Mitleid daraus verschwunden und hatte einem strengen Befehlston Platz gemacht. In diesem Moment wurde ich so sehr an meine Schwester erinnert, dass ich mich zu Sara umdrehen musste, um mich zu vergewissern, dass nicht Carol hinter mir stand. In meinem Halbrausch hätte ich das wirklich für möglich gehalten.

Nope, es war immer noch diese kleine, aufdringliche Engländerin mit den Sommersprossen, die mich anfunkelte.

Dieses Feuer hatte ich vorhin schon mehr an ihr gemocht als ihre Klugscheißerei, also legte ich jetzt den Kopf schief, neugierig darauf, wie sie dieses Mal mit ihrem Temperament um sich schlagen würde.

Dabei versuchte ich, mein Gleichgewicht zu halten, denn der Raum begann sich unwillkürlich zu drehen, sobald ich einen Punkt fixieren wollte.

»Du willst, dass andere dich hassen, richtig?« Sie verschränkte die Arme und sah mich abwartend an.

Ich war betrunken und hatte absolut keinen Bock auf dieses Klugscheißer-Gespräch, das sie gerade wieder startete, also schwieg ich.

Als sie keine Antwort von mir erhielt, fuhr sie fort, jetzt in resigniertem Tonfall. »Weißt du, ich gebe mir echt Mühe, dich zu mögen«, meinte sie. »Wir haben im Chat so viele Gemeinsamkeiten entdeckt, dass ich mir sicher war, dass wir uns auch im realen Leben verstehen würden.«

Mir lag zuvorderst auf der Zunge, ihr endlich zu offenbaren, was Hannes anscheinend in den letzten Stunden immer noch nicht erwähnt hatte.

Aber da fuhr sie auch schon fort, den Blick zu Boden gerichtet. »Ist ja auch egal.« Sie winkte mit der Hand ab. »Ich bin jetzt hier und mein Rückflug geht erst in einer Woche. Zudem habe ich mir vorgenommen, in New York Zeit mit dir zu verbringen. Schöne Zeit.« Jetzt hob sie die Augen und sah mich fest an. »Ob es dir passt oder nicht.«

Und schon loderte das Feuer wieder. Es war wirklich faszinierend, ihr dabei zuzusehen ... mein benebelter Verstand überlegte gerade, ob dieses Feuer wohl ein Bett anzünden konnte.

»Sagst du auch mal was? Oder starrst du mich einfach nur an wie ein Pitbull, der ein Steak vor der Nase hat?« Ihr Tonfall wurde angespannter und sie begann ungeduldig mit dem rechten Bein zu zucken.

Ich holte tief Luft und sah dann mit schmalen Augen auf sie hinunter. »Definiere ›schöne Zeit‹. Meinst du Sex? Den kannst du haben. Ich bin nicht allzu wählerisch, was Frauen angeht.«

»Siehst du?!« Sie hob den Zeigefinger und drückte ihn auf meine Brust. »Du tust es schon wieder: andere beleidigen, damit sie dir nicht zu nahe kommen!« Die nächsten Wörter untermalte sie, indem sie nach jedem einzelnen mit dem Finger auf meiner Brust herumtippte. »Hör auf damit, so *bist* du nicht!« Sie sah mich fast schon flehend an.

Ich knurrte leise. Wenn sie nicht aufhörte, würde ich ihren Finger wieder packen! DAS schien ihr auch klar zu werden, denn sie ließ ihren Arm an der Seite herabfallen. Der flehende Blick in ihren Augen blieb jedoch.

»Du glaubst, mich zu kennen«, brummte ich. »Dabei hast du bloß ein Foto angeschmachtet, das mich zeigte. Das war nicht *ich*, das war nur ein Bild.« Meine Stimme klang etwas zu langsam und lallend, aber ich hatte ja auch eine halbe Flasche Wodka intus.

»Dann zeig mir endlich, wer du bist.« Ihre Augen flogen förmlich über mein Gesicht, während sie mich ansah. »Hör auf, so zu tun, als wäre ich dir egal. Ich weiß, dass es nicht so ist, das habe ich bei unserem Kuss gespürt.«

War ja klar, dass sie jetzt *damit* anfing …

Ich wandte den Blick ab und starrte zum Sofa, wo dieses verheerende Debakel passiert war. Verdammt, wieso hatte ich sie bloß geküsst?!

Ja, weil sie eine Frau war.

Ja, weil ich sie nicht unattraktiv fand.

Ja, weil sie sich mir förmlich an den Hals geworfen hatte.

In den letzten fünf Jahren hatte ich nicht mehr viele Frauen geküsst – ausgenommen von meiner namenlosen Geliebten.

Aber das war meist im Vollrausch gewesen. Ich *war* nicht so. Ich küsste keine wildfremden Frauen. Nicht mehr seit …

Ehe meine verdammte Vergangenheit drohte, über mir zusammenzubrechen, packte mich Sara am Arm und lenkte damit meine Aufmerksamkeit wieder auf sich.

»Evan!« Sie sah mich eindringlich an. »Ich weiß, dass du betrunken bist. Und ich weiß, dass du mir nur mit halbem Ohr zuhörst. Aber das ist mir egal. Ich habe vorhin beim Essen viel mit Hannes gesprochen. Auch über dich. Und weißt du, was das Erschreckendste war?« Sie schaute mich mit großen Augen an und wartete ganz offensichtlich auf eine Antwort von mir.

Ich zuckte mit den Schultern und blickte gelangweilt auf sie hinunter. »Dass ich meine Goldfische ›Toni‹ nenne?«, riet ich ins Blaue hinein.

Mir war verdammt egal, was sie mit Hannes besprochen hatte. Ich wollte endlich meinen Rausch ausschlafen und morgen zur Arbeit … verdammt, ich hatte keine Arbeit mehr!

Danke schön, kleine Engländerin!

Sara schüttelte vehement den Kopf. »Nein. Dass er so gut wie nichts von dir weiß!«

Erneut zuckte ich mit den Schultern. »Und jetzt?«

Falls ›Ungläubigkeit‹ irgendwann mal ein Gesicht brauchte … DIESES HIER, das Sara mir gerade präsentierte, wäre auf jeden Fall ein geeigneter Kandidat. Sie schnappte nach Luft wie ein Fisch auf dem Trockenen, dann ließ sie endlich meinen Arm los, den sie immer noch gehalten hatte. »Du wohnst seit fünf Jahren Tür an Tür mit ihm. Und er weiß nichts über dich«, hauchte sie.

Alle Energie war mit einem Mal aus ihrer Stimme gewichen und wenn das ein Psychiater-Trick war, dann funktionierte er leider verdammt gut. Ich spürte eine Gänsehaut über meine Unterarme ziehen, als sie mich ansah, als hätte ich soeben einen Welpen ertränkt.

»Und jetzt?«, stieß ich erneut zwischen den Zähnen hervor und versuchte meinen Blick weiterhin auf ihr Gesicht zu fokussieren. War schwierig, denn der Wodka flüsterte mir zu, ich solle mich doch einfach auf das Sofa legen und weiterschlafen, während meine Vergangenheit an mir zerrte und mich anbrüllte, ich solle mich endlich von ihr abwenden und am besten davonrennen.

Sara schloss kurz die Augen und atmete tief durch. Dann öffnete sie sie wieder und sah mich mit einem Blick an, wie es nur Psychiater tun konnten. »Du tust mir wirklich leid, Evan.«, murmelte sie.

Ohne ein weiteres Wort ging sie an mir vorbei in Richtung Schlafzimmer und mit einem Mal merkte ich, wie sich meine Betrunkenheit verflüchtigte. Zurück blieb eine Leere, wie ich sie erst ein einziges Mal in meinem Leben gespürt hatte. Und dieses eine Mal hatte mir den Boden unter den Füßen weggerissen …

Die Leere tanzte mit der Kälte, die Saras Abgang hinterlassen hatte, um mich herum, hüllte mich in einen Kokon der Verzweiflung ein, sodass ich nur noch einen Wunsch verspürte: schlafen.

Diese Nacht würde beschissen werden. Ich wusste es jetzt schon.

Kapitel 10

Sara

Diese Nacht würde unruhig werden. Ich wusste es jetzt schon.

Es lag nicht unbedingt an der Matratze oder der Bettwäsche (okay, die hätte Evan ruhig wechseln können, ehe er mich darin schlafen ließ).

Was mich am Einschlafen hinderte, war vor allem die Tatsache, dass sich dieser düstere Schönling nur ein paar Schritte neben meinem Bett befand. Selbst als ich ihn leise schnarchen hörte, änderte das nichts an meiner Unruhe. Im Gegenteil. Wenn ich die Augen schloss, sah ich seine vor mir. Wenn ich einatmete, hatte ich seinen Duft in der Nase. Alles um mich herum roch nach ihm, gehörte zu ihm.

Eigentlich war ich hundemüde und eigentlich hatte ich Hannes gesagt, ich würde wohl wie ein Stein schlafen, da sich der Jetlag bei mir meldete.

Hannes … wir hatten einen schönen Abend zusammen verbracht. Er hatte Lasagne gekocht, die zwar sehr fettig, aber auch gut gewesen war. Ein Rezept von seiner Uroma, hatte er mir erklärt. Sie war im Krieg nach Amerika gekommen, daher hatte er auch seinen deutschen Namen.

Es war leicht gewesen, mit Hannes zu sprechen. Er war nett, witzig, unterhaltsam und wir verstanden uns, als wären wir beste Freunde, die sich schon jahrelang kannten. Aber er war nicht Evan … leider. Wenn Evan nur die Hälfte von Hannes' Persönlichkeit gehabt hätte, hätte ich mich auf der Stelle unsterblich in ihn verliebt. Aber so …

Ich wälzte mich im Bett hin und her, auf der Suche nach einer bequemen Position, und fand sie nicht. Das Kissen war zwar weich und schön dick, so wie ich es mochte. Aber es wollte mir nicht gelingen, einzuschlafen.

Ich dachte über die Gespräche nach, die wir bisher geführt hatten. Über den Kuss … *vor allem* über den. Es war das erste Mal gewesen, dass ich das Gefühl gehabt hatte, ihm wirklich nahe zu sein. Nicht nur körperlich, sondern generell. Wirklich *Evan* vor mir zu haben. Ich spürte ein Kribbeln im Bauch, als ich daran dachte, wie seine Zunge geschmeckt hatte. Wie weich seine Lippen sich auf meinen bewegt hatten. Seine Finger an meinem Rücken …

Verdammt … ich hatte gewusst, dass ich eine Schwäche für ihn hatte. Das war mir klar gewesen, seit ich zum ersten Mal ein Bild von ihm gesehen hatte. Aber dass er in der Lage war, mein Herz auch in der Realität schneller schlagen zu lassen … darauf hatte mich keiner vorbereitet …

»Aufstehen!«

Die Stimme riss mich aus dem Schlaf, in den ich irgendwann doch noch gefallen war. Ich schreckte aus meinem Traum hoch und brauchte einige Sekunden, bis ich mich daran erinnerte, dass ich in New York war … bei Evan.

Als ich blinzelte, sah ich sein Gesicht über mir schweben. Er hatte sich mit beiden Händen auf dem Bett abgestützt und sah mich mit zusammengezogenen Augenbrauen an. In meinem Traum hatte er eben noch gelächelt … wow! Ich hatte von *ihm* geträumt, wie mir auffiel!

»Was?«, murmelte ich schläfrig und drehte ihm den Rücken zu.

Aber leider stand das Bett mitten im Zimmer, sodass Evan nur um dieses herumzugehen brauchte, um mich wieder ansehen zu können. »Du sabberst mein Laken voll«, stellte er in vorwurfsvollem Ton fest.

»Stimmt gar nicht«, brummte ich und verbarg mein Gesicht in seinem Kissen. Ich hasste es, wenn mich jemand ungeschminkt sah.

»Es ist bereits Mittag.« Evan setzte sich auf das Bett, wie ich daran spürte, dass plötzlich die Matratze auf der linken Seite heruntergedrückt wurde.

»Na und?«, gähnte ich ins Kissen.

Ich erinnerte mich daran, dass ich um fünf Uhr hellwach gewesen war. Allerdings hatte ich nicht gewagt, aufzustehen und Evan zu wecken, also war ich liegen geblieben … und wohl nochmals eingeschlafen.

»Bist du immer so faul?« Evans Stimme klang mürrisch. Etwas, das ich am Morgen … ähm … Mittag nicht ertragen konnte.

»Nur wenn nervige Männer an meinem Bettrand sitzen«, murrte ich. Ich war noch nie ein Frühaufsteher gewesen und kurz nach dem Aufwachen tat man besser daran, mich in Ruhe zu lassen. Das würde auch Evan lernen müssen …

»Du wolltest doch New York im beschissenen Winter erleben. Dann solltest du mal aus dem Fenster schauen. Es schneit.« Er sagte es so beiläufig, dass ich die Worte erst in meinem Gehirn wiederholen musste, um sie zu begreifen.

Schnee in New York! Etwas Romantischeres konnte ich mir eigentlich gar nicht vorstellen!

In Sekundenschnelle war ich aufgesprungen und wäre fast mit Evan zusammen aus dem Bett gefallen, hätte er mich nicht rechtzeitig festgehalten. Da ich mein dünnes Nachthemd mit den Spaghettiträgern trug, blieb seinem Blick nur wenig verborgen – vor allem musste ihm gerade auffallen, dass mir kalt wurde …

Rasch wand ich mich aus seinem Griff und versuchte meine Verlegenheit zu überspielen.

»Es schneit?«, fragte ich, während ich an ihm vorbeitrat.

»Ja.« Seine Stimme klang belegt, was wohl daran lag, dass er soeben gewisse Bereiche von mir gesehen hatte, die ich nicht bereitwillig jedem zeigte. Aber ich hatte im Moment keinen Kopf für seine verkorkste Seele. Schnee ging vor!

Ich eilte zum Fenster und sah nach draußen. Und tatsächlich: Dichte Flocken schwebten vom Himmel. In einem ganz eigenen, innigen Tanz, den nur sie allein verstanden und der sich zu einem wundervollen Gesamtkunstwerk zusammenfügte. Es war egal, dass ich gegenüber von uns heruntergekommene Häuser sah. Es war egal, dass das hier nicht das New York war, wie ich es erwartet hatte. Es war Schnee … in der Stadt, die niemals schlief.

Mein romantisches Ich begann ein Weihnachtslied anzustimmen.

»Wow …«, hauchte ich.

»Wenn dich *das* schon aus der Bahn wirft, dann bin ich froh, dass ich nicht zusehen muss, wie du in Downtown abgehst«, brummte eine Stimme nahe an meinem Ohr.

Evan war hinter mich getreten und ich zuckte zusammen, als ich seinen warmen Oberkörper an meinem Rücken spürte. Er stand so dicht bei mir, dass die Kälte, die beim Anblick des Schnees von meinem Körper Besitz ergreifen wollte, automatisch verflog. Insgeheim wünschte ich mir im Moment nichts sehnlicher, als dass er seine Arme um mich legen und mich an sich ziehen würde. Aber ehe ich diesen Wunsch aussprechen oder einen Schritt nach hinten treten und selbst die Initiative ergreifen konnte, spürte ich, wie sich sein Körper von meinem entfernte.

»Ich hab Hunger. Wir holen uns was zu essen.« Evans Stimme erklang bereits aus dem anderen Raum, als ich mich zu ihm umdrehte.

»Ich muss mich aber anziehen«, wandte ich ein.

»Dann beeil dich.«

»Duschen?«

»Wenn's sein muss …«

Ich seufzte. Diese Woche würde definitiv nicht einfach werden …

Als ich geduscht und einen dicken weißen Winterpullover sowie dunkle Jeans angezogen hatte, ging ich ins Wohnzimmer, wo Evan bereits auf mich wartete. Er trug eine gefütterte schwarze Lederjacke, die schon in die Jahre gekommen war. Darunter konnte ich einen hellgrauen Kapuzenpulli erahnen, der jedoch von einem schwarzen Schal beinahe komplett verdeckt wurde. Dazu trug er wie gestern Jeans und irgendwelche Chucks, die jedoch ebenso alt aussahen wie die Jacke.

Evans Blick glitt missbilligend zu meinen Haaren, die ich noch feucht zu einem Dutt hochgesteckt hatte. »Du wirst dir den Tod holen, wenn du jetzt mit nassen Haaren da rausgehst«, prophezeite er.

»Ich bin Engländerin, wir sind Kälte gewöhnt«, gab ich zurück und griff nach meinem Wintermantel, den ich erst in diesem Herbst gekauft hatte. Er war hellgrau und besaß einen Kragen aus weißem Kunstfell. Wunderschön weich und kuschelig. Dazu hatte ich mir passende hellgraue Lederhandschuhe besorgt. Sehr schick. Den Schal hatte ich mir schon um den Hals gebunden. Er war weiß und mit irgendwelchen Silberfäden bestickt, sodass er glitzerte.

»Hör zu, Prinzessin«, tönte Evan, als ich mich fertig angezogen hatte. »Die Kälte in New York ist definitiv nicht zu vergleichen mit der in England.«

Als ich mich zu ihm umdrehte, um ihn zu belehren, dass eine wahre Engländerin keine Kälte kannte, konnte ich gerade noch sein finsteres Gesicht sehen, ehe meine Augen von einer dunkelgrünen Wollmütze verdeckt wurden, die er mir wortlos über den Kopf stülpte. Meine Hände fuhren zu meinem Kinn und mit einem verärgerten Schnauben schob ich die unpassende Kopfbedeckung nach oben, um ihn anzufunkeln.

»Was fällt dir ein? Ich ziehe das nicht an. Ich mag keine Mützen«, fauchte ich.

Evan legte den Kopf schief. »Dann hol dir eben eine Erkältung, ist mir doch egal.« Damit ging er an mir vorbei aus der Wohnung.

Ich zögerte einen Moment. Wenn er wirklich recht hatte und es so kalt war, dann tat ich wohl besser daran, die Mütze aufzubehalten – auch wenn sie ganz und gar nicht zu meinem Outfit passte.

Schließlich seufzte ich, packte meine Handtasche und folgte ihm. Er meinte es ja immerhin mal gut und das wollte ich nicht gleich wieder kaputt machen.

Draußen auf der Straße war ich ihm bereits das erste Mal dankbar dafür, dass er mir die Mütze aufgesetzt hatte. Gestern, als ich mit Hannes zusammen hier angekommen war, war ich noch voller Glückshormone gewesen und so aufgeregt, dass mir die Kälte gar nicht richtig aufgefallen war. Jetzt aber wirkte sie umso beißender. Der Wind trieb die Schneeflocken um unsere Köpfe und ich war froh über meine Winterstiefel, deren Profil mich vor dem Hinfallen bewahrte. Denn der Gehsteig war bereits unter Schnee begraben. Überall, wo ich hinsah, konnte ich Menschen in dicker Winterkleidung und mit eingezogenen Köpfen sehen, die sich – wie wir – durch die weiße Landschaft kämpften.

»Wo gehen wir hin?«, rief ich, während ich mich beeilte, Evan einzuholen, der vor mir durch den Schnee stapfte.

»Zu einem Freund«, antwortete er, ohne sich zu mir umzudrehen.

»Zu wem?« Ich war jetzt gleichauf mit ihm.

Er warf mir einen kurzen Seitenblick zu. »Antonio.«

»Ein Italiener?«, riet ich.

Ein knappes Nicken musste mir als Antwort genügen.

»Wollen wir kein Taxi nehmen?«, fuhr ich fort, während ich spürte, wie mit jeder Sekunde, die ich hier draußen war, die Kälte stärker durch meinen Wintermantel drückte.

»Kein Geld«, brummte Evan, der mit eingezogenem Kopf neben mir herging.

»Ich hab ein bisschen Geld.« Ich hielt an und begann meine Handtasche nach meinem Portemonnaie zu durchforsten.

»Und deine Weihnachtseinkäufe?« Evan war ebenfalls stehen geblieben und sah mich mit schmalen Augen an. Sein Tonfall war herablassend und seine Lippen geschürzt. Er ließ keinen Zweifel daran, dass er meine Prioritätensetzung, was Geld anging, missbilligte.

»Dann gibt es eben kein Weihnachtsgeschenk für dich.« Ich schenkte ihm ein sarkastisches Lächeln. »Hier! Reichen zwanzig Dollar?« Ich hielt den Schein in die Luft.

»Damit kannst du uns den ganzen Tag finanzieren«, antwortete er und drehte sich dann Richtung Straße, um ein Taxi heranzuwinken.

Ich stand kopfschüttelnd hinter ihm und betrachtete seinen Rücken, der in der Lederjacke breiter wirkte, was irgendwie sexy war.

Ja, gut … mein romantisches Ich hatte wirklich kranke Gedanken. Dieser Kerl durfte in einem Tonfall mit mir sprechen, wie ich es sonst niemals einem Typen erlaubt hätte. Aber das lag vor allem daran, dass ich ja aus dem Chat wusste, was für ein freundlicher Mensch sich hinter seiner harten Schale verbarg. Er benahm sich zwar wie ein Arschloch, aber es war ein Schutzmechanismus. Psychologie, erstes Semester.

Als wir nebeneinander im Fahrzeug saßen, schlich sich diese eigenartige Stille zwischen uns, die in Taxis immer vorkam. Entweder laberte man sich gegenseitig voll oder schwieg sich an … Letzteres irgendwie peinlich berührt. Es war das gleiche Gefühl, wie in einem Aufzug nicht zu wissen, wohin man schauen sollte.

Daher war ich auch heilfroh, als wir endlich aussteigen konnten. Ich gab dem Taxifahrer Trinkgeld und ging dann zu Evan, der bereits vor einer Tür wartete, über der groß ›Antonios Pizzalieferservice‹ stand.

»Ist das dein Arbeitsplatz?«, fragte ich, da ich ja wusste, dass Evan einen Nebenjob als Pizzakurier hatte.

»Heute nicht«, brummte er.

Ehe ich weiter nachhaken konnte, trat er in den Laden und ich folgte ihm. Als ich die Pizzeria betrat, begann mein Magen zu knurren.

Kapitel 11

Evan

Als ich die Pizzeria betrat, verging mir der Appetit.

Ich war darauf vorbereitet gewesen, dass ich ersetzt worden war – Antonio konnte nicht eine ganze Woche lang allein den Laden schmeißen. Und er hatte etwas davon gefaselt, dass sein ›Neffe aus Roma‹ käme. Ich hatte mir einen kleinen, dicken Italiener in meinem Alter vorgestellt. Aber der Typ, der die Theke sauber wischte, sah eher wie die haarige italienische Version des Hulk aus. Ich bezweifelte zudem, dass er auf ein Fahrrad oder in einen Kleinwagen passte.

Sara trat neben mich und sah sich neugierig um. Der Raum war nicht groß und besaß nur ein paar Stehtische, denn Antonios Geschäft bestand vor allem aus Hauslieferungen. Es war früher Nachmittag, also war das Schlimmste an Bestellungen bereits vorbei.

»Hier arbeitest du also?«, fragte Sara erneut.

Ich brummte etwas, das zwischen ›Ja‹ und ›Nein‹ lag und ging zur Theke.

Normalerweise wäre ich *niemals* hierhergekommen. Aber Hannes hatte mir nun mal diesen ›Gast mit Brüsten‹ aufgeschwatzt, und der musste etwas essen. Ich wusste, wie Frauen werden konnten, wenn sie hungrig waren – und Sara war schon in sattem Zustand eine Nervensäge … ob und wie sich das steigern konnte, wollte ich gar nicht erst herausfinden.

»Zweimal Pizza Margherita«, bestellte ich. »Zum Hieressen.«

Ich fragte Sara nicht nach ihrer Lieblingspizza, weil ich so wenig wie möglich über sie wissen wollte. Sie würde in ein paar Tagen abreisen und es war mir einerlei, ob ich ihre Pizzavorlieben kannte oder nicht. Ich würde sie danach nie wiedersehen.

Zudem: JEDER mochte Pizza Margherita!

Hulk sah von der Theke auf (offenbar hatte er erst jetzt bemerkt, dass er Gäste bekommen hatte) und stierte uns ein paar Sekunden lang an, wobei sein Blick für meinen Geschmack einen Tick zu lange an Sara hängen blieb. Ich trat einen Schritt vor und verdeckte ihm die Aussicht, die er gerade zu genießen begann.

»Sprichst du überhaupt Englisch?«, fragte ich ihn.

»Un po'«, war die Antwort.

»Also ein bisschen. Na fabelhaft«, meinte ich mit sarkastischem Augenverdrehen. »Due Margherita.«

Immerhin schien Hulk meine zwei Finger zu verstehen, die ich vor seiner Nase in die Luft hielt. Er nickte und verschwand in der Küche, die sich im Raum hinter der Theke befand. Ich lehnte mich gegen das Holz, an dem ich bis gestern fünf Jahre lang jeden Morgen gestanden hatte, und musterte Sara. Okay, ich war nicht scharf darauf, ihre Lieblingspizza zu kennen. Aber wenn sie irgendeine Tomatenallergie, Glutenunverträglichkeit oder Ähnliches hatte (und Frauen hatten ständig irgendwelche Marotten), dann würde mein Plan, mit Pizza dafür zu sorgen, dass sie nicht noch anstrengender wurde, in die Hose gehen.

»Du magst doch Pizza, oder?«, fragte ich stirnrunzelnd, um sicherzugehen, dass ihr Gesicht nicht gleich aufgrund irgendwelcher Substanzen aussehen würde wie ein Vollmond, der blau anlief.

Ein leichtes Lächeln umspielte ihren Mund, das ihre Zähne blitzen ließ. »Falls nicht, wäre es jetzt ohnehin zu spät, oder?«, meinte sie, während sie meinen Blick erwiderte. »Aber ja, ich liebe Pizza. Nur zum Frühstück habe ich sie noch nie gegessen.«

»Es ist bereits Nachmittag«, stellte ich klar.

»Stimmt.« Sie nickte. Dann sah sie zur Küche und wieder zu mir. »Was machen wir nachher?«

Ich runzelte die Stirn. »Nach *was?*«

»Na: *nachher.*« Sie machte eine ausladende Handbewegung Richtung Tür. »Nachdem wir gegessen haben.«

»Wir gehen zu mir zurück.«

»Was?« Ihre Augen weiteten sich vor Überraschung. »Warum denn? Es ist doch erst früher Nachmittag. Lass uns nach Downtown fahren!«

Ich verengte meine Augen. »*Das* kannst du mal schön allein machen. Ich bin nicht lebensmüde und stürze mich in dieses Weihnachtsgetümmel. Du warst noch nie in dieser Jahreszeit in New York, sonst würdest du so einen behämmerten Vorschlag gar nicht erst bringen.«

Sara holte Luft und wollte etwas erwidern, da ertönte eine mir nur allzu vertraute Stimme. Ich wandte mich zum Sprecher um, der gerade aus der Küche kam.

»Ma Sam!« Antonio breitete seine Arme aus, als wolle er die ganze Welt umarmen. »Wie du reden mit signorina?! Stupido ragazzo. Sein bella donna. Schöne Frau. Du nicht reden mit schöne Frau in diesem Tonfall!« Er hob den Zeigefinger und sah mich tadelnd an. Dann wandte er sich an Sara. »Mi dispiace, signorina. Mi chiamo Antonio. Es ist schön, Sie kennenzulernen. Sam viel hat erzählt von Ihnen. Sie sich fühlen wie zu Hause.« Erneut machte er eine Geste, die einer Verbeugung verdammt nahe kam, und schenkte meiner Begleitung sein breitestes Italiener-Lächeln.

»Es ist mir ein Vergnügen, Sie kennenzulernen, Antonio. Ich heiße Sara«, säuselte Sara und schüttelte ihm die Hand, die er ihr entgegenhielt.

»Engländerin«, rief mein Boss erfreut aus. »Vergnügen ist ganz meinerseits.« Er grinste wie ein Honigkuchenpferd, sodass ich unwillkürlich die Augen verdrehte. »Was ihr haben bestellt? Ganz gleich was, geht aufs Haus!«

»Das können wir nicht …«, wollte Sara einwenden.

»Danke«, unterbrach ich sie.

Ich hatte noch nie ›Nein‹ gesagt, wenn mich jemand einladen wollte. Und Antonio war ohnehin beinahe wie ein Vater für mich. Daher blieb es irgendwie in der Familie.

»Eccellente!« Antonio klatschte in die Hände. »Scusa, aber Küche ruft. Pizza ist im Ofen. Es war eine Freude, Sie kennenzulernen.« Er hauchte ihr einen formvollendeten Kuss auf die Hand, dann hob er den Blick und sah mich streng an. »Du gehen mit signorina Sara nach Downtown heute oder ich dich verprügeln.«

Ich unterdrückte ein Grinsen, denn die Vorstellung, wie der kleine, dicke Antonio mir an die Gurgel sprang, war einfach zu komisch. Aber meine Erheiterung verflog schnell, als ich merkte, dass er es ernst meinte.

»Was? Ich will aber nicht nach Downtown«, protestierte ich.

»Aber signorina. Und du machen, was signorina sagt! Sie Frau, sie immer recht und ihre Wünsche immer wichtig.«

Damit rauschte er in die Küche zurück und ließ mich mit offenem Mund stehen. Das hatte er jetzt nicht gerade wirklich gesagt, oder?!

»Das hat er gerade wirklich gesagt, oder?«, grinste Sara neben mir und ich konnte ihr förmlich ansehen, wie sie sich ins Fäustchen lachte, als mein perplexer Blick sie traf.

Verdammt, hatte sich denn die ganze Welt seit zwei Tagen gegen mich verschworen?!

Ich knurrte leise, was Saras Erheiterung noch schürte.

Pass auf, kleine Engländerin! Meine Nerven sind nicht die stärksten!

»Nun gut, lass uns einen Kompromiss machen«, meinte sie einlenkend, als sie merkte, dass ich nicht in ihren Freudentaumel mit einfallen würde. »*Du* bestimmst, wohin wir in Downtown gehen, okay? Mein einziger Wunsch ist, dass wir die Freiheitsstatue und das Empire State Building anschauen. Und den Central Park. Ansonsten lasse ich dir freie Hand.«

»Das sind aber drei Wünsche, nicht einer«, murrte ich.

»Dann verbuch es unter dem Wunsch: Touristenattraktionen, die man gesehen haben sollte, wenn man in New York ist.« Sie zuckte mit den Schultern. »Es gibt zudem noch etwas, das ich unbedingt gesehen haben möchte …« Sie zögerte einen Moment und mir war klar, dass mir dieser Wunsch ganz und gar nicht gefallen würde. »Den Weihnachtsbaum am Rockefeller Center«, rückte sie schließlich mit der Sprache heraus.

Jap, dieser Wunsch gefiel mir definitiv nicht!

Ich seufzte laut und sah sie gequält an. »Echt jetzt?!«

»Echt«, nickte sie mit Nachdruck. »Ich liebe nun mal die Weihnachtszeit, und das, was ich seit meiner Kindheit mit

New York und Weihnachten verbinde, ist dieser große Weihnachtsbaum. Er muss wunderschön sein.«

»Und viel zu groß. Zudem wimmelt es dort nur so von Touristen«, warf ich in dem schwachen Versuch ein, sie von ihrem Wunsch abzubringen.

»Wir müssen ihn ja nicht unbedingt heute anschauen«, murmelte sie, aber ihre nach vorne geschobene Unterlippe sagte mir etwas anderes.

»Ein zweites Mal werde ich dich bestimmt nicht nach Downtown begleiten«, stellte ich klar.

»Wirst du, Sam!«, tönte es aus der Küche.

Verdammt, warum musste Antonio seine Ohren überall haben?

»Siehst du, du musst. Dein Chef befiehlt es dir.«

»Er ist heute nicht mein Chef.«

Sara seufzte. »Nun gut, du willst weiterhin Griesgram spielen. Aber ich bin hier nur so kurze Zeit und möchte unbedingt alles gesehen haben, was es zu sehen gibt. Bitte. Allein macht es keinen Spaß und Hannes muss arbeiten. Ansonsten kenne ich hier niemanden. Und du willst doch auch nicht, dass ich überfallen werde, nur weil ich ganz allein in einer großen Stadt bin und mich irgendwo in einer Seitengasse verirre, wo ich dann …«

»Schon gut! Hör auf, dir irgendwelche Horrorszenarien auszudenken, nur um mich zu überzeugen«, knurrte ich.

»Wirkt es denn?«

Ich hatte nicht gewusst, wie groß und flehend ihre Augen werden konnten. Auch Hannes hatte diesen Trick drauf, jedoch hatte *sein* Blick bei mir eher zur Folge, dass ich mir Todesszenarien für das Robbenbaby ausdachte. Bei Sara … verflucht, warum konnte sie bloß derart flehend schauen?!

»Na gut.«

»Juhu!« Sara hüpfte zweimal auf der Stelle und fiel mir dann um den Hals, um mir einen Kuss auf die Wange zu drücken.

DAS hatte man also davon, wenn man einer Frau einen Wunsch nicht abschlug: Lippen auf den Wangen. Tolle Belohnung … ich hätte diese Lippen lieber woanders gespürt …

Gerade als ich darüber nachzudenken begann, welche meiner Forderungen (die weit mehr als einen Wangenkuss beinhalten würden) bei ihr auf offene Ohren (oder Mund) stoßen könnten, kam Hulk mit unseren Pizzen und zwei Cola zurück und stellte alles auf einem der Stehtische ab.

»Buon appetito«, murmelte er, ehe er fast schon fluchtartig in der Küche verschwand.

Sara und ich stürzten uns gleichermaßen auf die Pizzen. Ich hatte von gestern Abend noch einen Kater, nicht gravierend zwar, aber dennoch wurde mein Heißhunger auf fettiges Essen geschürt. Und auch Sara schien zu merken, dass es in London bereits Abend war und sie seit Ewigkeiten nichts mehr gegessen hatte.

»Hmmm, köstlich«, stellte sie mit vollem Mund fest, während sie bereits den nächsten Bissen hineinstopfte. »Du hast mir gar nicht gesagt, dass Antonio die besten Pizzen in New York herstellt.«

Ich zuckte zur Antwort mit den Schultern, erwiderte aber nichts. Ich mochte die Pizzen von Antonio auch und stimmte Sara heimlich zu. Es waren wirklich die besten in New York.

»Und?«, fragte Sara, als sie ein Viertel der Pizza heruntergeschlungen hatte. »Erzählst du mir, was du vorhast, wenn du nicht mehr Schauspieler werden möchtest?«

Ich schloss kurz die Augen und überlegte, ob ich ihr endlich die Wahrheit sagen sollte. Es wäre der richtige Moment, ihr zu verstehen zu geben, dass ich nicht *der* war, den sie vor sich zu haben glaubte. Ich hätte jetzt Hannes' Lüge auffliegen lassen und sie mir vom Leib schaffen können … aber die Worte wollten mir einfach nicht über die Lippen kommen.

Als ich meine Lider wieder öffnete, sah ich in ihre grünen Augen. Und erkannte darin so viel von dem, was ich selbst verloren hatte, dass ich es nicht übers Herz brachte, es zu zerstören.

Sie *hatte* sie noch: Den Glauben an das Gute im Menschen. Das Vertrauen ins Leben und die Hoffnung, dass alles sich irgendwie fügen würde.

Dass es Gnade gab für alles und jeden …

Ich war auch mal so gewesen … in einem früheren Leben Als …

Nein, stopp.

Das hier war nicht der richtige Zeitpunkt dafür. Ich war nicht bereit für das, was der Strudel der Vergangenheit für mich parat hatte. Ich hatte *Jahre* gebraucht, um so viel Abstand davon zu bekommen, dass der Sog mich nicht mehr ständig hineinziehen konnte. In den Dreck und Schlamm, den er mit sadistischem Grinsen herumrührte und in dem mich nur Schmerzen erwarteten.

Nein. Ich wollte das jetzt nicht.

Ich wollte in der Welt sein, an die sich Sara so fest klammerte. In der es keinen Schmerz und keine Schuld gab. In der man auf Gnade und Vergebung hoffen durfte. In der ich sein konnte, wer immer ich sein wollte … auch wenn's gerade ein Feigling war, der vor dem davonrannte, was er Vergangenheit schimpfte.

»Ich habe ein Praktikum in Aussicht. In … einem Tattoo-Studio«, log ich.

»Wow.« Sie war tatsächlich beeindruckt, wie ich ihrer Miene entnehmen konnte.

Das hätte ich nicht erwartet. Ich hätte gedacht, dass sie Tätowieren nicht als ›Arbeit‹ ansah. Dass sie es belächelte. Doch das tat sie nicht, ihr Interesse schien ehrlich. Sie war ohnehin ehrlicher als ich …

»Und wann kannst du anfangen?«, fragte sie weiter.

»Bald«, wich ich aus.

»Okay, klingt gut«, meinte sie und biss wieder in ihre Pizza. »Hast du selbst Tattoos?«

Ich nickte knapp.

»Zeigst du sie mir, wenn wir wieder zu Hause sind?«

Zu Hause … sie nannte meine Wohnung ›zu Hause‹. Dabei war es das für mich nie wirklich gewesen … es war … es war eine Bleibe. Etwas, das nicht von Dauer sein konnte … wie alles in meinem verfuckten Leben.

Wieder nickte ich, ohne groß zu überlegen, was ich ihr zugestanden hatte. Der Sog, der von meinem Vergangenheitsstrudel ausging, wurde stärker und beanspruchte einen Teil meiner Aufmerksamkeit für sich.

»Toll.« Ihre Augen glänzten, während ihr Blick über meinen Oberkörper zu meinen Beinen wanderte.

Wahrscheinlich überlegte sie, wo ich meine Tattoos haben könnte. Ich fühlte mich mit einem Mal wie unter einem Röntgenblick, der noch tiefer ging als bis zu meinen Tattoos, und aß rasch meine Pizza auf.

Warum fühlte ich mich in ihrer Gegenwart zusehends unwohler? Ich wusste es nicht.

Kapitel 12

Sara

Warum fühlte ich mich in seiner Gegenwart zusehends wohler? Ich wusste es nicht.

Vielleicht lag es daran, dass wir hier an einem Ort waren, der ihm vertraut war. Wo er sich weniger angreifbar fühlte und deswegen etwas mehr öffnen konnte. Vielleicht waren wir wirklich dabei, uns endlich besser kennenzulernen. Keine Ahnung. Jedenfalls rechnete ich es ihm hoch an, dass er zum ersten Mal mit mir über seine Zukunft gesprochen hatte. Mehr oder weniger bereitwillig.

Ich konnte ihn mir gut als Tätowierer vorstellen – irgendwie passte es zu ihm. Irgendwann würde ich ihn fragen müssen, ob er mir Zeichnungen zeigen könnte. Tätowierer konnten immer hervorragend zeichnen …

Viel zu schnell hatten wir die Pizzen gegessen und stellten uns nach ein paar herzlichen Umarmungen seitens Antonio wieder der klirrenden Kälte auf der Straße. Meine Haare waren inzwischen trocken, aber ich setzte die Mütze dennoch auf. Allein weil Evan sie mir gegeben hatte und ich ihm zeigen wollte, dass ich seine Gesten ernst nahm. Ob es ihm überhaupt auffiel, war eine andere Frage.

Immerhin hatte es aufgehört zu schneien und der Wind war abgeflaut, sodass wir nicht mehr mit eingezogenen Köpfen durch die Straßen eilen mussten. Die Subway-Station lag nur einen Block entfernt, also verzichteten wir auf ein Taxi und stiegen in die nächstbeste Bahn, die uns nach Downtown bringen würde.

Ich spürte förmlich mein Herz pochen, als wir schweigend nebeneinander in der Bahn saßen. Endlich würde ich New York sehen. Das, was ich mir wünschte, seit ich zum ersten Mal im Fernsehen einen Film über diese Stadt angeschaut hatte. Würde es genauso sein wie im Film? Oder besser?

Nach knapp dreißig Minuten kamen wir beim Time Square, mitten in Manhattan, an. Als wir den Wagen verließen, fiel mir zuallererst die Wärme auf, die hier unten in der Subway-Station herrschte. Mit meiner Winterkleidung schwitzte ich beinahe und war froh, als wir nach oben gingen – und mitten im New Yorker Stadtleben standen.

So viele Menschen, Autos und Lichter auf einem Haufen hatte ich selten gesehen. Touristen, Leute im Business-Look oder mit Dutzenden von Einkaufstüten … alles gab es. Wir wurden mehrmals geschubst und angegiftet von Passanten, die runter in die Subway wollten. Aber ich war wie erstarrt von all den Eindrücken, die hier beim Time Square auf mich einprasselten.

Rund um mich herum erhoben sich riesige Wolkenkratzer, die in allen möglichen Farben beleuchtet waren. Noch nie hatte ich so viele Werbeplakate auf einmal gesehen (und ich kam aus London, wo es den Piccadilly Circus gab!). Weihnachtsmusik drang an meine Ohren, der Duft von irgendwelchem Gebäck in meine Nase und ich brauchte mehrere Sekunden, bis ich mich aus meiner Starre lösen konnte.

Evan war bereits einige Schritte vorangegangen, kehrte aber zu mir zurück. »*Das* ist der Weihnachtsgeist, den du so unbedingt sehen wolltest«, hörte ich ihn nahe an meinem Ohr sagen. Er musste seine Stimme erheben, sonst wäre sie in dem Lärm, der um uns herum herrschte, untergegangen. Dennoch trieften seine Worte vor Sarkasmus.

Ich wusste nicht, ob ich das hier gut oder schlecht finden sollte – im Moment fand ich es einfach nur faszinierend. Evan ergriff meinen Arm und zog mich vom Eingang der Subway weg, damit wir nicht länger den Leuten im Weg standen.

»Suchen wir uns etwas Ruhigeres«, meinte er und zog mich durch die Menschenmenge.

Ich folgte ihm und versuchte alle Eindrücke irgendwie zu verarbeiten – vergebens. Ich spürte nicht einmal mehr die Kälte, die sich wieder unter meinen Mantel drängelte. Es schien mir, als wäre ich in einem Paralleluniversum gelandet.

Evan zog mich in irgendeinen Laden und erst als ich mich genauer umschaute, merkte ich, dass es ein Hard Rock Cafe war. Mein romantisches Ich rümpfte die Nase. Das hier war ganz und gar nicht weihnachtlich – okay, der Tannenbaum im Eingang schon, aber es blieb dennoch ein Hard Rock Cafe.

»Ich brauche jetzt erstmal ein Bier«, erklärte Evan, als ich fragend im Eingangsbereich stehen blieb.

»Es ist Nachmittag.« Ich hob eine Augenbraue.

»Höchste Zeit.« Er wandte sich ab und steuerte auf die Treppe zu, die nach unten führte, wahrscheinlich zum Restaurant. »Kommst du?«

Ich zögerte, nickte dann aber und setzte die Mütze ab, die ich in meine Handtasche stopfte. Etwas anderes blieb mir ja nicht übrig, wenn ich nicht wieder hinaus in den Menschentrubel wollte. Und ich musste Evan zustimmen, dass es hier drin immerhin etwas leiser und vor allem wärmer war als draußen. Hier konnten wir in Ruhe planen, wohin wir als Erstes gehen wollten.

Unten gab es viele Tische, die gut besetzt waren, sowie eine Bar, auf die Evan gerade zusteuerte. Nachdem er auf einem der Hocker Platz genommen hatte, vergewisserte er sich, dass ich immer noch bei ihm war, dann bestellte er beim Barkeeper ein Bier und eine Cola.

»Aber wir gehen dann schon noch New York ansehen, oder?«, fragte ich, nachdem wir unsere Getränke erhalten hatten und ich die vielen Eiswürfel in meinem Getränk bestaunte. Ich rührte mit dem Strohhalm etwas darin herum.

»Meinetwegen.« Evan nahm einen Schluck seines dunklen Biers und schloss dabei die Augen. Es war das erste Mal, dass ich ihn etwas genießen sah.

Ich nahm seine Worte als Zustimmung und kramte in meiner Handtasche, um einen Stadtplan hervorzuholen, den ich auf der Theke ausbreitete. Ich hatte einige Sehenswürdigkeiten darauf eingekreist »Wir sind jetzt hier beim Time Square.« Ich zeigte mit dem Finger auf die Stelle, die ungefähr in der Mitte der Karte lag. »Von hier aus fahren Sightseeing-Busse. Lass uns in einen davon steigen und bis hierhin«, ich strich mit dem Finger auf der Karte bis ganz nach unten, »fahren. Von da aus gibt's eine Fähre, die uns zur Freiheitsstatue bringt.«

Als ich den Blick hob, konnte ich gerade noch sehen, wie er mich skeptisch gemustert hatte, ehe er abermals einen Schluck Bier trank. Dieses Mal jedoch hastiger und mit offenen Augen.

»Was?«, fragte ich und legte den Kopf schief.

»Ich werde keinesfalls auf diese verdammte Fähre gehen.«

Ich runzelte die Stirn, nickte dann aber. »Okay, dann keine Fähre. Vielleicht können wir die Statue ja auch vom Ufer aus sehen.«

»Mhm.«

»Und dann möchte ich das neue World Trade Center sehen«, fuhr ich fort.

»Vorhin stand das aber nicht auf dem Plan«, warf Evan ein.

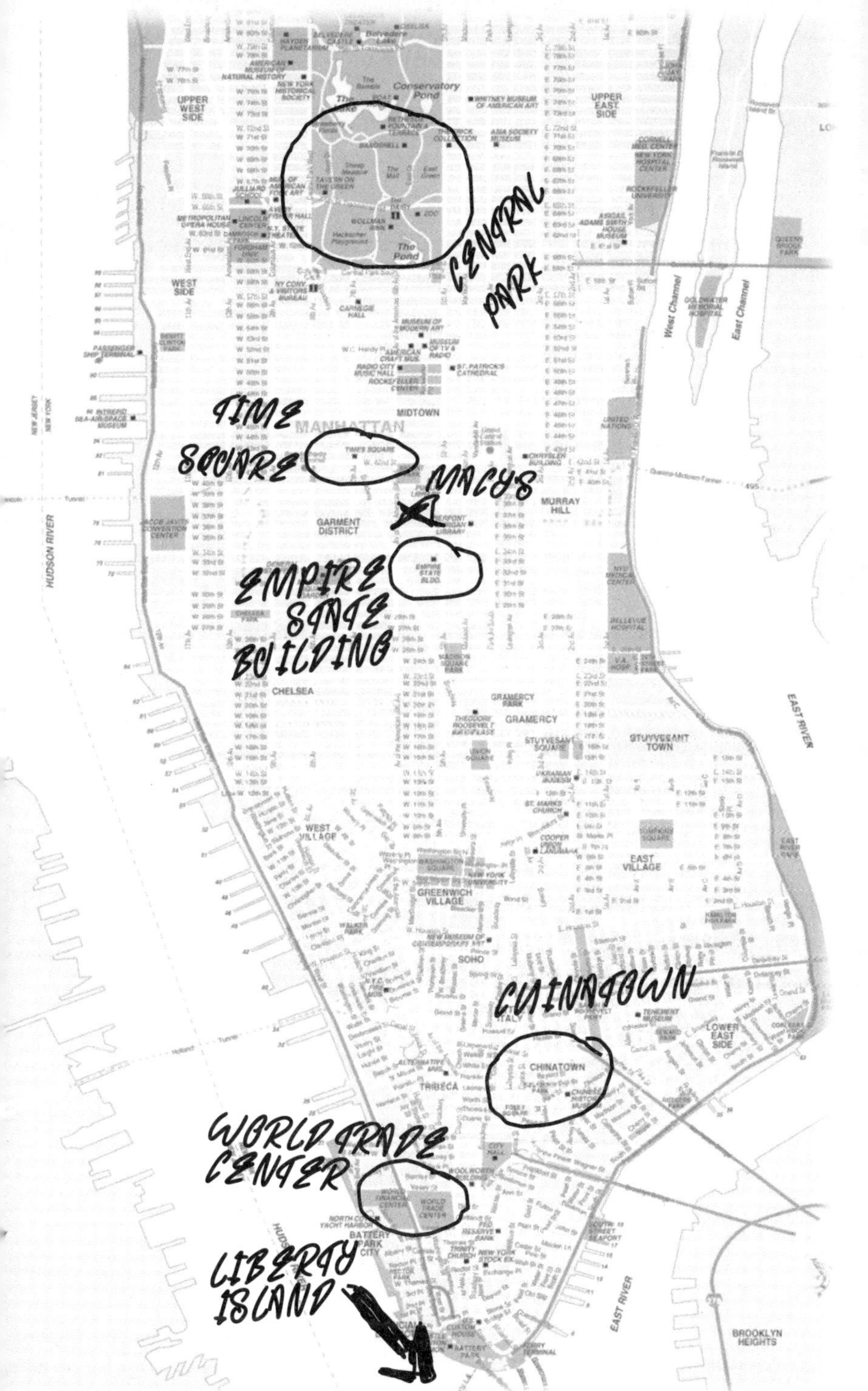
CENTRAL PARK
TIME SQUARE
MACYS
EMPIRE STATE BUILDING
CHINATOWN
WORLD TRADE CENTER
LIBERTY ISLAND
UPPER WEST SIDE
UPPER EAST SIDE
WEST SIDE
MANHATTAN
MIDTOWN
TIMES SQUARE
GARMENT DISTRICT
MURRAY HILL
EMPIRE STATE BLDG.
CHELSEA
GRAMERCY
STUYVESANT TOWN
WEST VILLAGE
GREENWICH VILLAGE
EAST VILLAGE
SOHO
TRIBECA
LOWER EAST SIDE
BATTERY PARK CITY
HUDSON RIVER
EAST RIVER
West Channel
East Channel
BROOKLYN HEIGHTS

»Nun ja, wenn wir schon mal dort unten sind …« Ich warf ihm einen unschuldigen Blick zu, der ihm ein Knurren entlockte. »Und hier wäre auch direkt noch Chinatown.« Ich deutete mit dem Finger etwas nach rechts.

»Übertreib es nicht.«

»Komm schon, ich bin nur ein Mal in New York …«, flehte ich. »Wir können ja auch einfach nur mit dem Sightseeing-Bus durchfahren, das reicht mir vollkommen. Bitte.« Ich schob die Unterlippe vor und klimperte übertrieben mit den Wimpern. Evan warf mir einen Blick zu und schüttelte dann schnaubend den Kopf, ohne etwas zu entgegnen.

»*Nichts* gesagt, ist ›Ja‹ gesagt.« Ich schenkte ihm ein entwaffnendes Lächeln.

»Du nervst fast noch mehr als Hannes«, stellte Evan fest.

»DAS sehe ich als Kompliment, ich mag Hannes nämlich«, konterte ich.

Wieder sah er mich von der Seite an und brummte, ehe er sein Bier in einem Zug austrank. Er hob die Hand, um ein weiteres zu bestellen, aber ich griff nach seinem Handgelenk und drückte seinen Arm nach unten. »Wenn du Durst hast, trink meine Cola.« Ich schob ihm mein bisher unangetastetes Getränk hin.

Er schloss kurz die Augen und seufzte dann ausgiebig. »Du benimmst dich wirklich schlimmer als jede Psychiaterin.«

»Ich hab dir schon einmal gesagt, dass du in mir keine Psychiaterin sehen sollst«, stellte ich klar. »Zudem verwendest du den Begriff falsch. Psychiater sind Ärzte. Ich studiere aber nicht Medizin, sondern Psychologie.«

»Beides gleich bescheuert.« Er lachte trocken.

»Hör auf damit!« Jetzt wurde ich wütend. »Hör auf, andere ständig schlecht zu machen! Das führt nicht dazu, dass du dich besser fühlst.«

»Ach nein?« Er wandte sich mir zu und versenkte seine Augen in meinen. »Und was würde dann deiner Meinung nach dazu führen?«

Wenn er mich so ansah wie jetzt, fiel es mir wirklich schwer, seinem Blick standzuhalten. Da war es wieder: dieses aufbrausende Temperament. Ich vermeinte, in der Tiefe seiner blauen Augen kurz den Schmerz aufflackern zu sehen, der sich hinter dem Feuer verbarg. Aber da blinzelte er und zurück blieben nur die lodernden Flammen, die seine Schutzmauer waren und alles und jeden in die Flucht trieben.

Ich seufzte. »Lass uns gehen. Ich denke, etwas frische Luft wird uns beiden guttun.«

Jetzt lachte er laut auf. »Das hast du jetzt nicht wirklich gesagt, oder? *Frische* Luft ...« Er lachte erneut, ehe er mich kopfschüttelnd ansah. »Baby, wir sind in New York. Hier dringen dir die Abgase in die Lungen und der Staub bleibt auf deiner Haut kleben. Hier gibt es keine frische Luft!«

Ich zog die Augenbrauen zusammen. »Es gibt immer frische Luft – überall.«

»Ja, und Einhörner und Prinzen auch.« Er hob einen Mundwinkel, aber es war kein Lächeln.

»Du kannst dich noch so arschig verhalten, ich werde dich trotzdem in den Sightseeing-Bus mitschleppen«, stellte ich klar. »Ich weiß sehr wohl, warum du das hier tust, aber es funktioniert bei mir nicht. So schnell wirst du mich nicht los. Komm jetzt!« Die letzten zwei Worte hatte ich in dem Befehlston gesagt, der damals schon beim Kuss gewirkt hatte.

Und siehe da: Evan erhob sich tatsächlich vom Barhocker und trat so dicht zu mir, dass ich unwillkürlich sitzen blieb. Als er sich langsam zu mir herunterbeugte, fühlte ich ein Kribbeln in meinem Bauch, da ich beinahe sicher war, dass er mich nochmals küssen würde. Aber er legte bloß seine Wange an meine, sodass sein Mund nahe an meinem Ohr war. Ich spürte seine Bartstoppeln über meine Haut schaben, während er sprach.

»Weißt du, ich komme nur aus dem Grund mit dir mit, um zu sehen, wie lange du durchhältst.« Seine Stimme war ein leises Raunen, das mir einen Schauer durch den Körper jagte.

Ach verdammt, er war so sexy, wenn er *so* war. Auch wenn er sich wie das Arschloch des Jahrhunderts verhielt, gab es doch diesen kranken Teil in mir, der gerade DAS an ihm mochte. Dieser Teil nannte sich ›Verein des Helfersyndroms und der Romantikerin‹ und ich war ihre Vize-Präsidentin.

»Dito«, flüsterte ich, da sich auch *mein* Mund jetzt nahe an seinem Ohr befand.

Er zuckte für den Bruchteil einer Sekunde zusammen. Ich hätte es nicht bemerkt, hätte seine Wange nicht immer noch an meiner gelegen. Dann lehnte er sich wieder etwas zurück und seine Augen glitten über mein Gesicht, bis sie an meinem Mund hängen blieben.

»Du bist ein krankes Mädchen, sonst würdest du so etwas nicht sagen«, stellte er fest.

»Vielleicht mag ich auch einfach nur Herausforderungen.« Ich sah ihn unverwandt an und hob eine Augenbraue.

»Dann bist du verrückt.« Er schüttelte resigniert den Kopf.

»Ein bisschen Verrücktheit hat noch niemandem geschadet«, gab ich zurück, ehe ich vom Barhocker rutschte und den Stadtplan in meine Handtasche stopfte. »Also, ich geh kurz aufs Klo, dann suchen wir uns einen Sightseeing-Bus.«

Ich verschwand in Richtung Toiletten, wo ich auch direkt noch mein Make-up etwas erneuerte und Deo und Parfum versprühte. Es war an der Zeit, diesen Evan endlich etwas aus der Reserve zu locken. Auf in den Kampf!

Als ich die Toiletten wieder verließ, lief ich Evan beinahe in die Arme, denn er hatte wohl nach dem Bier und der Cola auch ein dringendes Bedürfnis.

»Ich warte oben«, meinte ich mit einem schiefen Lächeln.

Er nickte nur und verschwand im Männerklo.

Ich ging Richtung Treppe, die uns zurück ins New Yorker Stadtleben bringen würde. Die Mütze setzte ich mir wieder auf, denn ich würde noch froh darum sein. Es war wirklich sehr kalt …

Evan folgte mir nach ein paar Minuten und ich konnte ein triumphierendes Lächeln nicht unterdrücken, als wir nach draußen traten. Ich würde ihn schon noch weich kriegen, diesen griesgrämigen Miesepeter.

Kapitel 13

Evan

Sie würde mich noch ins Grab bringen, diese übertrieben optimistische Klugscheißerin. Ich folgte Sara, während ich die Stirn in Falten legte, und konnte ein Seufzen nicht unterdrücken.

Leider hatte ich wieder diese Anziehungskraft gefühlt, als ich ihr vorhin im Hard Rock Cafe so nahe gekommen war. Jetzt konnte ich endlich nachvollziehen, warum es diese Redewendung mit den Motten und dem zerstörerischen Licht gab. DAS hier war das beste Beispiel dafür.

Ich *fühlte* Dinge, die ich nicht fühlen wollte.

Ich *tat* Dinge, die ich nicht tun wollte.

Ich *sagte* Dinge, die ich nicht sagen wollte.

Ich *versprach* sogar Dinge, die ich nicht versprechen wollte.

Und ich *hasste* mich dafür, dass diese Sara so viel Macht über mich besaß, alles von mir fordern zu können.

Sie war eine Fremde! Eine Engländerin! Eine Tussi, die Hannes mir aufgeschwatzt hatte!

Ich hätte mich *nicht* zu ihr hingezogen fühlen sollen.

Ich hätte *nicht* mit ihr nach Manhattan kommen sollen.

Ich hätte ihr *nicht* erlauben sollen, so viel von mir zu verlangen – mehr als ihr überhaupt bewusst war.

Immerhin hatte ich ihr die Fahrt mit der Fähre ausreden können … das wäre eine Katastrophe biblischen Ausmaßes für mich geworden. Denn das letzte Mal, als ich dort gewesen war … NEIN! Daran wollte ich jetzt nicht denken. Es war schon schlimm genug, dass Sara mich mitschleppte. Seit Jahren hatte ich den südlichen Teil von Manhattan gemieden. Und jetzt … jetzt war ich geradewegs auf dem Weg dorthin.

Nun ja, vielleicht war es an der Zeit, dass ich das hier endlich tat. Dass ich mich *dem* stellte, was mich damals derart aus der Bahn geworfen hatte … keine Ahnung, ob ich schon dafür bereit war. Wahrscheinlich nicht. Aber jetzt war ich auf dem besten Weg, es herauszufinden.

So sah ich also zu, wie Sara zwei Tickets für uns kaufte, und nickte resigniert, als sie mich fragte, ob wir in den oberen Stock des Sightseeing-Busses gehen könnten. Außer uns war keiner so dumm, sich hier oben aufzuhalten. Mein Gott, es war Winter! Und es war arschkalt. DAS wurde Sara schließlich auch klar, als wir die ersten fünf Minuten unterwegs waren und unsere Nasen aussahen, als wären wir zwei verirrte Clowns.

»Können wir nach unten gehen?«, fragte sie reumütig.

»Du hast doch gesagt, unten siehst du die Stadt weniger gut«, brummte ich. Innerlich war ich jedoch über ihren Vorschlag erleichtert, denn ich spürte meine Finger schon nicht mehr.

Sie ging nicht auf meinen Satz ein, sondern kletterte die gewundene Treppe wieder nach unten, wo es um Welten wärmer war. Dort setzte sie sich auf einen freien Platz am Fenster, wo sie rausschauen konnte. Die Kopfhörer des Headsets, das uns der Busfahrer gegeben hatte, hatte sie in ihre Ohren gesteckt und lauschte entzückt den Erklärungen des Reiseleiters.

Ich saß missmutig neben ihr und spürte mit jeder Sekunde die Unruhe in mir wachsen, während wir dem südlichen Teil Manhattans näher kamen. Verdammt, warum durfte man hier drin nicht rauchen?! Ich war zwar kein Kettenraucher, aber jetzt hätte ich eine Zigarette hervorragend vertragen können … oder einen Joint …

Der Bus fuhr zum Broadway (Sara: »Oh, lass uns heute Abend in ein Musical gehen!« / Ich: »Vergiss es.«) – Macy's (Sara: »Oh Gott.« / Ich: »Hast du einen Orgasmus?«) – Empire State Building (Sara: »Awww, da will ich rauf!« / Ich: »Sehe ich aus wie Tom Hanks?!«) – Union Square (Sara: »Da müssen wir nachher auch noch aussteigen.« / Ich: »Auf keinen Fall.«) – Soho (Sara: »Bald kommt Chinatown!« / Ich: »Krieg dich wieder ein.«) – Chinatown (Sara: »Da! Da will ich hin!« / Ich: »Weißt du, wie viele Bakterien an dem Fenster kleben? Drück deine Nase da nicht so fest daran.«) – City Hall (Ich: »Da hast du dein World Trade Center.« / Sara: »Oh, wow, *das* ist ja hoch.«) – Whitehall Street (Sara: »Oh wie schade, wir müssen raus …« / Ich: »Endlich.«)

Wir stiegen an unserer Endstation aus und Sara gab dem Fahrer ein dickes Trinkgeld, was mich die Augen verdrehen ließ. »Ich dachte, du sparst das Geld fürs Shoppen?«

»Tu ich auch«, nickte sie. »Aber Trinkgeld gibt man hier in Amerika *immer*, das habe ich so im Reiseführer gelesen.«

»Und wenn da steht, dass man in Amerika jedem zweiten Typen auf der Straße einen bläst, tust du das dann auch?«

»Blödmann.« Sie ließ mich stehen und ging über die Straße, um in westliche Richtung zum Battery Park zu stolzieren.

Ich folgte ihr, während sich meine Eingeweide zusammenzogen. Fetzen aus meiner Vergangenheit tauchten auf, als wir durch den verschneiten Park zum Pier liefen. Der Schnee war hier etwas weniger hoch, damit die Touristen auch gut zu den immens wichtigen Attraktionen gelangen konnten. Irgendwelche Weihnachtssänger johlten in der Nähe ihre dämlichen Lieder, die ja doch niemand hören wollte, und von einem Straßenstand drang der penetrante Geruch nach gebrannten Mandeln in unsere Nasen, was die Erinnerungen noch stärker auffrischte.

Sie hatte gebrannte Mandeln immer geliebt …

Verfluchte Weihnachtszeit!

Ich versuchte so ruhig wie möglich zu atmen und mir nichts anmerken zu lassen. Zum Glück war Sara ohnehin viel zu besessen davon, die Freiheitsstatue zu sehen, daher entging ihr meine Angespanntheit. Sie benahm sich gerade wie eine Siebenjährige im Disneyland und ihre Wangen glühten förmlich vor Friede-Freude-Eierkuchen-Laune.

»Schau mal, dort kann man die Statue ja schon sehen!« Sie deutete eifrig über den Hudson River in Richtung Liberty Island und kramte ihr Handy hervor. »Vielleicht kann ich sie ranzoomen. Von hier aus ist die Statue nicht wirklich zu erkennen … ich hatte sie mir irgendwie größer vorgestellt. Und dieser Nebel ist mühsam.«

Ich seufzte, folgte ihr aber, als sie sich ans Geländer des Piers stellte und mit ihrem Handy die Statue heranzoomte.

»Oh, da ist sie!«, rief sie aus.

»Und? Bist du jetzt zufrieden?«, fragte ich desinteressiert, während ich mit verschränkten Armen neben ihr stand und auf den Hudson River starrte. Der Wind hatte wieder aufgefrischt und Schneeflocken rieselten auf uns herunter. »Mir ist kalt. Lass uns von hier verschwinden.«

Endlich löste Sara sich von ihrem Handy und sah mich mit schief gelegtem Kopf an. »Es ist erst Nachmittag. Lass uns doch wenigstens noch nach Chinatown gehen.«

»Chinatown lag nicht auf der Wunschliste«, erklärte ich schroff.

»Weißt du noch, was du mir im Chat gesagt hast?«, fragte sie, während sie ihr Handy verstaute und dann die Handschuhe wieder anzog.

»Was?«

Da war ich ja mal gespannt, was Hannes für einen Stuss rausgehauen hatte.

Sie sah mich an wie eine Lehrerin ihr Schulkind. »Man sollte keine Wunschliste führen, weil man Wünsche nicht auf Listen festhalten, sondern ihnen folgen und sie erleben soll.«

Ja, *dieser* Stuss passte zum verpeilten Robbenbaby, das auf Bananen stand und eine Londonerin hierhergelockt hatte.

Ich holte Luft, um ihr endlich reinen Wein einzuschenken und ihr zu verklickern, dass ich nie (nie im Leben! Nicht mal, wenn ich so zugedröhnt wäre, dass ich meinen Namen nicht mehr wusste!) so einen Scheiß erzählt hätte. Doch dann geschah etwas, das meine ganze verdammte Vergangenheit über mir hereinbrechen ließ.

»Hey, Evan!«

Noch während die Stimme erklang, gefror alles in mir – und das nicht wegen der Kälte, die der Wind um unsere Körper trieb. Diese Stimme hatte ich vor fünf Jahren zum letzten Mal gehört – als ich ihm an den Kopf geschleudert hatte, dass ich *durch* war mit ihm und jetzt ein neues Leben beginnen wolle. Damals war ich gerade wieder auf freiem Fuß und noch auf Bewährung gewesen – und hatte absolut keinen Bock mehr auf ihn gehabt. Das hatte sich bis heute nicht geändert …

Ich fuhr zum Sprecher herum und starrte ihn mit zusammengezogenen Augenbrauen an.

Wie erwartet war er nicht allein, sondern mit seinem ›Gefolge‹ unterwegs. So wie er es früher immer getan hatte. Er hatte sich auch sonst nicht sonderlich verändert, wirkte kaum älter als damals – ungefähr dreißig, so genau hatte ich das nie wissen wollen. Seine Merkmale waren dieselben geblieben: aschblonde Haare, Narbe an der Wange, graue Augen, die kälter als Eis blicken konnten, und eine mehrfach gebrochene Nase, die noch nie einen Arzt gesehen hatte. Dazu eine schwarze Lederjacke und ebenso schwarze Jeans – kurz: Alles an ihm schrie ›Ich bin ein Verbrecher, renn davon!‹

Ich hätte es damals, als ich ihn zum ersten Mal getroffen hatte, auch tun sollen. Davonlaufen. Aber ich war in so einem tiefen Loch gewesen, dass ich nicht darauf geachtet hatte, wem die Hand gehörte, die mir da raushalf. Hauptsache, es gab jemanden, der mich nicht wie Dreck behandelte, mich nicht als ›schmutzigen Bastard‹ bezeichnete. Der mir nicht die Schuld daran gab, dass ich seiner Tochter jegliche Zukunft geraubt hatte. Kurz: Ich hatte nach jemandem gesucht, der mir das Gefühl gab, etwas wert zu sein. Lachhaft, im Nachhinein. Denn dieser Jemand, den ich fand, hatte mich nur noch tiefer in die Scheiße geritten.

Aber damals hatte ich es als ›Hilfe‹ wahrgenommen. Ich hatte mich von ihm zu Dingen überreden lassen, auf die ich heute nicht mehr stolz war. Früher allerdings schon … ich war ein beschissenes Arschloch gewesen, ohne Rückgrat.

»Dachte ich doch, dass du es bist«, rief er aus und steuerte auf uns zu.

Sein Gefolge, das aus fünf Männern bestand, blieb dicht bei ihm. Sie waren jünger als er, wirkten aber nicht minder bedrohlich und düster. Ich kannte sie nicht. Offenbar hatte er in den fünf Jahren, in denen wir uns nicht gesehen hatten, die Mehrheit seiner Leute austauschen müssen. Wahrscheinlich war der Großteil von damals entweder an Drogen verreckt oder im Gefängnis gelandet.

»Matt …« Ich knurrte seinen Namen förmlich.

»Na, *Freude* sieht aber anders aus.« Er blieb knapp vor mir stehen und schlug mir mit der offenen Handfläche auf die Schulter. »Lange nicht gesehen, altes Haus.«

»Zu deinem Vorteil«, erwiderte ich und stellte mich so hin, dass ich mich zwischen ihm und Sara befand, die immer noch beim Geländer stand. Ich warf einen kurzen Blick zu einer Touristengruppe, die eilig an uns vorbeiging. Anscheinend merkten sie, dass Matt und seine Kumpels Ärger bedeuteten.

»Na komm schon, wer will denn so nachtragend sein?« Matt breitete die Arme aus, als wolle er mich an sich drücken … was ihn auf der Stelle ins Krankenhaus befördert hätte. Das war ihm wohl auch bewusst, deswegen beließ er es bei einer bloßen Andeutung.

»Du verdammtes Arschloch hast zwei Jahre meines Lebens auf dem Gewissen«, fauchte ich. »Nenn es von mir aus *nachtragend*, aber ja: DAS nehme ich dir übel.«

Matt schenkte mir eines seiner schmierigen Grinsen, die ich damals schon gehasst hatte. Dabei entblößte er eine große Zahnlücke, wo einst ein Schneidezahn gewesen war – anscheinend hatte ihm in der Zwischenzeit jemand mal gehörig die Fresse poliert. Gut so!

Ehe ich es verhindern konnte, trat er einen Schritt nach rechts und seine Augen erfassten Sara, die immer noch dicht hinter mir stand. »Schönes Püppchen hast du dir da angelacht«, meinte er und ließ seinen Blick über ihren Körper gleiten.

Die Wut, die sich gerade in meinem Bauch staute, würde jeden Moment ausbrechen. Ich hatte mich in den letzten Jahren im Griff gehabt – aber nur, weil ich dieses ekelerregende Gesicht nicht mehr hatte sehen müssen. Jetzt schien es beinahe, als hätte sich all die Arbeit, die ich aufgewandt hatte, um mein Temperament in den Griff zu bekommen, restlos verflüchtigt. Als wäre ich mit einer Zeitmaschine in meine beschissene Vergangenheit zurückbefördert worden.

»Lass sie«, zischte ich.

»Deine Freundin?« Matt hob eine Augenbraue. »Oder eine Edelschlampe?« Er schwenkte den Blick kurz zu mir, dann zurück zu Sara. »Nein, die kannst du dir nicht leisten, so wie du aussiehst. Immer noch blank, oder?«

Ich knurrte zur Antwort und schob mich wieder schützend vor Sara, die unter Matts Musterung etwas zurückgewichen war. Sogar ihre ›Alle Menschen haben einen guten Kern‹-Instinkte rieten ihr bei dem Typen zur Vorsicht.

»Geht weiter«, befahl ich.

»Oder was?« Matt ließ mich erneut seine Zahnlücke sehen. »Rufst du die Bullen? So dämlich bist nicht mal *du*, Sam.«

Leider hatte er recht: Ich würde die Bullen nicht rufen, denn *ich* war es, der bereits schon einmal im Gefängnis gesessen hatte – nicht Matt. Sie würden *mich* auf die Polizeiwache mitnehmen, nicht ihn. Ihm konnte schon damals nichts nachgewiesen werden. Das hatte sich wohl auch in den letzten Jahren nicht geändert. Er hatte zu viele Kontakte im Untergrund, war zu einflussreich. Gegen ihn etwas in der Hand zu haben, war etwa so wahrscheinlich wie ein Sechser im Lotto.

Matt nahm mein Schweigen als Bestätigung, dass er recht hatte und ich keine Cops auf den Plan rufen würde. Er grinste erneut und gab dann seinem Gefolge ein Zeichen.

Ehe ich es verhindern konnte, hatten sie sich um mich herum aufgestellt und drängten damit Sara von mir weg. Sie warf mir einen ängstlichen Blick zu und ich versuchte ihr stumm zu verstehen zu geben, dass sie einfach keinen Aufstand machen sollte. Denn ich wusste, wozu diese Kerle in der Lage waren. Solange wir mitspielten, war alles in Ordnung, aber schon jetzt konnte ich sehen, dass zwei von ihnen unauffällig ein Messer gezogen hatten.

Für vorübergehende Passanten musste es wirken, als würden sich ein paar Menschen unterhalten. Aber ich wusste, dass *das* hier keine angenehme Unterhaltung werden würde. Diese

Typen waren auf Krawall aus und würden uns nicht eher in Ruhe lassen, bis sie bekamen, was sie wollten.

Matt nickte seinen Leuten zu, dann trat er zu Sara. »Wie viel verlangst du, Püppchen?«, fragte er und hob eine Hand, um ihre Wange anzufassen.

Beim bloßen Gedanken, dass er sie berühren könnte, brannten bei mir fast die Sicherungen durch. Es war mir bewusst, dass Matt mich provozieren wollte, aber ich konnte mich nicht dagegen wehren, dass es ihm gelang. Ich war drauf und dran, alle Vorsicht in den Wind zu schießen und dem Kerl eine runterzuhauen. Auch auf die Gefahr hin, dass ich eine Sekunde später mit einem Messer im Bauch am Boden läge.

Aber Sara wich Matts Hand aus und funkelte ihn wütend an. »Was soll das für ein Spielchen werden?«, fragte sie mit erstaunlich gefasstem Tonfall. »Lasst uns in Ruhe und wir werden euch nicht anzeigen.«

Matt lachte leise und trat wieder näher zu ihr. »Ein Püppchen mit Feuer – ich seh schon, was du an ihr findest, Sam.« Er warf mir einen wissenden Blick zu, der mir die Galle hochkommen ließ.

Mir wurde fast schwarz vor Augen, weil der Zorn in mir sich so dringend Luft verschaffen wollte. »Wenn du sie anfasst …«

»… rufst du die Bullen, klar.« Matt grinste und packte dann Sara unvermittelt mit einer Hand im Genick. Sie schrie leise auf und versuchte sich von ihm loszureißen, aber er hatte schon die zweite Hand um ihre Taille gelegt und bog ihren

Körper nach hinten. »Komm schon, Kleine«, grinste er. »Gib Papa einen Kuss.«

Das war zu viel. Ich rammte dem Kerl, der mir am nächsten stand, den Ellbogen in den Bauch, sodass dieser laut aufkeuchte. Geschickt wich ich einem Fausthieb von links aus und brachte den dritten aus dem Gleichgewicht, indem ich ihn hart mit der Schulter traf. Dann holte ich aus und platzierte meine Faust an Matts Schläfe. Es war so schnell gegangen, dass dieser zu überrascht von meinem Angriff war und Sara losließ. Sie wäre nach hinten auf den Rücken gefallen, hätte ich sie nicht am Arm gepackt und mit mir gezerrt.

»Los! Lauf!«, rief ich ihr zu.

Glücklicherweise waren Saras Reflexe mindestens so gut wie meine, denn sie hatte ihr Gleichgewicht im Bruchteil einer Sekunde wiedererlangt und rannte hinter mir her am Ufer entlang.

Ich ließ ihren Arm nicht los, sondern zog sie mit mir. Hinter uns konnte ich die Flüche von Matt und seiner Bande hören. Aber ich wusste, dass sie uns nicht folgen würden – so dumm waren sie nicht. Nur konnten wir uns auch nicht mehr hier im Süden in Manhattan blicken lassen, denn ab sofort standen wir auf der Abschussliste.

Ich fluchte in mich hinein.

Warum verdammt hatte ich mich bloß von Sara dazu überreden lassen, hierherzukommen? Ich hatte gewusst, dass es gefährlich sein könnte ... hier befand sich ein Teil meiner Vergangenheit, den ich wohl nie ganz loswerden würde.

Warum war ich so dumm gewesen, sie dieser Gefahr auszusetzen? Ihr hätte weiß Gott was passieren können. Beim Gedanken daran, wozu Matt fähig war, zogen sich meine Eingeweide zusammen und mir wurde hundeelend.

Nach ein paar hundert Metern wurde ich langsamer und wagte einen Blick über die Schulter. Tatsächlich, sie folgten uns nicht.

»Alles in Ordnung?«, fragte ich, als wir bei einer Anlegestelle anhielten, wo die Fähren nach Liberty Island losfuhren, und versuchten, wieder zu Atem zu kommen.

Hier waren wir sicher, denn es wimmelte von Security-Leuten, die für Ordnung sorgten und es gab viele Touristen, die trotz der Kälte auf die Boote warteten. Matt und seine Kameraden würden es nicht wagen, hier Ärger zu machen.

»Wer war das?«, fragte Sara mit schockiertem Gesichtsausdruck. »Und was hast du mit denen zu tun?«

Ich schloss kurz die Augen und atmete tief durch.

Konnte ich ihr die Wahrheit erzählen?

Kapitel 14

Sara

Würde er mir die Wahrheit erzählen?

Ich wartete, bis er die Augen wieder öffnete.

»Okay, ich werde es dir erzählen«, sagte er langsam. »Aber nicht hier. Lass uns dafür an einen Ort gehen, der so weit wie möglich entfernt ist.« Er überlegte kurz. »Zum Central Park.«

»Gut.« Ich nickte. »Der Sightseeing-Bus sollte uns direkt dorthin bringen können.«

»Dann los.« Er warf nochmals einen prüfenden Blick zurück, aber die Schlägertypen waren uns zum Glück nicht gefolgt, sondern hatten sich verkrümelt.

Dennoch kam es mir wie eine Flucht vor, während wir zur Busstation liefen. Erst als wir endlich in dem Doppeldecker saßen, atmeten wir beide gleichzeitig auf.

»Gibt es noch mehr solche Überraschungen, auf die ich vorbereitet sein sollte?« Ich warf ihm einen Blick von der Seite zu.

Evan sah mich nicht an, sondern blickte stur geradeaus. »Ich habe ja gesagt, es ist eine dumme Idee, dass ich mitkomme.« Seine Stimme hatte einen leicht heiseren Klang und er räusperte sich.

»Bin ja mal gespannt, was du mir zu erzählen hast«, murmelte ich.

Den Rest der Fahrt schwiegen wir. Ich hörte den Erklärungen des Fahrers zu, der den Touristen die Sehenswürdigkeiten von New York präsentierte, aber dieses Mal war ich nur mit halbem Ohr dabei. Die Ereignisse vom Battery Park waren mir noch viel zu lebhaft in Erinnerung.

Immer wieder sah ich das Gesicht von diesem Matt vor mir. Er hatte nach Alkohol und Zigarettenrauch gestunken. Mir war fast übel geworden, als er sich mir genähert hatte. Beim Gedanken daran, dass er mich beinahe geküsst hätte, wurde mir tatsächlich schlecht. Wäre Evan nicht dazwischengegangen, hätte es schlimm für mich enden können, denn ich bezweifelte, dass jemand von den Passanten etwas unternommen hätte.

Ich fröstelte unwillkürlich. Evan musste mein Zittern bemerkt haben, denn er griff wortlos nach meiner Hand, zog sie auf seinen Oberschenkel und hielt sie dort fest. Ich war zu verblüfft, um mich dagegen zu wehren, und als seine warmen Finger die meinen umschlossen, wollte ich auch gar nicht, dass er mich je wieder losließ.

Er sah mich immer noch nicht an, aber diese kleine Geste zeigte mir, dass er für mich da war, mich beschützen würde. Meine Hand lag flach auf seinem Oberschenkel, meine Finger an seiner Innenseite, aber da war nichts Erotisches zwischen uns. Es war einfach eine vertraute Geste zwischen zwei Menschen – umso intimer empfand ich sie.

Ich lächelte unwillkürlich und genoss das Gefühl, dass er sich nicht mehr ganz so sehr vor mir verschloss.

Erst als der Fahrer »East Village« als nächste Station verkündete, fiel mir auf, dass ich nicht mehr aus dem Fenster geschaut hatte ... wir waren längst an Chinatown vorbeigefahren. Ich hatte es noch nicht einmal bemerkt – und irgendwie war ich nicht enttäuscht darüber.

Einige Zeit später hielt der Bus am Rande des Central Parks und wir stiegen aus. Die Schneeflocken rieselten auf uns herunter und ich war froh, dass Evans Mütze meinen Kopf wärmte. Zusammen mit meinem dicken Schal spürte ich so die Kälte kaum ... vielleicht lag das aber auch einfach daran, dass mein Inneres während der Fahrt durch Evans Berührung so sehr gewärmt worden war.

Inzwischen war es später Nachmittag und so langsam kündigte sich die Dämmerung an. Aber wir würden noch eine Runde im Park spazieren können, ehe es dunkel wurde.

Beim Anblick des Central Parks blieb mir einmal mehr die Luft weg. Es war eigenartig, mitten in dieser riesigen Stadt eine

Oase mit derartigen Ausmaßen zu sehen. Im Frühling oder Sommer war das hier bestimmt das Paradies.

Ich musste kurz daran denken, dass ich in einem Bericht über New York mal gehört hatte, dass der Central Park von Menschenhand angelegt wurde. Hier war früher nur Sumpfgebiet gewesen, das systematisch ausgetrocknet worden war – so wie die ganze Halbinsel von Manhattan. Alles war künstlich aus dem Boden gestampft worden, im wahrsten Sinne des Wortes. Man konnte sogar die Flüsse im Park per Knopfdruck abstellen … und dennoch wirkte es, als bestünde diese grüne Fläche bereits seit Jahrhunderten.

Evan hatte meine Hand immer noch nicht frei gegeben, weshalb ich dem Fahrer kein Trinkgeld geben konnte. Denn Evan loszulassen kam für mich nicht in Frage. Ich genoss die Nähe zu ihm viel zu sehr.

Er zog mich über die Straße zum Park, der unter einer weißen Schneedecke begraben war. Viele Menschen tummelten sich hier und verbrachten einen schönen, winterlichen Dezembernachmittag. Sie schienen so unbeschwert, wie ich mich vor knapp einer Stunde auch noch gefühlt hatte – vor dem Zusammenstoß im Battery Park.

Wir liefen einige hundert Meter, ehe Evan auf eine freie Parkbank zusteuerte, die vom Schnee einigermaßen verschont geblieben war. Er ließ sich darauf nieder und ich setzte mich neben ihn.

»Also, was sollte das mit diesem Matt?«, fragte ich, als Evan keine Anstalten machte, von sich aus mit der Sprache rauszurücken.

Er warf mir einen kurzen Blick zu, dann seufzte er. »Matt ist ein Arschloch.«

Ich nickte. »Ich habe ihn zwar nur kurz kennengelernt, aber ja, DAS kann ich bestätigen. Und weiter? Woher kennt ihr euch? Was meintest du mit diesen zwei Jahren, die er auf dem Gewissen hat?«

Jetzt ließ Evan meine Hand los und fuhr sich stattdessen mit allen zehn Fingern durch das Haar. »Fuck ... glaub mir, du willst das nicht wissen ...«, murmelte er.

»Äh, doch. Sonst würde ich nicht fragen.« Ich sah ihn abwartend an, während er eine Zigarette hervorholte und anzündete.

Er hauchte kleine Kringel in die Luft und für eine Weile sahen wir beide ihnen schweigend hinterher. Ich merkte, dass er gerade etwas Zeit brauchte, und gab sie ihm für eine Zigarettenlänge.

Keine Ahnung, was er mir jetzt gleich auftischen würde. Vielleicht war er doch ein Serienkiller? Oder ein Vergewaltiger? Unwillkürlich rutschte ich ein Stück von ihm weg, weil das Kontrollmonster in mir langsam aus seiner Schockstarre erwachte, in die es im Battery Park geworfen worden war.

Was, wenn er ein Verbrecher war? Würde ich dann noch mit ihm unter einem Dach schlafen können?

»Ich war im Gefängnis«, unterbrach er meine Gedanken und warf den Rest der Zigarette hinter uns in den Schnee.

Ich hielt den Atem an und stieß ihn scharf wieder aus. »Du warst …« Ein Blick von ihm genügte, um mir zu signalisieren, dass ich es nicht zu wiederholen brauchte.

Er nickte. »Und Matt war schuld daran.«

Jetzt schnaubte ich leise. »Ganz so unschuldig wirst du ja wohl nicht gewesen sein, sonst wärst du nicht im Gefängnis gelandet.«

Evan warf mir einen verärgerten Blick zu. »Du klingst genau wie sie alle! ›Selbst schuld, wenn du ins Gefängnis wanderst‹, ›Wir haben immer gewusst, dass es dich irgendwann dorthin verschlägt‹ … Ja, genau, ich war selbst schuld. Aber nur daran, dass ich mich mit den falschen Leuten herumgetrieben habe.«

Ich verengte die Augen. »Leuten wie Matt?«

»Deine Auffassungsgabe ist echt erstaunlich«, grunzte Evan sarkastisch.

»Kein Grund, schroff oder gar beleidigend zu werden«, wies ich ihn zurecht. »Ich wohne schließlich bei dir, da ist es nur mein gutes Recht, wenn ich ein paar Dinge über dich weiß. Zum Beispiel solche wie die, dass du im Gefängnis warst oder dass man mit dir nicht in den Battery Park gehen sollte.« Ich sah mich kurz um. »Hier ist es aber sicher, oder? Auch *mit* dir?«

Er schnaubte erneut, erwiderte aber nichts.

»Wie kam es so weit, dass du dich mit diesen Leuten herumgetrieben hast?«

Eine Weile schwieg er, dann schüttelte er den Kopf. »Ich kann es dir nicht sagen. Es muss dir reichen, dass ich an etwas schuld war, weswegen mein ganzes Leben vor acht Jahren aus den Fugen geriet. Wenn du im Dreck liegst, achtest du nicht darauf, wer dir auf die Beine hilft.«

»Echt jetzt? Matt hat dich aus dem Dreck gezogen?« Ich hob eine Augenbraue. »Scheint mir viel eher, als hätte er dich erst recht in die Scheiße *rein*gezogen.«

Evan warf mir stirnrunzelnd einen Blick zu, weil er wohl nicht erwartet hatte, solche Fäkalausdrücke aus meinem Mund zu hören.

Ich seufzte. »Und warum warst du jetzt im Gefängnis?«

»Es war eine dumme Wette.« Er wandte den Blick wieder ab und sah stattdessen einer Taube zu, die in unserer Nähe nach Brotkrumen suchte. Vergebens, der Schnee war viel zu tief.

»Genauer?«

»Warum willst du das alles wissen?« Er sah mich argwöhnisch an.

»Weil ich gern wissen möchte, ob ich in der Nacht ruhig schlafen kann oder ob du über mich herfällst und mich vergewaltigst oder vierteilst«, blaffte ich.

Damit schien ich ihn ernsthaft beleidigt zu haben, denn sein Gesichtsausdruck verfinsterte sich noch mehr. »Du kannst beruhigt sein. Ich bin weder ein Vergewaltiger noch finde ich Gefallen daran, Frauen zu zerstückeln.«

»Warum hast du dann im Gefängnis gesessen? Zwei Jahre bekommt man ja nicht, nur weil man eine Geldbörse geklaut hat, oder?«

Evan seufzte. »Nein. Es gehört schon ein bisschen mehr dazu … ich hatte mit Drogen zu tun.« Als er mein entsetztes Gesicht sah, fügte er rasch hinzu: »Aber ich bin jetzt clean, rauche nur ab und an einen Joint, das war's.«

»Okay … und weiter?«

»Ich …« Er stockte und wich meinem Blick aus. »Matt … sein voller Name ist Matt Bakker, aber alle nennen ihn ›den Bäcker‹ – warum, kannst du dir wahrscheinlich denken. Jedenfalls … er hatte die fixe Idee, eine Bank zu überfallen.«

»Du hast eine Bank überfallen?!«, rief ich entgeistert.

»Nein!« Er schüttelte den Kopf. »Wir hatten es nur vor. Es war eine Wette, ob wir das durchziehen würden oder nicht. Ich wettete dagegen. Matt ist zwar ein Arschloch und Wichtigtuer, aber er hat nicht die Eier, so etwas wirklich zu machen.«

Langsam war meine Geduld mit ihm am Ende. »Warum bist du dann im Gefängnis gelandet? Jetzt lass dir doch nicht alles aus der Nase ziehen.«

»Wir haben uns Waffen besorgt. Und Matt meinte, ich solle sie bei mir zu Hause aufbewahren, da die Cops bei ihm ständig irgendwelche Razzien durchführen … ich hatte keine Ahnung, dass jemand uns dabei beobachtet und den Bullen einen Tipp gegeben hatte. Einen Tag später standen sie in meiner Wohnung und haben mich festgenommen. Neben den Waffen fanden sie auch noch Drogen … ich weiß bis heute nicht, wie die da hingekommen sind. Ich wäre nie so dumm gewesen, sie unter dem Bett zu verstecken.«

Ich nickte langsam … das klang tatsächlich danach, als hätte Matt Evan loswerden wollen. »War Matt irgendwie sauer auf dich?«, fragte ich. »Ich meine, könnte *er* es gewesen sein, der dir die Drogen untergejubelt hat?«

Evan sah mich kurz an, dann wandte er den Blick wieder ab. »Es gab eine Menge Leute, die zu der Zeit sauer auf mich waren … ich habe mich nicht gerade beliebt gemacht.«

»Hm …«

»Ist das alles, was du dazu zu sagen hast?«

»Nun ja, mehr fällt mir gerade wirklich nicht ein«, gestand ich. »Also, du hast deine Strafe ja abgesessen … du hast eine zweite Chance erhalten und sie ergriffen … auch wenn ich mir gewünscht hätte, dass du mir das im Chat bereits gesagt hättest.«

»Der Chat … verflucht, hör zu, Sara …«

»Nein, lass.« Ich legte ihm einen Finger auf den Mund, als er sich mir zuwandte, und er verstummte unter der unerwarteten Berührung. »Ich weiß jetzt, was dein Geheimnis ist, und möchte, dass wir noch mal von vorn beginnen.« Ich ergriff seine Hand und hielt sie fest. »Ich bin Sara und freue mich, dich kennenzulernen.«

Evan sah mich einen Moment lang verdutzt an, dann nickte er. »Also gut. Noch mal von vorn … ich bin Sam, ein paar Leute nennen mich auch Evan.«

»Hallo, Evan.« Ich lächelte und zum ersten Mal glitt ein ehrliches Schmunzeln über seine Lippen.

Dieser Moment war genau so, wie ich ihn mir vorgestellt hatte, als ich Evan zum ersten Mal in seiner Wohnung gesehen hatte. *So* hätte unser erstes Treffen ablaufen sollen … aber gestern war alles irgendwie schiefgelaufen. Doch jetzt würde alles anders werden. Wir würden noch mal von vorn beginnen und der Urlaub hier in New York würde doch noch so werden, wie ich es mir erhofft hatte.

Mein romantisches Ich schubste das Kontrollmonster zur Seite und legte eine Kuschelrock-CD auf.

Vielleicht war ich sogar gerade dabei, mich ernsthaft in Evan zu verknallen.

Kapitel 15

Evan

Sie sah mich an, als hätte sie sich gerade ernsthaft in mich verknallt. Ihre Augen glänzten, sodass sie wie geheimnisvolle Smaragde wirkten.

Mist, da war sie wieder: diese verdammte Anziehungskraft zwischen uns. Ich hatte es gestern Abend nicht wahrhaben wollen. Hatte es auf das Überraschungsmoment geschoben, als ich sie geküsst und dieses Kribbeln verspürt hatte, das mein Herz hatte schneller schlagen lassen. Doch jetzt küsste ich sie nicht … und dennoch war es da. Dieses warme Prickeln im Magen, das sich viel zu gut anfühlte.

Einen Augenblick lang sahen wir uns einfach nur an, dann ließ Sara meine Hand los und räusperte sich. »Es ist noch nicht ganz Abend«, meinte sie und sah sich um. »Wir könnten noch irgendetwas unternehmen.«

»Keine Weihnachtsbäume«, wandte ich ein.

Jetzt zum Rockefeller Center zu gehen hätte nur meine Stimmung (die zugegebenermaßen dank Sara so gut wie seit Monaten nicht mehr war) wieder zunichtegemacht.

»Gut, keine Weihnachtsbäume«, nickte sie zum Glück. »Wie wär's mit Kino oder Museum?«

Ich schüttelte den Kopf. »Tu mir das bitte nicht an. Ich hasse Museen und im Kino bin ich das letzte Mal gewesen, als ich sechs war. Das muss ich wirklich nicht haben … lieber ziehe ich mir zu Hause auf dem Sofa einen Film rein. Da gibt es keine rumknutschenden Teenager und weinenden Kinder. Geschweige denn stinkende Sitznachbarn.«

Sara seufzte leise. »Du bist wirklich schwierig zufriedenzustellen, weißt du das?« Sie legte ihren Kopf schief und verengte die Augen. Sie sah irgendwie süß aus, wie sie vor sich hin überlegte, die Nase krausgezogen, den Zeigefinger an ihren Lippen.

Ich musste daran denken, dass dieser Finger vorhin an meinen eigenen Lippen gelegen hatte, und konnte nicht anders, als mir vorzustellen, wie es wäre, wenn ich sie jetzt einfach an mich ziehen und küssen würde. Würde sie es überhaupt erlauben? Oder würde sie sich gegen mich genauso wehren wie gegen Matt?

Mist, da war er wieder: der alte Evan, der sich mit dem großen Matt messen wollte …

Nur … dieses Mal hatte ich nicht das Gefühl, dass ich einen Fehler machte, wenn ich auf ihn hörte.

Also folgte ich meinem Instinkt, legte einen Arm um ihre Taille und zog sie an mich.

Sie war so überrascht, dass sie leise aufkeuchte und ihre Hände unwillkürlich an meine Schultern legte, um sich von mir wegzustemmen. Im ersten Moment schien es wirklich, als wolle sie sich gegen mich wehren. Dann wurden ihre Arme geschmeidiger und sie ließ sich näher ziehen.

»Was wird das?«, hauchte sie, während sie mich unsicher musterte.

»Ich teste was«, erklärte ich.

»Was?« Ihre Augen waren jetzt so nah vor mir, dass ich die verschiedenen Grüntöne erkennen konnte, die sich in ihrer Iris vermischten. Da gab es auch braune und goldene Sprenkel.

»Ob es stimmt, dass man wieder aufs Pferd aufsteigen soll, wenn man heruntergefallen ist.«

Jetzt glitt ein Schmunzeln über ihre Lippen. »Du vergleichst also das, was im Battery Park vorgefallen ist, mit einem Reitunfall? Willst du mich therapieren?«

»Ich war noch nie ein Romantiker«, raunte ich.

Ehe sie weiter mit mir debattieren konnte, verschloss ich ihren Mund mit meinem. Sie hatte die Lippen noch leicht geöffnet, da sie gerade etwas erwidern wollte, sodass es mir nicht schwerfiel, sie zu erobern. Ich fühlte ihre Zunge, die sich gegen meine drückte und sich dann ergab, während ich den Kuss weiter vertiefte.

Ein Hochgefühl überkam mich, als mir bewusst wurde, dass sie mir gerade *das* gestattete, was Matt vorhin unbedingt von ihr hatte haben wollen – und nicht bekommen hatte. Es war absurd, in diesem Moment so zu denken. Doch es zeigte mir, dass ich mich in den letzten fünf Jahren von meinem Leben vor dem Knast wirklich entfernt hatte.

Früher, als ich noch zu Matts Gang gehört hatte, hätte Sara sich wohl gegen *mich* genauso wie gegen *ihn* gewehrt. Aber jetzt war ich anders … normaler. So normal, dass ich eine Frau wie *sie* küssen konnte, ohne dass sie mir eine Ohrfeige verpasste. Eine schöne Frau, die gebildet war und ziemlich sicher auch reich. Die Humor besaß und eine Schlagfertigkeit, die mir den Atem zu rauben vermochte.

Ja, Sara tat mir gerade verdammt gut. Und ich nahm mir vor, sie ab jetzt öfter zu küssen. Allein weil ich es durfte. Weil sie es zuließ.

Als ich mich von ihr löste, sah sie mich mit verschleiertem Blick an.

»Und?«, fragte ich. »Ist meine Therapie gelungen?«

Sie lächelte und verschränkte dann die behandschuhten Finger hinter meinem Nacken. »Lass mich das nochmals ganz genau testen.«

Schon wieder überraschte sie mich, indem sie sich jetzt ihrerseits zu mir beugte und ihre Lippen federleicht über meine wandern ließ. Als ich die Initiative ergreifen wollte, zog sie sich zurück und sah mich fest an. »Nicht.«

Ich runzelte die Stirn, nickte dann aber.

Wieder beugte sie sich zu mir und dieses Mal glitt ihre Zunge sanft über meinen Mund. Ich öffnete ihn etwas, aber sie blieb auf meinen Lippen, ohne sich tiefer vorzuwagen. Es war ein unglaublich erregendes Gefühl, da ich nicht genau wusste, was sie als Nächstes tun würde. Ich fühlte mich ihr ausgeliefert … und hatte keine Angst.

Ich spürte ihren Atem warm über meinen Mund streifen und schloss die Augen, um einfach nur noch *sie* zu fühlen. Dann endlich legte sie ihre Lippen auf meine und küsste mich mit einer Leidenschaft, die ich ihr nicht zugetraut hätte. In dieser Sara steckte anscheinend so einiges, das sie mir noch nicht gezeigt hatte …

Als sie sich von mir löste, fühlte ich mich so gründlich geküsst wie noch nie in meinem Leben. Ein absurdes Gefühl … irgendwie war es verstörend.

»Und?«, fragte sie. »Wie ist *meine* Therapie gelungen?«

Ich musste mich räuspern, da ich meiner Stimme gerade nicht mehr wirklich traute, so rau wie sich mein Hals anfühlte. »Vielleicht wirst du doch eine gute Psychiaterin«, meinte ich und verwendete absichtlich das falsche Wort, um sie zu provozieren.

Aber sie ging nicht darauf ein, sondern lächelte mich nur an. »Mir ist was eingefallen, das wir tun könnten.«

»Ach?« Ich hob eine Augenbraue.

Wenn sie jetzt an das Gleiche dachte wie ich, würde ich ihr auf der Stelle einen Heiratsantrag machen. Sex hier im Park … so eine Frau müsste man für immer festhalten.

»Ja.« Sie nickte und ihr Lächeln wurde breiter. »Lass uns eislaufen gehen.«

Mein Gesicht musste unglaublich bescheuert aussehen, denn im nächsten Moment lachte sie so herzhaft, dass ihr die Tränen in die Augen schossen. Ich starrte sie vollkommen perplex an und wusste nicht genau, was sie denn jetzt so wahnsinnig witzig fand.

»Komm«, kicherte sie und stand auf, während sie mir die Hand hinhielt.

Ich war nicht sicher, ob ich ihre Finger wirklich ergreifen wollte, also zögerte ich.

»Ich habe einen Scherz gemacht.« Sie wischte sich ein paar Tränen aus den Augen. »Keine Sorge, ich werde dich nicht zum Eislaufen mitschleppen. Obwohl der Anblick bestimmt witzig wäre.«

»Wahnsinnig komisch«, brummte ich und erhob mich nun ebenfalls.

»Englischer Humor«, grinste sie, während sie meine Hand ergriff und mich durch den Park zog. In die Richtung, aus der wir gekommen waren.

»Was hast du vor?«, wollte ich wissen, während ich ihr folgte.

»Dich etwas fröhlicher machen«, war die aussagekräftige Antwort.

Ich verdrehte die Augen, aber meine Neugierde war geweckt. Ich war ja mal gespannt, wie sie das ohne Sex anstellen wollte … obwohl Sex auch nicht immer ein Garant dafür war, dass ich mich besser fühlte.

Sara zog mich zurück zur Busstation und von da zur Subway, da die Busse nicht mehr fuhren. Es war inzwischen zu spät und die Dämmerung war bereits hereingebrochen.

»Wohin verdammt willst du?«, fragte ich, als sie beim Subway-Plan im Eingangsbereich anhielt.

Sie warf mir einen kurzen Blick zu und richtete ihn dann auf die Zeichnung, die alle möglichen Stationen anzeigte. »Wirst du schon sehen.«

»Du kennst dich hier in New York gar nicht aus«, wandte ich ein.

»Muss ich nicht.« Ihre Lippen verzogen sich zu einem Lächeln. Dann schloss sie die Augen, ließ den Finger in der Luft kreisen und deutete blind auf den Plan. »Hierhin fahren wir.«

Ich schaute mir an, worauf sie deutete, und stieß entgeistert die Luft aus. »Du hast dir jetzt aber nicht mit Absicht dieses beschissene Kaufhaus ausgesucht, oder?!«

Sie blinzelte. »Oh mein Gott, das Macy's!« Sie grinste unschuldig. »Nein, das ist Zufall – wirklich.« Ihre Augen funkelten, als sie mich wieder ansah. »Das Schicksal hat entschieden: Wir müssen dorthin.«

»Ohne mich.« Ich verschränkte die Arme vor der Brust. »Ich bin doch nicht wahnsinnig.«

»Wahnsinnig genug, um dich gegen fünf Schläger zu behaupten.« Sie legte den Kopf schief. »Komm schon, gib dir einen Ruck. Wer weiß, was wir verpassen, wenn wir nicht dorthin fahren.«

»*Ich* weiß es: eine Meute von Touristen und eine Horde Weihnachtssänger, die sich mit einkaufswütigen New Yorkern prügeln.« Ich hob einen Mundwinkel. »DAS verpassen wir.«

Oh nein, jetzt setzte sie diesen ›Sara hat ihr Hundebaby verloren‹-Blick wieder auf … ich verfinsterte mein Gesicht noch stärker, um ihr klarzumachen, dass das bei mir nicht zog. Leider vergebens …

»Wenn du mit mir dorthin fährst, dann …« Sie überlegte einen Moment lang, welches Angebot mich überzeugen konnte, und schien schließlich zu merken, dass sie mich noch nicht gut genug kannte, um DEN Knaller rauszuhauen. »Dann darfst du dir etwas wünschen«, beendete sie ihren Satz.

Ich hob die Augenbrauen. »Irgendetwas?«

Sie überlegte erneut und kniff die Augen zusammen. »Ich glaube, ich weiß, woran du gerade denkst – also schränken wir das ein: etwas, das *nicht* mit Sex zu tun hat.«

Ich schnaubte leise. »Und DAS soll mich jetzt überzeugen, mit dir zu Macy's zu fahren?«

»Wenn dich das nicht überzeugt, dann eben: Du darfst mich im Macy's küssen.«

»Glaub mir, wenn ich dich küssen will, dann *tue* ich es einfach – egal wo«, stellte ich klar, bestärkt durch die Tatsache, dass sie sich vorhin nicht gegen mich gewehrt hatte.

»Ach?« Jetzt hob *sie* eine Augenbraue.

»Ja.« Ich packte sie mit beiden Händen an der Hüfte und zog sie ruckartig zu mir.

Statt sich gegen mich zu wehren, schmunzelte sie und legte ihre Hände auf meine Brust. Ein Gefühl, das mich erneut elektrisierte. »Erst im Macy's.« Sie wand sich aus meinem Griff und ging in Richtung Subway hinunter.

Ich blieb an Ort und Stelle und überlegte für einen Moment, ob ich sie einfach allein gehen lassen sollte. Ich könnte zurück in meine Wohnung fahren, ein Bier öffnen und warten, bis sie ihr New Yorker Abenteuer erlebt hatte, das sie so unbedingt erleben wollte.

Dann dachte ich an Matt und seine Bande. New York bestand aus Tausenden von Matts. Wer garantierte mir, dass sie nicht einem weiteren in die Arme lief?

Seufzend schüttelte ich den Kopf und folgte ihr. Hannes würde von mir noch eine Standpauke zu hören bekommen, weil er mich zum Babysitter dieser kleinen Besserwisserin gemacht hatte.

»Oh. Mein. Gott!«, stieß Sara aus, als wir vor dem Kaufhaus standen.

Ich verdrehte die Augen und atmete tief durch.

Das wird anstrengend …

»Schau dir nur diese Schaufenster an!« Sara zog mich mit sich zum ersten, das einen Weihnachtsmann mit seinem Rentierschlitten zeigte, der gerade dabei war, auf eine nachgebildete Stadt zuzufliegen. »Hast du so etwas schon mal gesehen?! Das ist einfach wunderschön!«

»Hör auf, in Ausrufezeichen zu sprechen«, knurrte ich.

Ich musste zugeben, dass – wer auch immer dafür verantwortlich war – sich wirklich viel Mühe gegeben hatte. Nur erreichte mich dieser ganze Weihnachtsscheiß nicht. Sara leider schon. Sie war Feuer und Flamme und schon wieder im ›Ich bin tatsächlich im Disneyland‹-Modus.

Sie holte sogar ihr Handy hervor und knipste die Schaufenster nacheinander. Vor einigen blieb sie länger stehen, um sie zu filmen.

Ich wartete in sicherem Abstand, bis sie alles ganz genau angesehen hatte. Normalerweise betete ich nie, aber jetzt schickte ich ein Stoßgebet zum Himmel, dass Sara nicht auf die Idee kommen würde, ins Kaufhaus hineinzuwollen …

Leider schien mir der da oben meine Abstinenz übel zu nehmen, denn in ebendiesem Moment kam Sara zurück zu mir und leuchtete mich mit ihren Weihnachts-Kinderaugen an. »Lass uns ins Kaufhaus gehen!«

Ich schnaubte leise. »Du kannst mich auch hier draußen küssen.«

Natürlich schüttelte sie daraufhin den Kopf. »Der Deal war: drinnen. Aber gut, du kannst auch hier in der Kälte warten. Ich werde auf jeden Fall hineingehen!«

Sie wirbelte auf dem Absatz herum und stapfte davon. Ich schickte ihr tausend Verwünschungen hinterher. Warum zum Teufel hatte ich ihr gegenüber Schwäche gezeigt und ließ mich von ihr derart um den Finger wickeln?

So war ich nicht! So war ich wirklich nicht!

Und dennoch bekamen meine Beine ein Eigenleben und folgten ihr in die Hölle.

Ich hoffte für sie und für mich, dass wir da wieder lebend rauskamen, denn bereits im Eingangsbereich wurden wir beinahe von einer wahren Flut Einkaufswütiger überrannt.

Warum musste dieser dämliche Laden auch bis spät in die Nacht geöffnet haben?!

Kapitel 16

Sara

Wie toll, dass der Laden bis spät in die Nacht geöffnet hatte!

Die Dunkelheit, die draußen hereingebrochen war, ließ die Weihnachtsbeleuchtung noch stärker strahlen. Das Kaufhaus war wunderschön dekoriert. Überall glänzte und glitzerte es und von den Decken hingen kunstvolle Girlanden. Die Wärme, die uns hier drinnen empfing, ließ mich auf der Stelle meine Mütze und Handschuhe ausziehen und den Mantel öffnen. Evan legte seine Lederjacke über den Arm und verzog das Gesicht, während er missmutig die vielen Leute beobachtete.

»Du willst das hier wirklich durchziehen?«, fragte er.

Ich nickte. »Ja. Lass uns ein, zwei Stockwerke anschauen«, bat ich. »Dann bekommst du auch deinen Kuss.«

Er murrte etwas, deutete mir dann aber mit dem Kopf an, dass ich vorausgehen solle.

Ich rechnete es ihm hoch an, dass er nicht gleich wieder die Flucht ergriff, sondern mir (wenn auch mit frostiger Miene) durch das Gerangel der vielen Menschen folgte. Wäre ich hier allein gewesen, hätte ich wohl alle paar Schritte angehalten und mich staunend umgeschaut. So aber beschränkte ich mich darauf, mit dem Handy zu filmen und Fotos zu machen. Mary würde ausrasten, wenn ich ihr das alles zeigte.

Wir kämpften uns zur Rolltreppe durch und fuhren damit in den ersten Stock, der ebenso schön dekoriert war wie das Erdgeschoss. Ich fühlte mich wie mitten in Santas Reich angekommen, während wir durch die Etage schlenderten.

Mit einem Mal ergriff Evan meinen Arm und zog mich zur Seite, hinter einen Kleiderständer mit Sportkleidung für Männer.

»Du hast mir erlaubt, dich zu küssen«, murmelte er nahe an meinem Ohr. »Aber ich bestimme, *wo*.«

Ehe ich ihn fragen konnte, was er vorhatte, trug er zusätzlich zu seiner Lederjacke ein paar Jogginghosen über dem Unterarm und zog mich weiter. Ich folgte ihm stirnrunzelnd und erst als er bei den Umkleidekabinen ankam, dämmerte mir, was er vorhatte.

»Evan …«, begann ich zögernd, aber da war er schon vor einer Umkleidekabine stehen geblieben und beugte sich erneut zu mir herunter. »In ein paar Sekunden folgst du mir«, raunte er. Dann drehte er sich um und verschwand in der Kabine.

Ich starrte perplex auf die Tür, die hinter ihm zufiel. Sie besaß unten einen Spalt, war aber so hoch, dass man nicht darüber sehen konnte.

Die Verkäuferin, die sich in der Nähe aufhielt, sah mich fragend an und ich gab ihr zu verstehen, dass ich auf meinen Freund wartete. Das schien ihr immerhin zu genügen, sodass sie sich anderen Kunden zuwandte. Ehe sie sich erneut darum kümmern konnte, was ich tat, schlüpfte ich in die Kabine zu Evan.

»Was hast du vor, Evan?«, flüsterte ich. »Die überwachen die Umkleidekabinen mit Argusaugen. Wenn sie uns erwischen, dann …«

Evan legte mir einen Finger auf den Mund und sah mich so intensiv an, dass ich unwillkürlich erschauderte. »Ich werde dich jetzt küssen, aber auf die Lippen, die *ich* mir aussuche.« Seine Augen funkelten, als seine Hände nach meiner Jeans griffen.

»Evan …«

Ich spürte, wie sich seine Finger an meinem Reißverschluss zu schaffen machten, während er den Blick nicht von meinen Augen abwandte. Er stand so dicht vor mir, dass ich die Wärme seines Körpers fühlen konnte.

Das Kontrollmonster in mir hob empört den Kopf und wollte zu einer Moralpredigt ansetzten, aber mein romantisches Ich knurrte es warnend an.

Ich war nach New York gefahren, um einen romantischen Urlaub mit einem Traumtypen zu erleben. Mit Evan zusammen, in den ich mich bereits vor meiner Anreise verguckt hatte. Natürlich hatte ich auch mit dem Hintergedanken gespielt, dass wir vielleicht miteinander schlafen könnten. Und jetzt, wo ich Evan bereits einen Tag lang kannte und diese Anziehungskraft zwischen uns bestand, hatte ich gewusst, dass es in dieser Woche mit hoher Wahrscheinlichkeit noch passieren würde. Aber hier?

Einerseits fand ich die Situation gerade höchst erregend, andererseits hatte ich wirklich Angst, dass die Verkäuferin sich fragte, wo ich geblieben war – und jeden Moment reinplatzen könnte.

Doch ehe ich Evan seinen Plan ausreden konnte, hatte er schon meine Hose geöffnet und streifte sie nach unten, während er gleichzeitig vor mir in die Hocke ging. Sein Finger fuhr langsam über mein Höschen – an der Stelle, die vor Erwartung bereits leicht pulsierte und mit jeder Sekunde wärmer wurde.

Ich hatte mir das so gewünscht. Ihn jetzt vor mir knien zu sehen, den Blick zu mir nach oben gerichtet, erregte mich viel zu sehr, um noch weiter darüber nachzudenken, ob das hier richtig war oder ob wir gesehen werden könnten.

Sein Finger drückte etwas fester auf den Punkt zwischen meinen Beinen. »Ich werde dich *hier* küssen«, murmelte er, während sein Blick weiterhin auf mein Gesicht gerichtet war.

Ich erschauderte unter seiner Musterung und schickte ein Dankgebet zum Himmel, dass ich mir in London noch ein Intim-Waxing gegönnt hatte.

»Ich weiß nicht …«, begann ich.

Er verengte die Augen. »Du hast gerade die Möglichkeit erhalten, dafür zu sorgen, dass ich mit diesem verdammten Laden endlich eine schöne Erinnerung verbinde.«

»Okay.« Ich dehnte das Wort und sammelte Mut aus seinem funkelnden Blick. »Das möchte ich dir natürlich nicht verwehren.« Ich schenkte ihm ein schiefes Lächeln. Dann schob ich die Finger unter meinen Slip und streifte ihn zur Seite.

Oh mein Gott, tat ich das wirklich?! Ja … und es war unglaublich aufregend. So etwas hatte ich noch nie zuvor getan – warum, konnte ich in diesem Moment nicht sagen. Hätte ich gewusst, dass der Nervenkitzel zusammen mit der erotischen Spannung sich *so* anfühlen würde, hätte ich das schon viel früher ausprobiert …

Aber ich hatte nun mal die meiste Zeit meines Lebens unter der Fuchtel meines Kontrollmonsters gestanden. Etwas, das Evan hier und jetzt gerade vollkommen veränderte, denn er riss das Monster einfach von mir weg und nahm seinen Platz ein. Und es fühlte sich wahnsinnig gut an, die Kontrolle abzugeben. An ihn.

Als ich jetzt entblößt vor ihm stand, wurden meine Knie weich vor Verlangen – und auch vor Angst, er könnte mich nicht schön genug finden. Mein Herz raste wie verrückt, während ich beobachtete, wie sich sein Blick zwischen meine Beine richtete. Ich war so erregt, dass ich, ohne zu überlegen, hier und jetzt mit ihm geschlafen hätte. Aber das würde wohl definitiv die Verkäuferin auf den Plan rufen … zudem hatte ich keine Kondome dabei …

Evan ließ ein leises Brummen hören, während er meinen Unterkörper in Augenschein nahm. Ich spürte ein Zittern durch mich hindurchgleiten, als er mit den Händen die Innenseiten meiner Oberschenkel entlangfuhr und meine Beine etwas weiter auseinander schob. Die Kabine war hell erleuchtet und ich seiner Musterung damit komplett ausgeliefert.

Als er mit den Fingern bei meiner pulsierenden Mitte ankam, keuchte ich leise auf und lehnte mich gegen die Kabinenwand. Er sah mir wieder in die Augen, als erwarte er meine Erlaubnis. Ich gab sie ihm, indem ich leise ausatmete und dabei seinen Namen hauchte.

Sein Gesicht näherte sich dem Zentrum meiner Lust und ein paar Sekunden später spürte ich seine Zunge sanft von unten nach oben über den Punkt gleiten, der sich bereits nach seiner Berührung verzehrte. Ich konnte ein leises Stöhnen nicht verhindern, legte den Kopf in den Nacken und schloss die Augen, während sich seine Lippen um mich schlossen und er begann, kreisende Bewegungen mit seiner Zunge auszuführen.

»Evan, wenn du so weitermachst, werde ich nicht mehr lange leise sein können«, flüsterte ich, während ich meinen Rücken, Hinterkopf und beide Hände gegen die Wand presste.

Er unterbrach seine Liebkosung nicht, sondern verstärkte sie nur noch mehr, schob meinen Slip so weit zur Seite, dass er seinen ganzen Mund um mich schließen konnte. Es war ein unbeschreibliches Gefühl, ihn zwischen meinen Beinen zu spüren. Seine Zunge war weich, warm und glitt so forschend über meine empfindlichsten Stellen, dass mir ganz schwindelig wurde.

Ich spürte, wie sich mein ganzer Körper in Flammen aufzulösen begann. Der Punkt meiner Lust pulsierte jetzt so stark, dass es beinahe weh tat und als Evan leicht zubiss, entfuhr mir tatsächlich ein leiser Schrei.

»Schhht«, flüsterte er, ehe er weiterfuhr.

Der hatte gut reden – seine Zungenfertigkeit führte dazu, dass ich demnächst einen Orgasmus haben würde … mitten in einem Einkaufszentrum!

Als er mit einem Finger auch noch in mich eindrang, war es vollends um meine Beherrschung geschehen. Ich erzitterte und wollte nur noch eins: Evan in mir fühlen. Das ging hier und jetzt aber leider nicht.

»Stopp«, bettelte ich.

Aber er dachte nicht daran, aufzuhören, sondern intensivierte seine Zärtlichkeit noch stärker und ließ seinen Finger rhythmisch in mich eindringen. Gleichzeitig saugte er immer fester an meinem Lustzentrum, bis ich nicht mehr an mich halten konnte. Mein Körper erzitterte, ich sank etwas in die Knie, ergriff mit beiden Händen seine Schultern und krallte meine Finger in seinen Pullover, während mein Becken unkontrolliert zu zucken begann.

Ich versuchte wirklich, leise zu sein, aber der Höhepunkt, der sich in mir anbahnte, machte es mir unmöglich. Als die Wellen der Lust über mir zusammenschlugen, presste ich meine Mitte gegen seinen Mund und ließ das Stöhnen aus meiner Kehle entweichen, das ich bisher zurückgehalten hatte.

Es war atemberaubend, besser als ich es mir in meinen heimlichen Träumen vorgestellt hatte. Mein Atem ging stoßweise und es dauerte ein paar Sekunden, bis ich wieder klar sehen konnte.

Evan leckte noch einmal über die Stelle, die jetzt angenehm pulsierte, dann zog er seinen Finger aus mir zurück. Im selben Moment erklang eine Stimme von draußen.

»Mister, ist hier drin alles in Ordnung?«

Ich zuckte zusammen, schob blitzschnell mein Höschen wieder an die richtige Stelle und zog die Jeans nach oben. Evan richtete sich ebenfalls auf. Er warf mir einen glühenden Blick zu, während er sein Kinn mit der Hand trocken wischte, und streckte dann den Kopf aus der Kabine. »Ja, alles gut. Hab mir nur grad die Eier im Reißverschluss eingeklemmt.«

Ich konnte mir vorstellen, dass die Verkäuferin ihn entgeistert anstarrte, und musste ein Kichern unterdrücken.

»Okay … tut mir … ähm … leid für Sie«, stammelte sie.

Evan schloss die Tür, dann drehte er sich zu mir um und sein Blick traf mich. Was ich in seinen Augen sah, ließ mich wohlig

Mein Verstand hatte vollkommen ausgesetzt, seit ich sie zum Höhepunkt gebracht hatte. Diese unschuldig wirkende Frau, der ich nie zugetraut hätte, sich wirklich in einer Kabine von mir lecken zu lassen.

Als ich ihr mein zweideutiges Angebot unterbreitet hatte, war ich eigentlich davon ausgegangen, dass sie mir den Stinkefinger zeigen würde – oder Schlimmeres. Aber sie hatte ihr Höschen zur Seite geschoben, als wäre es das Selbstverständlichste der Welt.

Ich war ja schon stolz darauf gewesen, dass sie sich von mir im Park küssen ließ, aber dass sie mir wenige Zeit später DAS erlaubte, hätte ich nicht für möglich gehalten.

Und jetzt wollte ich ALLES haben. Alles, was sie mir zugestand. Alles von ihr. Alles, was sie war.

Ich wollte Sara.

Verdammt, diese Frau stellte gerade mein ganzes Leben auf den Kopf … und es fühlte sich großartig an.

Als wir eine halbe Stunde später endlich aus der U-Bahn steigen konnten, fiel mir das Gehen sichtlich schwer, weil meine Hose viel zu eng geworden war. Zum Glück war mein Schal lang genug, sodass er meinen unangenehmen Zustand etwas verbarg. Ich ließ Saras Hand nicht los, während ich mit ihr zurück zu meinem Apartment ging. Es hatte wieder zu schneien begonnen und wir mussten uns regelrecht einen Weg über den Gehsteig bahnen. Aber ich spürte weder die Kälte des Winters noch die des Schnees unter meinen Füßen, während wir eilig zum Haus gingen, vorbei an Passanten, die ebenfalls auf dem Heimweg waren.

Mir entging nicht, dass Miss Walker neugierig ihren Kopf aus der Tür streckte, als wir den Wohnblock betraten und an ihrem Apartment vorbeigingen. Aber es war mir egal. Ich nickte ihr sogar knapp zu, ehe ich mit Sara nach oben verschwand.

Kaum hatte ich die Tür hinter mir geschlossen, wirbelte ich sie zu mir herum und zog sie an mich. Sie war so überrascht, dass sie kaum Widerstand leistete. Womöglich hatte sie angenommen, dass sie erst ihren Mantel ablegen durfte, aber ich konnte keine Sekunde länger warten.

Mein Mund fand den ihren und ich legte mein ganzes Verlangen in diesen Kuss. Dann drehte ich mich mit ihr im Arm um und drängte sie gegen die Tür. Sie keuchte leise, als ihr Rücken gegen das Holz stieß, aber ich konnte ihr ansehen, dass es nicht weh getan hatte.

Meine Hände glitten unter ihren Mantel, zwischen Rücken und Tür, während ich mich gegen sie drängte. Ich schob ihren Pullover etwas nach oben, um die Haut darunter zu spüren. Sie war so warm und weich, dass sich meine Lenden erwartungsvoll zusammenzogen beim Gedanken daran, wie es gleich sein würde, diese Haut zu küssen. Ein leises Stöhnen entwich mir, während ich mit der Zunge ihren Mund eroberte. Sie erwiderte den Laut, was meine Erregung noch steigerte.

»Ich will dich«, murmelte ich, als ich den Kuss kurz unterbrach, um Luft zu holen.

»Ich dich auch«, antwortete sie nicht minder atemlos.

»Zieh dich aus«, verlangte ich und ließ sie los, während ich einen Schritt von ihr zurücktrat. Eine Geste, die mir unglaublich schwerfiel, denn mein Körper verlangte von mir augenblicklich, dass ich mich wieder gegen ihren presste. Aber ich wollte wissen, wie weit ich bei ihr gehen konnte, wie weit sie die Kontrolle an mich abgeben würde.

Daher zog ich jetzt Jacke und Schal aus, die ich achtlos auf die Kommode neben Tonis Goldfischglas legte. Dann verschränkte ich die Arme vor der Brust und ließ meinen Blick erwartungsvoll über sie gleiten.

»Hier?« Ihre Augen wurden fragend.

Ich nickte knapp. »Du kannst auch in den Flur gehen, wenn dir das lieber ist.«

Ihre Lippen, die von meinem Kuss etwas geschwollen waren, verzogen sich zu einem schiefen Lächeln. »Spinner.« Es sollte eine Beleidigung sein, aber so wie sie das Wort aussprach, klang es eher wie mein neuer Kosename.

Ich beobachtete sie gespannt. Würde sich die unschuldige Sara tatsächlich vor mir ausziehen? Diese Studentin, die so kontrolliert war, so selbstsicher? Wenn ja, dann müsste ich mich wohl demnächst ›Casanova‹ nennen.

Fuck! Sie tat es tatsächlich!

Sara zog Mütze und Handschuhe aus, dann ihren Mantel, und ließ alles zu ihren Füßen auf den Boden fallen. Dabei sah sie mich unverwandt an. Ein leises Knurren entwich meiner

Kehle, während ich beobachtete, wie ihre Hände die Jeans öffneten.

Sie zögerte einen Moment und kaute auf ihrer Unterlippe herum.

»Mach weiter«, verlangte ich mit heiserer Stimme.

Ihr Blick traf wieder auf meinen und hielt ihn fest, während sie ihre Hose nach unten gleiten ließ. Diese Aussicht kannte ich bereits aus der Umkleidekabine – und mein ganzer Körper begann bei der Erinnerung daran vor Erregung zu pulsieren. Sie schob ihre Finger unter das schwarze Höschen und zögerte erneut.

Herrgott noch mal! Wenn sie so weitermachte, würde ich ihr selbst die Kleider vom Leib reißen!

Viel zu langsam ließ sie den Slip ebenfalls nach unten rutschen. Dabei wirkte ihr Blick so verlegen, dass ich sicher war, dass bisher kein anderer Mann von ihr verlangt hatte, sich vor ihm auszuziehen, während er ihr zusah.

»Baby, lass mich nicht so lange zappeln. Ich will deinen Körper bewundern«, murmelte ich, um ihr diese Unsicherheit zu nehmen.

Sie lächelte beinahe schüchtern, dann wurde ihr Blick wieder etwas selbstsicherer.

Mein Herz raste jetzt wie verrückt und alles in mir schrie mich an, ich solle sie sofort, hier und jetzt, ficken.

Aber ich war schon immer ein Masochist gewesen, daher genoss ich dieses unerfüllte Verlangen und beobachtete, wie sie sich bückte und aus den Schuhen schlüpfte, um ihre Hose ganz ausziehen zu können.

Als sie sich wieder aufrichtete, stand sie mit nacktem Unterkörper vor mir. Ihr Blick war dunkler geworden … verheißungsvoller. Ich musste mich wirklich zusammenreißen, um jetzt nicht über sie herzufallen und den Moment, in dem ich ihr zeigen würde, was ich mit ihr vorhatte, noch etwas hinauszuzögern.

Stattdessen deutete ich auf ihren Pullover. »Den auch.«

Sie nickte, griff nach dem Saum ihres Oberteils und hob den Stoff an. Zoll für Zoll konnte ich ihren Bauch erkennen, der nicht ganz so flach war, wie ich ihn mir vorgestellt hatte. Dennoch war er straff und ich empfand sie einfach als perfekt.

Und dieses Piercing in ihrem Bauchnabel … es machte mich ganz verrückt! Wahrscheinlich weil es einen kleinen, rebellischen Teil von ihr symbolisierte, den sie ansonsten hinter dicken Kontrollmauern verschloss.

Ihr Kopf verschwand unter dem Rest ihres Pullovers, während sie ihn sich über den Kopf zog. Als sie auch dieses Kleidungsstück zu Boden fallen ließ, traf mich ihr Blick wieder und ich konnte erneut Unsicherheit darin erkennen. Sie trug jetzt nur noch einen BH, der ebenso schwarz war wie das Höschen, das bereits zu ihren Füßen lag. *Den* auszuziehen würde sie jedoch mir überlassen müssen.

»Verdammt, bist du heiß«, raunte ich, während ich auf sie zuging und sie mit beiden Händen an den Hüften packte, um sie zu mir zu ziehen.

Ich ließ ihr keine Zeit, mir zu antworten, sondern verschloss ihren Mund mit meinen Lippen, während ich mit den Fingern über ihre nackte, warme Haut strich. Ich umfing ihre Pobacken und knetete sie, was ihr ein leises Seufzen entlockte. Meine Fingerspitzen glitten in ihren Spalt, fuhren sanft daran entlang, und sie erzitterte. Ich drang etwas tiefer vor und wurde von warmer Feuchtigkeit empfangen.

Heilige Maria und Jesus, wie bereit sie für mich ist …

Ihre Hände krallten sich an meinen Schultern fest und sie seufzte leise, als ich weiter den Bereich zwischen ihren Beinen erkundete.

Dann ließ ich meine Finger nach oben gleiten, zum Verschluss ihres BHs, und öffnete ihn. Sie schauderte, als ich mich erneut von ihr löste. Ich zog die Träger mit beiden Händen über ihre Arme, um ihr dieses letzte Kleidungsstück auch noch auszuziehen.

Jetzt stand sie nackt vor mir – und heilige Scheiße, sie war atemberaubend!

Ihre Brüste waren klein, aber fest, und die Brustwarzen bereits hart. Ob vor Erregung oder Kälte, war schwer festzustellen … obwohl … so kalt war es in meinem Apartment eigentlich nicht.

Ich ließ meinen Blick bewundernd über ihren Körper gleiten. Ich hatte schon viele nackte Frauen gesehen, aber bei keiner waren mir die Proportionen derart perfekt erschienen wie bei Sara. Sie würde nicht Supermodel des Jahres werden, aber ich wusste jetzt schon, dass ich ab jetzt alle Frauenkörper mit *ihrem* vergleichen würde.

»Was ist? Warum sagst du nichts?«, flüsterte sie und erst dadurch merkte ich, dass ich sie wohl mehrere Sekunden lang stumm angestarrt hatte.

Ihre Hände zuckten vor ihre Brüste, als wolle sie diese vor mir verbergen. In ihren Augen konnte ich wieder Zweifel und Unsicherheit erkennen. Die schlagfertige Sara war tatsächlich unsicher, ob sie mir gefallen würde … das steigerte mein Verlangen gerade noch mehr, als gut für mich war.

»Nicht«, sagte ich und war selbst überrascht, wie rau meine Stimme mit einem Mal klang. »Ich will mir dich ganz genau ansehen …«

Sie ließ ihre Arme sinken und atmete tief durch. Ich war mir sicher, dass sie sich noch nie so ausgeliefert gefühlt hatte wie in diesem Moment. Eine Tatsache, die mich mehr als alles andere erregte.

Kapitel 18

Sara

Ich hatte mich noch nie im Leben so ausgeliefert gefühlt wie in diesem Moment. Eine Tatsache, die meine Erregung noch steigerte.

Während Evan seinen Blick über meinen Körper gleiten ließ, schwankte ich zwischen Unsicherheit und Stolz. Ihm schien die Aussicht zu gefallen, wie ich seinen sich verdunkelnden Augen entnehmen konnte. Dennoch hatte mich noch nie ein Mann so lange einfach nur angesehen … während ich nackt vor ihm stand. Evan musterte mich wie ein Künstler seine Skulptur, als wolle er sich jeden Zoll meines Körpers einprägen.

Nach einer gefühlten Ewigkeit trat er endlich wieder näher zu mir und umfing meine Hüften mit beiden Händen, während er sich zu mir herunterbeugte. Seine Wange legte sich an meine und ich spürte erneut die Bartstoppeln über meine Haut streichen. »Ich will dich über das Sofa gebeugt sehen«, flüsterte er mir ins Ohr.

Ich stutzte einen Moment, unsicher, ob er das wirklich gesagt hatte. Aber als er sein Gesicht von meinem zurückzog, konnte ich in seinen Augen erkennen, dass ich mich nicht verhört hatte und er es ernst meinte. In diesen tiefen, dunkelblauen Seen wütete ein so wilder Orkan, dass ich versucht war, die Luft anzuhalten, um nicht darin zu ertrinken.

Ehe ich irgendetwas tun konnte, wanderten seine Hände nach oben zu meinen Brüsten und strichen über die empfindliche Haut, was mich die Luft scharf einziehen ließ. Ein leichtes Schmunzeln erschien um seinen Mund, als er mir in die Augen sah und erkannte, wie stark mich seine Berührung erregte. Er ging etwas in die Knie und im nächsten Moment fühlte ich seine Lippen, die eine meiner harten Spitzen umschlossen. Als seine Zunge damit zu spielen begann und er mit den Fingern die andere Brustwarze zwirbelte, entwich mir ein leises Stöhnen. Wohlige Stromstöße jagten durch meinen Körper, setzten jede Faser in Brand und hinterließen nichts als flammende Erregung, die meinen Versand zu versengen drohte.

Dieser Typ wusste genau, was er tat und ich genoss es. Genoss es, ihm die Führung zu überlassen. Nur meinem Verlangen zu gehorchen, das sich einzig und allein nach Evan verzehrte. Nach seinen Lippen, seinen Fingern, seiner Zärtlichkeit.

Gerade als ich dachte, ich könne es keinen Moment länger aushalten, ließ er von mir ab und richtete sich auf. Seine Augen glühten jetzt so wie vorhin in der Umkleidekabine. Sanft, aber bestimmt schob er mich in Richtung Sofa.

»Du scheinst bereit zu sein«, flüsterte er, als ich davorstand und er von hinten an mich herantrat.

Seine Finger glitten an meiner Hüfte entlang seitlich nach oben und umschlossen dann erneut meine Brüste. Sein Atem strich warm über meinen Nacken, ehe ich seinen Mund an meinem Hals fühlte. Er verteilte hauchzarte Küsse darauf und meine Nackenhärchen stellten sich auf, während ich die Hände in die Rückenlehne des Sofas krallte.

Seine Stimme erreichte eine Frequenz, die irgendetwas in meinem Hirn umschaltete und mir meinen Willen komplett nahm. Ich schloss die Augen, als er meinen Namen leise flüsterte, ehe er mit seiner Liebkosung an meinem Hals fortfuhr. Seine Jeans rieb über meinen Po und ich spürte seine Erektion. Er wollte mich mindestens genauso sehr, wie ich ihn wollte …

»Spreiz die Beine«, raunte er in mein Ohr und ich erschauderte erneut.

Ich kam mir vor wie in ›Fifty Shades of Grey‹, als ich ihm den Gefallen tat. Bisher hatte ich noch nie einen dominanten Freund gehabt. Das hier war das erste Mal, dass mir jemand solche Befehle erteilte – und es törnte mich wahnsinnig an, wie ich zugeben musste.

»Jetzt beug dich darüber.«

Ich zögerte einen Moment. Die Rücklehne des Sofas war gerade hoch genug, dass ich mich vornüberbeugen und mit den Händen auf der Sitzfläche abstützen konnte.

Als ich seine Anweisung befolgte und mich über das Sofa lehnte, rieb mein Hintern über seinen Schritt, was ihm ein tiefes Brummen entlockte. Er trat etwas von mir zurück und die Wärme, die ich bis eben noch an meiner Rückseite gefühlt hatte, verschwand.

Jetzt war ich ihm tatsächlich ausgeliefert, denn mein Hintern reckte sich ihm auffordernd entgegen. Evan stieß einen Laut aus, der mich stark an ein Knurren erinnerte, während er mit der Hand über meinen Rücken zu meinem Po strich und dann mit der offenen Handfläche leicht zuschlug. Mir entwich ein Quietschen.

»Fuck, ist dein Arsch geil«, murmelte er. »Irgendwann werde ich ihn dir versohlen.« Ich erschauderte unwillkürlich. »Aber nicht heute Abend.«

Langsam fuhr er mit der Fingerspitze meine Spalte entlang und ich erzitterte, als er an dem Punkt ankam, der sich nach seiner Berührung verzehrte. Vorsichtig drang er mit dem Finger in mich ein und ich stöhnte auf.

Meine Güte, ich liebte es, wenn er so war – wenn er so versaut sprach, solche Dinge tat … und es war unglaublich erregend, nicht zu wissen, was er als Nächstes machen würde.

Er zog sich wieder von mir zurück und ein paar Sekunden später spürte ich, wie er einen weiteren Finger dazu nahm und erneut in mich eindrang.

Oje, wenn er so weitermachte, würde ich schneller kommen, als ich eigentlich wollte …

Ein paar Mal noch stieß er mit den Fingern zu, dann zog er sie wieder aus mir und als Nächstes spürte ich seinen heißen Atem über meine Spalte streichen. Ich hielt die Luft an und schloss die Augen, als ich seine Zunge zwischen meinen Beinen fühlte.

Großer Gott, das hier war unglaublich erotisch!

»Verdammt, Baby, ich werde dich jetzt ficken«, raunte Evan, nachdem er ein paar Mal mit seiner Zunge dafür gesorgt hatte, dass mein Herz einen Salto hinlegte. »Ich muss einfach. Und danach kommst du auf deine Kosten.«

Er zog sich zurück und ich vernahm seine Schritte, als er durch die Wohnung ging. Ich blieb in der Position und versuchte herauszufinden, was er gerade tat – was schwierig war, ohne ihn zu sehen. Als er zu mir zurückkehrte, hörte ich, wie er seine Hose öffnete. Kurz darauf spürte ich seine Erektion warm über meinen Hintern streichen. Mein ganzer Unterleib zog sich vor Erwartung zusammen, aber mein Gehirn war noch nicht so benebelt, dass ich nicht an die wichtigsten Dinge dachte.

»Verhütung?«, flüsterte ich.

»Schon in Arbeit.«

Ich hörte Plastik zerreißen, als er das Kondom auspackte, bevor er es überstreifte. Wahrscheinlich war er deswegen durch die Wohnung gegangen.

Dann fühlte ich erneut sein Glied über meinen Hintern streichen. Ich wollte jetzt nur noch eins: ihn in mir spüren. Aber er strich erst ein paar Mal über den Punkt, der bereits heftig pulsierte, ehe er mich von meinem Verlangen erlöste.

Jeden Millimeter auskostend, drang er in mich ein. Ich war so feucht, dass er förmlich in mich hineinglitt. Ich wimmerte leise, weil es mir zu langsam ging, und drängte mich ihm entgegen, wollte ihn ganz in mir haben.

»So ungeduldig«, raunte er und ließ seine Stimme mindestens eine Oktave tiefer klingen. »Das wird jetzt ziemlich schnell gehen. Halt dich gut am Sofa fest.«

Er zog sich etwas zurück, packte mich an der Hüfte und begann dann, seine Bewegungen zu intensivieren. Ich keuchte und krallte mich ins Sitzkissen, als ich spürte, wie er immer härter wurde, immer tiefer in mich eindrang. Es war ein atemberaubendes Gefühl und auch wenn ich wusste, dass ich auf diese Weise keinen Orgasmus erleben würde, genoss ich es in vollen Zügen, stöhnte laut auf und spürte, wie mein Körper zu vibrieren begann.

Es war unbeschreiblich, ihm endlich so nahe zu sein, wie ich es mir erhofft hatte.

Nach ein paar weiteren kräftigen Stößen hörte ich ihn hinter mir laut aufstöhnen und spürte gleichzeitig tausend Schmetterlinge im Bauch, als er leicht über mir zusammensackte.

»Verdammt, Sara …«, keuchte er. »Du machst mich fertig …«

»Was soll *ich* dann sagen?«, flüsterte ich.

Er küsste mich im Nacken und richtete sich auf, während er sich aus mir zurückzog. Ein paar Sekunden später fasste er mich an den Schultern und brachte mich wieder in eine aufrechte Position. Ich konnte fühlen, dass er seine Kleidung ebenfalls ausgezogen hatte.

Neugierig drehte ich mich zu ihm, um ihn zu betrachten.

Meine Augen wurden groß, denn er stand tatsächlich nackt hinter mir, seine Erektion drängte sich mir entgegen. Aber was mich am meisten faszinierte, waren die vielen Tattoos, die seinen Oberkörper verzierten. Bisher hatte ich sie nicht gesehen, da er langärmlige Pullover getragen hatte – jetzt, wo er nackt vor mir stand, konnte ich sie dafür umso genauer erkennen. Sie erstreckten sich über seine Arme, Brust und Bauch.

Er war gut gebaut, hatte keinen Sixpack, aber einen trainierten Oberkörper. Darauf war ein Ornament zu erkennen, das wie ein Baum wirkte, der seine Äste nach oben über seine kaum behaarte Brust erstreckte. Unwillkürlich legte ich meinen Zeigefinger auf einen der Äste und fuhr ihn entlang nach unten zu seinem Bauchnabel. Weiter kam ich nicht, denn er ergriff meine Hand und führte sie stattdessen an seine Lippen, um sie zu küssen.

»Du bist unglaublich«, murmelte er.

Ich sah in seine Augen und schenkte ihm ein Lächeln. »Dito.«

Ein leises Stöhnen entwich seiner Kehle, als er mich zu sich zog und leidenschaftlich küsste. Seine Zunge strich hungrig über meine und ich fühlte seine Erektion warm und hart an meinem Bauch, während er sich gegen mich presste. Er griff in meine Haare und löste den Dutt, zu dem ich sie am Morgen hochgesteckt hatte, sodass mir die Strähnen offen über die Schultern fielen. Meine Hände wanderten über seinen Rücken, zu seinem straffen Po (warum hatten Männer immer so straffe Hinterteile?).

Die Rückseite meiner Oberschenkel stieß gegen das Sofa, als er sich weiter gegen mich drängte, während sein Mund sich nicht von meinem lösen wollte. Er schmeckte so gut …

Ich wurde mutiger, biss ihm sanft in die Unterlippe, was ihn zusätzlich anzustacheln schien. Er ging etwas in die Knie und umfasste meine Schenkel, um mich auf Hüfthöhe zu heben. Ich schlang meine Beine um seine Mitte, während ich meine Arme in seinem Nacken verschränkte. Jetzt lag seine Härte genau da, wo ich sie haben wollte. Ich hätte mich nur etwas nach oben ziehen müssen, damit er erneut in mich eindringen konnte. Aber ehe ich mich an seinem Nacken hochzuziehen vermochte, schritt er mit mir zur Kochinsel hinüber, an der wir gestern Abend gestanden hatten.

Die kühle Unterlage bildete einen starken Kontrast zu dem, was ich zwischen meinen Beinen fühlte, als er mich darauf absetzte. Er stand zwischen meinen Schenkeln.

»Bleib sitzen«, murmelte er nahe an meinen Lippen.

Er küsste mich noch einmal voller Leidenschaft, dann löste er sich von mir und ließ mich mit gespreizten Beinen auf dem Küchentresen zurück.

Ich stützte mich auf der Ablage ab und beobachtete ihn erwartungsvoll, gespannt darauf, was er als Nächstes vorhatte.

Dass Evan nicht der Typ für normalen Sex war, war mir klar geworden, aber seine Fantasie schien keine Grenzen zu kennen. Er ging zum Kühlschrank und öffnete ihn, dann bückte er sich zum Gefrierfach und erlaubte mir eine fabelhafte Aussicht auf seinen knackigen Hintern, ehe er sich wieder aufrichtete.

Ich war so fasziniert von seinem Körper, der auch am Rücken von Tattoos bedeckt war, dass ich erst bemerkte, dass er etwas in der Hand hielt, als er sich zu mir umdrehte und mir ein sündiges Lächeln schenkte. Evan lächeln zu sehen hatte Seltenheitswert und als er jetzt auf mich zuschlenderte wie ein Tiger, der sich an seine Beute anpirschte, begann mein Herz vor Aufregung wie wild zu pochen.

Meine Güte, was hatte er vor? Und … Himmel noch mal, was tat ich hier eigentlich?

Kapitel 19

Evan

Himmel noch mal, was tat ich hier eigentlich?

Ich entdeckte Seiten an mir, die ich noch keiner Frau gezeigt hatte. Verruchte Seiten. Verführerische Seiten. Besitzergreifende Seiten …

Bisher hatte Sex für mich größtenteils als Ablenkung gedient. Und meist war er schnell vorbei gewesen. Natürlich wusste ich, wie man eine Frau zum Orgasmus brachte. Ich hatte mit genügend Frauen geschlafen, um die Kniffe zu kennen.

Aber jetzt wollte ich nicht, dass es schnell vorbei war. Ich wollte Sara nach allen Regeln der Kunst verwöhnen. Denn sie war anders. Sie verdiente es, verwöhnt zu werden, und ich mochte den Anblick, wenn ich sie schockieren und herausfordern konnte.

Meine Hand war kühl, da der Eiswürfel, den ich darin hielt, gerade erst zu schmelzen begann.

Sara hatte immer noch die Beine gespreizt und sah mich erwartungsvoll an, während ich auf sie zuschritt. Ich hielt direkt vor ihr und führte den Eiswürfel an ihren Mund. Inzwischen tropfte er leicht und als ich damit über Saras Lippen strich, erzitterte sie. Sie schloss die Augen und schmeckte mit der Zunge das kühle Nass, das von ihrem Mund über ihr Kinn auf ihre Brust herabfloss.

»Willst du das zwischen deinen Beinen haben?« Ich beobachtete, wie sie immer unruhiger wurde und auf dem Tresen herumzurutschen begann.

Aber sie nickte, ohne die Augen zu öffnen. Dennoch zog sich sanfte Röte über ihre Wangen. Dieses Mädchen war die Unschuld in Person – und trotzdem ließ sie mich Dinge mit sich tun, die sie ganz offensichtlich noch nie getan hatte.

Ich schmunzelte, als ich mich auf dem Barhocker vor ihr hinsetzte. Er ließ seine Höhe verstellen und so rutschte ich etwas nach unten, bis ich das Zentrum ihrer Lust direkt vor Augen hatte. Sie erschauderte, als sie bemerkte, dass ich sie einfach nur ansah. Das Licht in meiner Wohnung war nicht wahnsinnig hell, aber hell genug, damit mir nichts verborgen blieb. Auch nicht das feuchte Glänzen, das verriet, wie sehr sie mich wollte.

Ein paar Sekunden lang genoss ich einfach das Gefühl, dass diese Frau, die eigentlich so ganz und gar nicht in mein Leben passte, sich mir hingab. Sich von mir verwöhnen ließ. Es war ein Gefühl, das ich noch nie empfunden hatte … und es steigerte mein Selbstbewusstsein ungemein – von meiner Libido ganz zu schweigen.

Langsam ließ ich den Eiswürfel über ihren Bauch wandern, um das Piercing herum. Sie öffnete die Augen immer noch nicht, zuckte unter der plötzlichen Berührung allerdings zusammen und keuchte leise auf, als ich mich vorbeugte und ihr Piercing sanft zwischen die Zähne nahm, um daran zu ziehen. Nicht fest, nur so, dass sie es spüren musste. Dann glitt ich mit der Zunge in ihren Bauchnabel, ehe ich sie wieder mit dem Eiswürfel dort berührte.

Sie stöhnte auf, als mein warmer Mund von dem kühlen Nass abgelöst wurde.

Gut so, Baby. Ich werde dir zeigen, was man damit noch alles machen kann …

Der Eiswürfel wanderte weiter nach unten, bis zu dem Punkt, den sie mir bereitwillig zwischen ihren Beinen präsentierte. Ehe ich aber dort ankam, hörte ich auf, beugte mich nach vorn und leckte über die empfindliche Stelle. Ich ließ meine Zunge erneut nach oben wandern, bis zu ihrem Bauchnabel. Den ganzen Weg zurück, den der Eiswürfel nach unten gewandert war. Die nasse Spur auf ihrer Haut war kühl, aber ich erwärmte sie mit meinem Mund.

Ihr Stöhnen war Musik in meinen Ohren …

Ich ersetzte meine Zunge wieder durch den Eiswürfel und ließ ihn erneut von ihrem Bauchnabel nach unten gleiten. Dieses Mal auch zwischen ihre Beine. Sie keuchte und schnappte nach Luft, während ihr Becken bebte. Ich schmunzelte, als sie meinen Namen flüsterte.

Zur Belohnung brachte ich meine Zunge wieder ins Spiel. Ich drückte sie fest gegen den pulsierenden Punkt, der sie wahnsinnig machen konnte. Ihr entwich ein lautes Stöhnen und mein Atem ließ sie erschaudern, als ich sie anhauchte. Dann zog ich mich abermals von ihr zurück und strich mit dem Eiswürfel über die Stelle, die ich soeben erwärmt hatte.

»Evan.«

Sie stöhnte meinen Namen so sexy, dass ich sie augenblicklich mit meiner Zunge belohnte. Dieses Mal lutschte ich so lange an ihr, bis ihre Oberschenkel zu zittern begannen.

Genau so wollte ich sie. Genau so willig, bereit, erregt …

Ich begann, abwechselnd mit meiner Zunge und dem Eiswürfel über ihre empfindlichsten Stellen zu gleiten.

Warm – kalt – warm – kalt.

Sara wölbte sich mir entgegen, stöhnte jetzt laut auf und drückte ihren Rücken durch, während sie ihr Becken an meinen Mund und den Eiswürfel presste.

Ich intensivierte die Berührungen, bis ich merkte, dass sie bald kommen würde. Bevor es so weit war, ließ ich jedoch von ihr ab, erhob mich und ergriff ihre Hüfte, um sie gegen meine Erektion zu pressen.

»Ich will, dass du kommst, während ich in dir bin«, raunte ich, ehe ich ihr einen kurzen Kuss auf den Mund drückte.

Rasch ging ich zur Kommode, wo ich die Kondome aufbewahrte, und streifte mir eines über. Als ich zurück zu Sara kam, sah sie mich so verrucht an, dass ich keine Zeit mehr verlieren konnte – ich hatte sie da, wo ich sie haben wollte: Sie begehrte mich, wollte mich, brauchte mich.

Erneut versenkte ich meine Härte in ihrer engen, feuchten Hitze. Sie wimmerte, während ich mit dem Daumen ihren Lustpunkt massierte, um damit zusätzlich dafür zu sorgen, dass ihr Verlangen gestillt wurde. Sara fasste mich an den Schultern, um nicht zu weit von mir wegzurutschen, während ich zustieß. Sie schloss die Augen und legte den Kopf in den Nacken, zeigte mir ihren Hals.

Es war ein verdammt erotischer Anblick, sie so vor mir zu haben. Ich beugte mich zu ihr und küsste sie auf die Kehle, was ihr ein heiseres Röcheln entlockte.

Gut … ich würde nie wieder ohne Hintergedanken an dieser Bar sitzen und ein Bier trinken können …

Es dauerte nur ein paar Stöße, da spürte ich schon, wie sich alles um mich zusammenzog, wie ihr Becken zu zucken begann und ihre Fingernägel sich in meine Schultern krallten, dass es weh getan hätte, hätte ich es nicht so heiß gefunden.

»Oh mein Gott, Evan, ich …« Weiter kam sie nicht, denn in dem Moment überrollte sie der Orgasmus und sie schrie ihre Lust heraus.

Ich hätte nicht gedacht, dass ich nochmals derart erregt sein würde, wie ich es gewesen war, als sie sich über das Sofa gebeugt hatte. Aber ihr Anblick, wie sie unter mir in purer Leidenschaft verging, führte dazu, dass ich wenig später ebenfalls laut stöhnend meinen Höhepunkt erreichte.

Als ich wieder Luft bekam, zog ich mich aus ihr zurück und küsste sie auf den Mund.

»Das war … episch«, flüsterte sie an meinen Lippen, während sie versuchte, ihren eigenen Atem zu beruhigen. »Blümchensex steht wohl nicht auf deinem Programm, wie?«

»Die Nacht hat erst begonnen«, erwiderte ich und umfasste ihre Taille, um sie näher bei mir zu haben.

Jetzt lächelte sie und legte den Kopf schief. »Ich glaube kaum, dass ich ohne eine Stärkung noch einmal so etwas erleben kann. Ich habe ziemlichen Hunger.«

Ich schnaubte, musste ihr aber recht geben: Auch ich spürte meinen Magen knurren, der sich jetzt, wo mein erstes Verlangen mehr als befriedigt war, bei mir meldete.

»Ich kann nicht kochen, aber ich kenne da einen guten Pizzalieferanten«, sagte ich mit hochgezogenen Augenbrauen.

Ihr Lächeln wurde breiter. »Na, dann lass uns den testen.«

Es war tatsächlich Hulk, der uns die Pizzen lieferte. Seine Augen wurden groß, als er uns gegenüberstand – zum zweiten Mal an diesem Tag. Wir hatten uns in der Zwischenzeit angezogen, allerdings trug Sara einen meiner Kapuzenpullis und darunter rein gar nichts, was mich fast verrückt machte. Sobald sie sich ein wenig bückte, konnte ich ihren Hintern sehen.

Sie sah so sexy in meinem Pullover aus, dass ich am liebsten direkt nochmals über sie hergefallen wäre. Aber mein Körper verweigerte sich mir, da er Hunger hatte.

Ich war mir sicher, dass ihr bewusst war, was sie damit bei mir anstellte, dass sie meine Kleidung trug – *das* führte allerdings nur dazu, dass ich sie noch stärker begehrte.

Diese Londoner Studentin war wirklich dabei, mir den Kopf zu verdrehen … verdammt!

Ich nahm die beiden Pizzen entgegen, während Sara Hulk Trinkgeld in die Hand drückte. Meinen Spruch mit dem ›Blasen‹ ließ ich dieses Mal bleiben. Das würde ich noch früh genug von ihr fordern. Allein beim Gedanken daran, wie sie vor mir knien könnte, spürte ich erneut das Blut in meine Lenden schießen.

Aber jetzt erstmal Pizza essen …

Wir setzten uns nebeneinander aufs Sofa und öffneten den Wein, der gratis mitgeliefert worden war. Ich hatte Antonio im Verdacht, dass er sich die Bestelladresse angeschaut und Hulk den Tropfen mitgegeben hatte, denn bisher hatten wir noch nie Gratisweine zu Pizzen geliefert.

Da ich immer noch keine sauberen Gläser besaß, mussten wir uns damit begnügen, direkt aus der Flasche zu trinken. Was Sara aber nicht zu stören schien. Sie saß mit untergeschlagenen Beinen neben mir auf dem Sofa und lobte Antonios Kochkünste in höchsten Tönen, während sie genüsslich ein Stück um das andere verschlang.

Ich hatte schon immer etwas für Frauen mit gesundem Appetit übriggehabt – diese Sara wurde langsam wirklich zur ernsthaften Bedrohung für mein Single-Leben. Ich durfte gar nicht daran denken, dass sie in ein paar Tagen abreisen und mich hier allein in New York zurücklassen würde …

Sollte ich ihr sagen, dass meine Schwester auch in London lebte? Dann müsste ich jedoch der Vollständigkeit halber auch erwähnen, dass ich nicht der Typ war, mit dem sie glaubte, gechattet zu haben … und sie würde es mir bestimmt übel nehmen, dass ich sie die ganze Zeit angelogen hatte … das wiederum würde dazu führen, dass wir Streit hätten … und Streit und Sex … ne, das war nicht wirklich mein Ding.

»Erzähl mir etwas von dir«, begann sie in ebendiesem Moment, als hätte sie meine Gedanken erraten.

Ich schluckte den Bissen herunter und verengte die Augen, während ich sie ansah. »Was willst du denn wissen?«

»Wie ist deine Familie so? Wo leben deine Eltern? Darüber haben wir im Chat noch gar nicht gesprochen. Ich weiß nur, dass du eine ältere Schwester hast.«

Schlechtes Thema … ganz schlecht.

Ich wich ihrem wissbegierigen Blick aus und ergriff ein weiteres Stück Pizza. »Mir egal.«

»Du meinst mit ›mir egal‹, dass es dir egal ist, wo deine Eltern leben?«, hakte sie nach.

Ich nickte knapp und hoffte inständig, dass sie es dabei belassen und nicht weiter bohren würde. Dieses Thema hatte ich in all den Jahren aus meinem Leben ausgeklammert. Es regelrecht totgeschwiegen ... jetzt war der denkbar ungünstigste Zeitpunkt, um in alten Wunden zu stochern.

»Aber ...«, murmelte sie.

Oh verdammt ... sie stochert ...

»Aber warum hast du denn keinen Kontakt mehr zu deinen Eltern?« Sie sah mich voller Neugier an.

Ich seufzte. »Hör zu, das ist kein Thema, das ich hier und jetzt breittreten will«, begann ich und warf ihr einen messerscharfen Blick zu. »Aber da du sowieso keine Ruhe geben wirst ... meine Mutter hat sich vor sieben Jahren die Rübe weggekokst und mein Vater ist abgehauen, als ich fünf Jahre alt war. Seither habe ich ihn nie wiedergesehen. Womöglich ist er an seinen Drogen verreckt – keine Ahnung, es interessiert mich auch nicht.«

»Oh ...« Sie schien nicht genau zu wissen, was sie darauf erwidern sollte und senkte die Augen. »Tut mir leid.«

»Ja, mir auch«, knurrte ich, lehnte mich nach vorne und ergriff die Weinflasche, um einen großen Schluck zu trinken.

Sie sah mich wieder an und seufzte. »Wie ich dir im Chat ja schon erzählt habe, ist meine Mutter vor ein paar Jahren mit einem anderen Mann durchgebrannt und hat uns sitzen gelassen – meinen Vater und mich. Ich habe seither keinen Kontakt mehr zu ihr.«

Ich warf ihr einen raschen Blick zu, sagte aber nichts.

Was wollte sie von mir hören? ›Oh cool, dann habe wir ja was gemeinsam!‹? Ich war nicht der Typ, mit dem man über solche Sachen sprechen konnte. Das war ich noch nie gewesen … zudem: Je weniger ich von ihr wusste, desto weniger würde ich sie vermissen, wenn sie weg war.

Was dachte ich da?!

VERMISSEN?

Verdammt, nein, ich würde sie nicht vermissen … nein!

»Nun gut, das ist wirklich kein gutes Gesprächsthema während des Essens. Entschuldige …« Ihr Blick glitt zum Goldfischglas, das auf der Kommode neben der Tür stand. »Was hat es mit Toni auf sich?« Sie sah dem kleinen Fisch dabei zu, wie er seine Runden schwamm. »Warum heißt er so?«

»Weil ich nicht weiß, ob es ein Männchen oder ein Weibchen ist«, gab ich kurz angebunden zurück. Das Gerede über meine Eltern hatte mir die Laune verdorben – und auch den Appetit. Ich kaute lustlos auf meiner Pizza herum.

»Ein Weibchen.«

Ihre Worte führten dazu, dass meine Augenbrauen in die Höhe schnellten. »Ach … bist du etwa Meeresbiologin?«, fragte ich in zynischem Tonfall.

»Goldfische schwimmen nicht im Meer«, erklärte sie, ohne gekränkt zu wirken. »Meine Oma hatte immer welche … daher weiß ich, wie man sie unterscheiden kann. Du weißt aber schon, dass sie nicht in Gläsern gehalten werden sollten? Sie brauchen ein richtiges Aquarium. Das da ist Tierquälerei.« Sie deutete auf das Glas, das ich bisher absolut in Ordnung für Toni gefunden hatte.

»Er lebt ohnehin nicht lange.«

»*Sie*«, korrigierte sie mich. »Und doch, sie könnte länger leben, wenn du ihr ein schönes Aquarium besorgst. Goldfische können bis zu dreißig Jahre alt werden, wenn man sie richtig hält.«

»Du verarschst mich, oder?« Ich zog die Augenbrauen zusammen.

Sie schüttelte vehement den Kopf, sodass ihre braunen Haare flogen. »Nein, wirklich.«

Ich sah einen Moment lang zu Toni rüber, dann zuckte ich mit den Schultern. »Ich bin nicht der Typ für Langzeitbeziehungen.«

Jetzt glitt ein Schmunzeln über ihr Gesicht. »*Das* ist mir auch schon aufgefallen … bist du eigentlich Dauer-Single? Du hast im Chat so was erwähnt, wolltest aber nicht genauer darauf eingehen.«

Dieses Gespräch verlief in keine gute Richtung …

»Mein Single-Leben ist im Moment zweitrangig, oder?«, brummte ich. »Ich frage dich ja auch nicht, ob du einen Freund in London hast.«

»Dürftest du aber, und die Antwort wäre ›Nein‹. Aber das wusstest du ja schon.«

Ich biss mir auf die Zunge, weil mir zuvorderst lag, ihr endlich die Wahrheit zu sagen. Nämlich dass sie die ganze Zeit mit Hannes gechattet hatte. Aber ich wollte diesen Abend nicht verderben … und ich wollte sie nochmals ficken. Daher stand ich jetzt auf und ergriff ihre Hand. »Komm.«

Sie legte die halb aufgegessene Pizza zurück in den Karton auf dem Couchtisch und erhob sich stirnrunzelnd. »Wohin?«

Ich zog sie ins Schlafzimmer. »Ich zeige dir jetzt, was ich unter Blümchensex verstehe …«

Kapitel 20

Sara

Wow … wenn Evan DAS unter Blümchensex verstand, dann wollte ich ab sofort meine Nächte nur noch auf Wiesen verbringen und mich in ›Vergissmeinnicht‹ umtaufen lassen.

Ich hätte nicht geglaubt, dass er die Erfahrung von eben noch toppen könnte, aber tief in seinem Inneren schien sich ein kreatives Genie zu verbergen. Ein Sex-Genie … gut, mein Gehirn arbeitete im Moment nicht mehr so zuverlässig, weil es in den letzten Minuten nicht mehr so zuverlässig durchblutet worden war.

Ich sank in die Kissen und kuschelte mich an Evan, der schwer atmend neben mir im Bett lag.

»Du … bist … doch … verrückt«, keuchte ich.

Er schenkte mir einen kurzen Blick, den ich im Halbdunkel nur vage wahrnahm, und verzog seinen Mund zu einem Grinsen. »Dito.«

Ein Kichern entwich mir, weil er mich nachahmte. Ihn so gelöst und vor allem zufrieden zu sehen – das hätte ich nicht für möglich gehalten, als ich ihm gestern Abend zum ersten Mal gegenübergestanden hatte.

Meine Güte, was war seither alles passiert … dabei war ich erst einen Tag lang in New York … fünf weitere Tage würden noch auf mich warten. Und im Moment wünschte ich mir nur, diese mit Evan zusammen im Bett zu verbringen. Sogar der Weihnachtsbaum am Rockefeller Center war mir gerade vollkommen gleichgültig. Schöne Weihnachtsbäume gab es Tausende, aber diese Zeit hier mit Evan war kostbarer als alles, was ich in New York zu finden gehofft hatte.

»Wir sollten schlafen«, murmelte Evan neben mir. »Du willst morgen ja nochmals nach Downtown.«

»Mal sehen«, erwiderte ich gedehnt, was ihn den Kopf heben und mich ansehen ließ. »Im Moment möchte ich vor allem bei dir sein.« Die Worte waren mir entwichen, ehe ich darüber nachgedacht hatte.

Im Halbdunkel konnte ich erkennen, wie er die Stirn runzelte. »Gewöhn dich besser nicht an mich …«

»Zu spät.« Ich hauchte ihm einen Kuss auf die Wange. »Schlaf gut.«

Sein Arm, den er um mich gelegt hatte, verkrampfte sich etwas, doch dann atmete er tief durch und ich spürte, wie er sich ein wenig entspannte. Dennoch dauerte es lange, bis ich seinen regelmäßigen Atem hören konnte.

Eigentlich war ich hundemüde, denn der Jetlag (und ja, auch Evans Sexpraktiken) hatten mich vollkommen ausgelaugt. Aber die letzten Stunden glitten immer und immer wieder durch meinen Kopf, wie bei einem Karussell, das nicht stillstehen wollte.

Evan, der mürrisch blickte. Evan, der lächelte. Evan, der vor Lust stöhnte. Evan, der mich gegen Schlägertypen verteidigte. Evan … er hatte so viele Gesichter und dennoch hatte ich das Gefühl, dass er mir das EINE, wahre Gesicht noch nicht gezeigt hatte …

Mit diesen Gedanken schlief ich schließlich in seinen Armen ein.

Als ich am Morgen erwachte, war das Erste, was mir auffiel, die Tatsache, dass Evan nicht mehr neben mir lag. Durch das Fenster drang der fahle Schein der Sonne, die sich durch die Wolkendecke kämpfte und das Schlafzimmer erhellte.

»Evan?«

Ich sah mich suchend um und lauschte auf Geräusche aus dem Bad oder dem Wohnzimmer. Doch alles war still.

»Evan?«, frage ich etwas lauter und schälte mich aus den Decken.

Ein kleiner, absurder Teil von mir (mit Sicherheit mein romantisches Ich) stellte sich vor, dass er mir Frühstück zubereitete. Dann erinnerte ich mich daran, dass er gesagt hatte, er könne nicht kochen, und ich brachte den kleinen, absurden Teil mit einem Seufzen zum Schweigen.

Ich trug nur ein T-Shirt, das ich in der Nacht, als mir kalt geworden war, übergezogen hatte. Es roch nach Evan, da es ihm gehörte. Meine Muskeln stöhnten auf, als ich meinen Körper aus dem Bett schob … meine Güte, was hatte Evan bloß mit mir angestellt? Das war ja schlimmer, als wenn ich in einem Fitnessstudio gewesen wäre …

Ich begann daran zu zweifeln, dass ich weitere fünf Nächte mit ihm hier im Bett durchstehen würde … der Kerl hatte eine Ausdauer, die mir beinahe Angst bereitete. Aber nur beinahe – ein kleiner Erinnerungsfetzen an gestern Abend genügte, um mir wohlige Schauer zu bescheren.

Scheiß auf Muskelkater, ich will Evan fick…

Großer Gott, ich dachte schon in den gleichen Worten, wie er sprach!

Großer Gott, ich hatte mich nach nur einem Tag so sehr an ihn gewöhnt, dass ich ihn vermisste, wenn er nicht da war.

Großer Gott, ich war wahrscheinlich dabei, mich in ihn zu verlieben …

Die Anzeichen waren eindeutig: Der erste Gedanke, den ich nach dem Aufwachen hatte, galt ihm. Das erste Wort am Morgen, das ich sprach, war sein Name. Bei der Erinnerung daran, wie es sich anfühlte, ihn zu küssen, begannen tausend Schmetterlinge in meinem Bauch zu flattern. Und mein Herz wurde schwer, als ich daran dachte, dass ich ihn in wenigen Tagen verlassen musste.

Ob wir uns wiedersehen würden?

Wir MUSSTEN einfach. Der brummige, zynische Kerl war mir bereits so sehr ans Herz gewachsen, dass ich mir nicht vorstellen konnte, ihn nie mehr wiederzusehen.

Ich musste an Mary denken, die mir in diesem Moment die Leviten gelesen und gesagt hätte, ich wäre eine dumme, verliebte Träumerin. Ja, vielleicht sollte ich sie anrufen und mir ihre Standpauke anhören. Womöglich würde mir das helfen, nicht immer tiefer in das zu versinken, was Evan ausmachte …

Ich setzte mich auf den Bettrand und suchte nach meiner Handtasche … bis mir einfiel, dass ich sie wohl gestern Abend achtlos auf den Boden hatte fallen lassen – zusammen mit meinen Klamotten.

Als ich das Bett verließ, drang die Kälte des Morgens unter mein Shirt und ich fröstelte unwillkürlich. Warum hatte Evan mich nicht geweckt? Wo war er hingegangen? Wie spät war es eigentlich? Durch den Jetlag hatte ich jegliches Zeitgefühl verloren. Es hätte ebenso gut sechs Uhr morgens wie drei Uhr nachmittags sein können. Ich wusste nur, dass ich mich ausgeschlafen fühlte.

Während ich ins Wohnzimmer tapste, versuchte ich meine Haare einigermaßen zu ordnen. Was schwierig war, denn sie neigten dazu, sich in der Nacht gegen mich zu verschwören und sich zu Dutzenden von Knoten zu versammeln.

Wie erwartet fand ich Evan auch nicht im Wohnzimmer oder dem Bad vor und natürlich war er auch nicht der Typ, der aufmerksame Zettelchen hinterließ, die verrieten, wo man ihn finden könnte. Womöglich war er zu Hannes rübergegangen. Ich würde kurz duschen, mich anziehen und dann bei dem freundlichen Nachbarn vorbeischauen. Selbst wenn Evan nicht bei ihm war, wüsste Hannes wohl am ehesten, wo er sich aufhielt.

Als mein Blick aufs Handy fiel, atmete ich leise auf. Es war erst zehn Uhr morgens. Ich hatte also nicht allzu lange geschlafen – gemessen daran, dass wir bis spät in der Nacht Sex gehabt hatten.

Ich checkte kurz meine Nachrichten. Ein paar Mal hatte Mary versucht, mich anzurufen. Ich tippte eine SMS, dass es mir gut ging und ich sie zurückrufen würde, sobald ich geduscht hatte. Natürlich erhielt ich darauf keine Antwort. Bei ihr war es jetzt früher Abend und sie wahrscheinlich bei der Arbeit – falls sie sich von ihrer Lebensmittelvergiftung schon erholt hatte.

Himmel, ich war so eine schlechte Freundin! Ich hatte mich nicht mal danach erkundigt, wie es ihr ging …

Rasch tippte ich noch ein ›Ich hoffe es geht dir wieder besser?‹ hinterher.

Ich sah mich in Evans Wohnung um und erblickte zum ersten Mal bei Tageslicht das Chaos, das er hier veranstaltet hatte. Vorgestern Abend war ich zu aufgeregt gewesen, um wirklich darauf zu achten. Gestern Morgen hatte ich mich einfach beeilen wollen, um mit Evan nach Downtown zu fahren. Und gestern Abend … na ja, da hatte ich wirklich andere Dinge im Kopf gehabt – ähm … zwischen den Beinen …

Kurz: Ich würde hier einiges zu tun haben, wenn ich mich wohl fühlen wollte … aber erst duschen.

Ich schleppte mich ins Bad und unter das warme Wasser, welches meinen Körper langsam belebte und die schmerzenden Muskeln streichelte. Gern hätte ich mit Evan zusammen geduscht … aber er war ja nicht hier. Als ich meinen Körper einseifte, konnte ich förmlich Evans dunklen Blick vor meinem inneren Auge sehen.

Jap, ich war wirklich drauf und dran, ihm zu verfallen. Mist … und dennoch irgendwie ein wundervolles Gefühl …

Mein romantisches Ich räkelte sich zufrieden seufzend unter den wärmenden Strahlen in der Vorstellung, es wären Evans Finger.

Erfrischt kehrte ich ins Schlafzimmer zurück und zog mir ein Shirt von Evan über. Wenn er zurückkam, würde er sich bestimmt darüber freuen. Mir war gestern schon aufgefallen, dass er es mochte, wenn ich seine Klamotten trug.

Während ich meine Haare an der Luft trocknen ließ, begann ich seine Sachen aufzuräumen und den Müll wegzuschmeißen. Seine Klamotten lagen überall auf dem Boden verteilt. Die meisten waren schmutzig und ich stapelte sie zu einem Haufen. Später würde ich mit ihm zusammen in einen Waschsalon gehen, nahm ich mir vor.

Als ich nach einer Möglichkeit suchte, die Wäsche zusammenzupacken, fiel mein Blick auf seinen Kleiderschrank. Dort gab es oben ein Regal, wo ich einen Plastiksack erkennen konnte, der gerade groß genug schien, um die Schmutzwäsche hineinzustopfen. Ich stellte mich auf die Zehenspitzen und zog an dem Sack – und zuckte im nächsten Moment zusammen, weil mir eine schwere Mappe in A3-Format auf den Kopf fiel.

»Shit!«, fluchte ich und griff nach meiner Stirn, die zum Glück unversehrt geblieben war.

Seufzend bückte ich mich nach der Tasche, die auf den Boden gefallen war, und hob sie auf. Sie glich einer Zeichnungsmappe, wie ich sie aus dem Kunstunterricht kannte. Oben besaß sie zwei Bändchen, die sie in einem Knoten zusammenhielt. Einen Moment lang überlegte ich, sie einfach wieder zurückzulegen, dann siegte jedoch die Neugier. Evan hatte mir so wenig von sich erzählt … vielleicht befanden sich in der Mappe Zeichnungen. Er wollte ja Tätowierer werden. Hatte er da drin ein paar seiner Skizzen aufbewahrt? *›Das Herz eines Malers spricht durch seine Hand‹*, hatte meine Großmutter immer gesagt. Womöglich könnte ich durch seine Zeichnungen etwas über ihn erfahren.

Ich setzte mich aufs Bett, öffnete vorsichtig den Knoten und betrachtete die Blätter, die mir die Mappe offenbarte, als ich sie aufschlug.

»Wow«, hauchte ich leise, als ich die Kunstwerke sah.

Es handelte sich tatsächlich um Zeichnungen. Bleistiftzeichnungen auf weißem Papier … und sie waren wunderschön. Sie alle zeigten dasselbe Mädchen. Sie mochte vielleicht sechzehn Jahre alt sein, hatte dunkle, lange Haare und ebenso dunkle, glänzende Augen. Ihr Lächeln hatte Evan auf jeder einzelnen Skizze am detailverliebtesten festgehalten. Die Grübchen, der geschwungene Mund, die geraden Zähne … er besaß eindeutig Talent dafür, Menschen zu malen, das sah ich auf den ersten Blick. Er hatte mir zwar gesagt, dass er Tätowierer werden wollte, aber ich hätte ihm nie zugetraut, solche Kunstwerke zu erschaffen. Falls er sie denn überhaupt selbst gezeichnet hatte.

Sorgfältig blätterte ich weiter. Immer wieder dasselbe Mädchen. Einmal grinste sie mich an, ein anderes Mal schaute sie verträumt aus einem Fenster, dann wiederum saß sie am Ufer des Hudson River, wahrscheinlich in Brooklyn, und blickte zur Skyline von New York. Auch auf der Fähre, die zur Freiheitsstatue fuhr, war sie abgebildet. Im Hintergrund die Statue, im Vordergrund sie, mit einem leichten Lächeln auf den Lippen. Ihre Augen glänzten, als sei sie in denjenigen verliebt, der die Zeichnung betrachtete.

Ich schluckte, als ich zu verstehen begann.

Mit *ihr* war Evan dort gewesen … auf der Fähre, in die er mit mir nicht hatte einsteigen wollen … war es ihretwegen gewesen?

Wer war sie? Er hatte gesagt, dass er eine ältere Schwester hatte, aber dieses Mädchen glich ihm überhaupt nicht. Vielleicht eine Jugendliebe?

Ehe ich mir weitere Gedanken machen konnte, ertönte die Türklingel. Sie war so schrill und laut, dass ich unwillkürlich zusammenzuckte und die Mappe aufs Bett fallen ließ, als sei ich bei etwas ertappt worden. Einen Moment lang blieb ich unschlüssig sitzen. Ich hatte keine Ahnung, ob ich überhaupt öffnen sollte, aber womöglich war es Evan, der sich ausgesperrt hatte. Ziemlich sicher sogar, denn ich konnte mir nicht vorstellen, wer sonst an einem Dienstagmorgen bei ihm klingeln sollte. Oder der Postbote?

Ich zog das Shirt so weit nach unten, dass es bis zur Hälfte meiner noch nackten Oberschenkel reichte, während ich zur Tür ging und sie öffnete.

Vor mir stand eine junge Frau, vielleicht zwei, drei Jahre älter als ich. Das Gesicht wirkte blass und etwas zu lang geraten. Sie trug einen langen schwarzen Rock und einen nicht minder langen schwarzen Mantel und Schal. Ihre ebenso schwarz gefärbten Haare hatte sie mit einer einzigen pinken Strähne verziert und nach hinten gesteckt. Sie wirkte wie ein Grufti – war sie mit Sicherheit auch, so düster wie sie geschminkt war. Schwarze Lippen und mit dickem Eyeliner umrandete Augen. Ich konnte im ersten Moment die vielen Piercings, die sie trug, gar nicht alle erkennen. Augenbrauen, Nase, Oberlippe, Kinn … überall schien sie Metallverzierungen zu haben. Zudem einen schwarzen Ohrstecker, der ihr Ohrläppchen unnatürlich weit ausdehnte. Ihre Kleidung wirkte stark abgenutzt, aber sauber. Dennoch roch sie nach Zigarettenrauch.

Ich mochte Gruftis eigentlich. Sie waren meist sehr nett und friedlich. Aber diese Frau da vor mir ... sie sah nicht friedlich aus. Ihre Augen waren hellblau und stechend. Ihr Mund herablassend verzogen.

»Ja?«, fragte ich vorsichtig.

»Ist Sam da?« Ihre Stimme klang tatsächlich so, als würde sie sehr, sehr oft rauchen.

Ich runzelte die Stirn und schüttelte den Kopf. »Nein.«

Ihr Blick glitt abschätzig über meinen Körper, dann wieder zu meinem Gesicht. »Wann kommt er zurück?«

»Keine Ahnung.« Ich zuckte zur Unterstreichung meiner Worte mit den Schultern. »Soll ich ihm was von dir ausrichten?«

Sie schien einen Moment lang zu überlegen, dann kramte sie in ihrer Tasche und zog ein Päckchen hervor, das mit silberner Aluminiumfolie umwickelt war. »Das ist für ihn, er hat es bei mir vergessen. Für seinen Geburtstag.«

Ich zögerte kurz, nahm es dann aber entgegen.

Evan hatte heute Geburtstag? Das hatte er mir gar nicht gesagt ... andererseits hatten wir auch noch nicht wirklich viel über persönliche Dinge gesprochen – außerhalb des Chats.

»Okay, ich gebe es ihm«, nickte ich.

Die junge Frau blieb an Ort und Stelle stehen und musterte mich erneut. »Bist du seine Freundin?«

Ich zögerte, dann zuckte ich nochmals mit den Schultern. »Keine Ahnung.«

»Gut.« Sie nickte. »Denn das bin ich schon.«

Damit drehte sie sich auf dem Absatz um und ließ mich einfach in der Tür stehen, während sie die Treppe hinunterrauschte.

Ich sah ihr fassungslos nach. Was war das bloß für eine Erscheinung gewesen? Evans Freundin? Er hatte mir nichts von einer Freundin erzählt … er hatte mir im Chat doch gesagt, er sei dauersingle?

Ein Stich durchfuhr mein Herz, als ich daran dachte, dass er und sie womöglich irgendwann schon mal das Gleiche gemacht hatten wie er und ich gestern Abend. Dieses Gefühl rüttelte das Kontrollmonster in mir wach, das seit gestern in ein Sexkoma gefallen war. Es blinzelte kurz verschlafen, war aber dann sofort zur Stelle, um mir eine Moralpredigt unter die Nase zu reiben.

Meine Güte, wie hatte ich bloß so naiv sein können, zu glauben, dass Evan mir die Wahrheit gesagt hatte? Ich kannte ihn ja kaum. Alles, was ich von ihm wusste, war das, was er mir im Chat verraten hatte – was wirklich nicht viel war. Und die Dinge, die er mir gestern bruchstückhaft erzählt hatte. Ich wusste noch nicht einmal, was es mit dem geheimnisvollen Mädchen auf den Zeichnungen auf sich hatte …

Ich war wirklich grenzenlos dumm, wenn ich glaubte, dass er sich so viel aus mir machte wie ich mir aus ihm.

Dumm, dumm, dumm!

Und ich hatte mir schon vorgestellt, wie einsam ich wäre, wenn ich wieder zurück nach London flog … hatte insgeheim überlegt, wann ich hierher zurückkehren könnte …

So dumm …

Frustriert schloss ich die Tür und lehnte mich mit dem Rücken dagegen, während ich den Blick durch Evans halb aufgeräumte Wohnung schweifen ließ. Meine Augen blieben an Toni hängen, die in ihrem Glas ihre Runden schwamm. Ich trat zu ihr und schaute ihr eine Weile dabei zu.

»Wenn du reden könntest, könntest du mir erzählen, was hier alles schon passiert ist«, murmelte ich. »Bin ich die einzige Frau, die hier war? Oder reißt er regelmäßig irgendwelche Tussis in Online-Portalen auf, um sie herzubestellen?«

Toni schwamm weiter, gab sich von meinen Worten unbeeindruckt.

»Hat Evan eine Freundin?«, flüsterte ich. »Hat er … hat er mit der Frau, die vorhin hier gewesen ist … das Gleiche gemacht wie mit mir gestern Abend?«

Toni schwamm und schwamm.

Die hatte es gut. Keine Sorgen, keine Probleme … abgesehen von ihrem viel zu kleinen Goldfischglas.

Ich seufzte und betrachtete das Päckchen, das ich immer noch in der Hand hielt. Was mochte dieser schwarzhaarige Grufti Evan wohl schenken? Ich hob es an die Nase und roch daran. Es duftete irgendwie nach Keksen … nach Zimtkeksen.

Einen Moment lang zögerte ich, dann öffnete ich die Folie. Es waren tatsächlich Kekse darin verpackt, die mit Schokolade überzogen waren.

Prüfend ließ ich meinen Blick zur Tür schweifen, dann zurück auf das Päckchen. Warum schenkte diese Frau ihm bloß Weihnachtskekse? Ich hatte Evan nicht als jemanden kennengelernt, der gern Süßes aß … okay, ich wusste wie erwähnt so gut wie nichts über ihn.

Nun ja, mir war klar, dass ich etwas tat, das ich nicht tun sollte, aber ich nahm einen der Kekse heraus und knabberte zur Probe daran. Er schmeckte wirklich gut … und ich spürte, dass ich Hunger bekam.

Keine Ahnung, wann Evan zurückkommen würde. Die Pizza von gestern Abend, die immer noch auf dem Couchtisch lag, wirkte nicht mehr so appetitlich und ich hatte sie eigentlich noch wegschmeißen wollen. Ich würde wohl ein, zwei Kekse essen können, ohne dass Evan etwas davon mitbekam. Und selbst wenn: *Er* war ja derjenige, der einfach abgehauen war, ohne zu sagen, wann er wiederkäme. Ich war eine Frau und ich hatte gewisse Bedürfnisse … unter anderem, etwas zu essen, wenn ich morgens aufstand – und in seiner Wohnung gab es außer der kalten Pizza nichts Essbares.

Also machte ich es mir auf dem Sofa gemütlich und aß den Zimtkeks auf. Danach nahm ich einen zweiten, der auch ziemlich rasch verschlungen war.

Hmmm, die schmeckten wirklich köstlich. Was war das bloß für eine Backmischung?

Herrgott noch mal, sie konnte wirklich gut backen. Vielleicht war es doch keine so schlechte Idee von Evans Freundin gewesen, einfach so hereinzuschneien …

Kapitel 21

Evan

Das war eine ganz selten schlechte Idee von ihr gewesen, einfach so hereinzuschneien! Herrgott noch mal, ich kochte vor Wut!

Ich nahm zwei Stufen auf einmal, während ich nach oben in meine Wohnung rannte. Miss Walkers Satz »Wer war denn diese schwarze Witwe?« kommentierte ich mit einem »Kann Ihnen egal sein«.

Aber *mir* war es nicht egal! *Die* Frau, die mich während der letzten Monate von meinem beschissenen Leben abgelenkt hatte, war gerade bei *der* Frau gewesen, die genau dieses Leben in den letzten vierundzwanzig Stunden umgekrempelt hatte.

Ich war meiner namenlosen Geliebten vorhin ein paar Blocks entfernt per Zufall über den Weg gelaufen und sie hatte ganz und gar nicht erfreut gewirkt, mich zu treffen. Okay, im Grunde tat sie das *nie* (außer sie war stoned), aber dieses Mal war sie eindeutig sauer gewesen. Sauer auf mich. Mit angepisster Miene hatte sie mir erklärt, dass sie mich hatte besuchen wollen – zum ersten Mal überhaupt!

Wer zum Teufel kam an einem Dienstagmorgen auf die bescheuerte Idee, mich zu besuchen?! Außerdem: Sie wusste, dass ich keine Frauen zu mir nach Hause nahm … also fast … keine … Sara … verdammt!

Als ich die Tür meines Apartments öffnete, war ich auf das Schlimmste vorbereitet. Eine weinende Sara, eine wütende Sara, eine enttäuschte Sara, gar keine Sara … irgendetwas, das mich aus der Bahn werfen würde. Aber was ich erblickte, ließ mich mitten in der Bewegung innehalten … und erst dann warf es mich aus der Bahn.

Die Wohnung war so aufgeräumt, wie ich sie noch nie gesehen hatte. Aber das war es nicht, was mich sprachlos machte … sondern die splitterfasernackte Sara, die vor der Kommode stand und versuchte, die Reste der Pizza an Toni zu verfüttern. Im Goldfischglas schwammen bereits einige Krumen und wenn ich sie nicht aufhalten würde, wäre das Tonis frühzeitiger Tod und Nummer 4 müsste bald hier einziehen.

»Heilige Scheiße, was ist hier los?«, stieß ich hervor, während ich die Tür hinter mir ins Schloss fallen ließ und die Tüte abstellte, die ich unter den Arm geklemmt hatte.

»Evan!« Sara ließ die Pizza einfach auf den Boden fallen und rannte mit ausgebreiteten Armen auf mich zu. Okay, ›rennen‹ war vielleicht nicht die richtige Bezeichnung für ihre Fortbewegungsart. ›Taumeln‹ oder ›schwanken‹ beschrieben ihre Bemühungen besser, zu mir zu gelangen.

Ach verflucht, sie sah zum Niederknien sexy aus, wie sie nackt auf mich zukam … aber etwas stimmte nicht mit ihr. Das war nicht die Sara, die ich kennengelernt hatte. Sara war kontrolliert und niemals von sich aus derart freizügig. Selbst nach vergangener Nacht hatte sich das mit Sicherheit nicht *so* grundlegend geändert, dass sie ab sofort in meiner Gegenwart nur noch nackt herumlief.

Ehe ich etwas erwidern konnte, strauchelte sie und wäre beinahe hingefallen, hätte ich nicht schnell einen Schritt auf sie zu gemacht und sie aufgefangen.

»Evan«, nuschelte sie in meine Jacke und versuchte erfolglos, sich an meinen Armen hochzuziehen.

Irgendwie wollten sich ihre Gliedmaßen nicht mehr koordiniert bewegen. Ich half ihr, indem ich meine Hände unter ihre Achseln legte und sie nach oben schob, sodass sie aufrecht vor mir stand und sich an mich lehnen konnte.

Ihr Körper war eiskalt. Kein Wunder … meine Heizung war nicht die beste und sie trug nichts am Leib. Dennoch zitterte sie nicht.

»Du holst dir den Tod, Baby.« Ich zog mit einer Hand meine Jacke aus, während ich mit der anderen versuchte, sie in gerader Position zu halten.

Ihr Gesicht war jetzt nahe bei meinem und als sie ihr Kinn hob und mich anlächelte, sah ich in leicht gerötete Augen.

Sie ist doch nicht etwa …

Ich ließ den Blick suchend durch meine Wohnung schweifen, bis er an einem kleinen, silbernen Päckchen hängen blieb. Es lag auf dem Couchtisch und war geöffnet. Ich konnte einige Kekse darin erkennen.

»Fuck!«, stieß ich aus. »Was ist das?«

Sara versuchte meinem Blick zu folgen, während ich ihr meine Jacke umlegte. Als sie ihren Kopf drehte, taumelte sie wieder.

»Toni mag keine Pizza«, murmelte sie und schob schmollend die Unterlippe vor. »Das würde Antonio gar nicht gern sehen.« Dann legte sie den Kopf in den Nacken, als würde sie überlegen. »Toni, Antonio, Toni, Antonio«, summte sie. »Das ist ja witzig, die heißen beinahe gleich.«

»Wahnsinnig komisch.«

Ich zog sie mit mir zum Sofa. Dabei musste ich darauf achten, dass sie nicht über ihre eigenen Füße stolperte.

»Woher hast du das?« Ich deutete auf die Verpackung, aus der mehrere Zimtkekse hervorschauten. Ich hatte zwar einen Verdacht, aber ich hätte es gern von ihr selbst gehört.

»Oh! Das!« Sie wollte nach dem silbernen Päckchen greifen, verlor jedoch erneut das Gleichgewicht und ich konnte sie gerade noch festhalten, ehe sie mit dem Gesicht voran auf den Couchtisch gefallen wäre. »Danke. Du Gentleman«, säuselte sie, während ich mit aller Macht versuchte, nicht daran zu denken, dass ich ihre nackte Brust in der Hand hielt, weil ich nichts anderes zu fassen bekommen hatte. »Das kommt von dieser schwarzen Lady, die hier war.«

Damit bestätigte sie meine Vermutung. Diese verdammte Schlampe! Sie wusste, dass sie mir keine Drogen unterjubeln sollte – schließlich war ich unter anderem deswegen im Gefängnis gelandet. Warum sie es dennoch getan hatte, war mir schleierhaft. Aber sie würde noch was von mir zu hören kriegen! Jetzt musste ich mich erstmal um Sara kümmern.

Sara … die sich mit allen zehn Fingern durch die Haare fuhr, die noch feucht vom Duschen waren, und sie nach hinten strich. Ihre Bewegungen wirkten abgehackt und ungelenk.

Ich verschob meine Hand von ihrer Brust auf ihre Hüfte, was sie erneut schmollen ließ. »Küss mich da«, verlangte sie und deutete auf ihre kleine, harte Brustwarze. »Du kannst das so gut.«

Ich schloss kurz die Augen und atmete tief durch. Mein Körper bettelte mich förmlich an, ihrer Aufforderung nachzukommen, aber ich war nicht der Typ, der wehrlose Frauen vergewaltigte.

»Sara, du hast Marihuana intus, deswegen benimmst du dich so komisch«, versuchte ich ihr zu erklären.

»Ich benehme mich nicht komisch, ich benehme mich sexy.« Sie unterstrich ihre Worte, indem sie mit beiden Händen ihre Brüste ergriff und nach oben drückte. Natürlich zog sie damit meinen Blick auf sich und ich stöhnte resigniert auf.

Ach verdammt, wie sollte ich mich noch lange zusammenreißen, wenn sie es darauf anlegte, von mir gefickt zu werden?! Allein der Gedanke, dass sie nicht *freiwillig* so war, hielt mich davon ab, meiner Libido zu folgen und mit ihr nochmals das zu tun, was wir gestern gemacht hatten.

»Du magst es doch, wenn ich sexy bin, oder?« Sie schwankte erneut, als sie ihre Brüste losließ und mich stattdessen um die Taille fassen und zu sich ziehen wollte. Meine Jacke rutschte dabei von ihrem Rücken und fiel zu Boden.

»Sara, hör zu.« Ich hielt sie an den Schultern fest, um sie eine Armlänge von mir wegzustemmen, während ich ihr fest in die Augen sah – *Augen! Nicht Brüste!* »Das bist nicht du. Du hast Kekse gegessen, die vor Haschisch nur so strotzen. Das vergeht in ein paar Stunden, aber du musst was Vernünftiges essen, damit du dich wieder besser fühlst.«

»Besser? Ich fühle mich wie eine Sau …«, grinste sie. »Sauwohl. Oder wie ein Pudel. Pudelwohl. Warum fühlen sich Tiere eigentlich viel wohler als Menschen? Man sagt ja nicht ›menschenwohl‹ … warum?« Sie legte den Kopf schief und sah sinnierend zur Decke.

Herrgott noch mal, ich wollte sie wirklich nicht sexy finden, weil sie sich diesen Zustand nicht aus freien Stücken ausgesucht hatte, aber sie war gerade einfach viel zu süß.

Ich schüttelte den Kopf, um die Gedanken zu verscheuchen, die bei ihrem Anblick in mir die Oberhand zu nehmen drohten. »Komm, ich hab uns was zu essen besorgt.«

»Ja, genau! Besorg es mir! Gleich hier!«, rief sie und ließ sich mit gespreizten Beinen auf das Sofa hinter sich fallen. Wie sie es dabei schaffte, sich nicht auf die Pizza zu setzen, die neben ihr lag, war mir ein Rätsel.

»Nein, nicht *so* besorgen … ich meine ess… ach du Scheiße!« Ich fuhr mir mit beiden Händen über das Gesicht und starrte perplex auf das Schauspiel, das sie mir bot.

Sie stellte ihre Füße gespreizt auf das Sofa und fuhr mit ihren Fingern zwischen ihren Beinen auf und ab, während sie mir einen funkelnden Blick zuwarf. Sie war bereits feucht, wie ich ohne Probleme erkennen konnte, da sie mir ALLES zeigte … und es kostete mich verdammt viel Kraft, meine wachsende Erregung unter Kontrolle zu behalten.

»Zieh dir was an«, forderte ich in rauem Tonfall, riss mich am Riemen und griff nach dem Shirt, das neben dem Sofa auf dem Boden lag. Es gehörte mir und ich wusste, dass es mir viel zu gut gefallen würde, wenn sie es trug – aber das war jetzt einerlei. *Alles* war besser, als sie an sich selbst herumspielen zu sehen.

Sara schob zwei Finger in ihre feuchte Spalte, zog sie wieder raus und lutschte dann daran, während sie mich voller Verlangen ansah.

»Hör auf damit«, sagte ich mit heiserer Stimme. »Das bist nicht du.«

»Oh, es schmeckt aber *sehr* nach mir.« Sie schenkte mir ein bodenlos freches Grinsen, das mich beinahe um den Verstand brachte.

Ehe ich mich vergessen und doch noch über sie herfallen konnte, streifte ich ihr das Shirt über den Kopf und ergriff eine ihrer Hände, um es ihr über den Arm zu schieben. Sie hielt erstaunlich ruhig und ließ sich das Oberteil brav anziehen.

»Jetzt?«, fragte sie, als sie halbbekleidet vor mir saß.

»Was?« Ich runzelte die Stirn und bereute meine Frage im nächsten Moment.

»Besorgen?« Sie sah mich mit großen grünen Augen fast schon bettelnd an.

Ich atmete so tief durch, dass mir ein lauter Seufzer entfuhr. »Sara … nein. Ich werde es dir jetzt nicht besorgen … nicht, solange du high bist.«

»Dann lass mich ganz schnell low werden«, meinte sie mit leuchtenden Augen, die wirkten wie bei einem Kind, das einen Weihnachtsbaum sah. »Vielleicht können wir's auf dem Boden machen?«

»Ich … okay, vergiss es.« Ich ging um das Sofa herum zur Tüte, die ich mitgebracht hatte. »Ich war einkaufen«, erklärte ich aus sicherer Entfernung. »Pasta. Was anderes kann ich nicht. Aber es scheint mir gerade das Richtige für dich zu sein.«

»Oh, kochen! Lass uns Hannes einladen! Vielleicht besorgt er es uns auch! Er kann gut kochen!«, rief sie und drehte sich auf dem Sofa um, damit sie mich ansehen konnte.

»Sara, Hannes ist schwul …«

»Neiiinnn.« Sie dehnte die Buchstaben und ihre Augen wurden vor Ungläubigkeit groß. Grad so, als hätte ich ihr das Geheimnis des Jahrhunderts anvertraut. »Wirkliiich?!«

Ich nickte, während ich zur Küche ging. Bei einem Blick auf die Kochinsel flackerten Bilder vor meinem inneren Auge auf. Von Sara, die darauf gesessen und sich von mir hatte lecken lassen … Himmelhergott, ich würde ab sofort *überall* Sara sehen! Das war einer der Gründe, warum ich NIE eine Frau mit zu mir nach Hause genommen hatte. Ganz genau das: Sie hinterließen Bilder, die man nie wieder löschen konnte!

»Oh, wir sollten ihm aber sagen, dass er schwul ist«, rief Sara vom Sofa. »Das muss er doch wissen!«

»Ich glaube, er weiß es bereits.« Ich schüttelte erneut den Kopf, während ich die Tüte auspackte.

»Bist du sicher? Ich sollte zu ihm rübergehen und es ihm sagen.«

Ich konnte gerade noch sehen, wie sie aufstehen wollte, und war zum Glück schnell genug bei ihr, um diesen Plan mit einem festen Druck auf ihre Schultern im Keim zu ersticken.

Sie plumpste zurück aufs Sofa und sah mich mit großen Augen an. »Du bist so stark, Evan.«

»Ich bin nicht stark, du bist auf Drogen«, brummte ich.

Dann ging ich zurück, setzte Wasser auf und gab die Nudeln hinein, die ich im Laden ein paar Blocks weiter gekauft hatte. Ich hatte sogar an eine Fertigsauce gedacht, die ich in die Mikrowelle schob, um sie zu erwärmen. Danach erneuerte ich das

Wasser in Tonis Goldfischglas und befreite ihn (korrigiere: *sie*) von den Pizzastücken.

Als ich mich wieder Sara zuwandte, bemerkte ich, dass sie mich die ganze Zeit lächelnd beobachtete.

»Was ist?« Ich schob die Augenbrauen zusammen.

»Du bist so toll.«

»Toll?«

»Ja. Und lieb und nett und wunderbar … kurz: toll.«

Ihr Lächeln war so herzerwärmend, dass ich mit einem Mal das schlechte Gewissen über mich hereinbrechen fühlte. Ich war nicht toll, ich war ein Arschloch. Ein lügendes Arschloch obendrein. Und ein Feigling, weil ich ihr nicht sagen wollte, dass ich nicht der war, den sie zu kennen glaubte … weil ich es mochte, wie sie mich ansah. *Was* sie in mir sah …

»Sara. Ich bin nicht nett«, begann ich mit belegter Stimme.

Auch wenn ich wusste, dass sie sich wohl nicht an dieses Gespräch erinnern würde, wenn sie von ihrem Trip runterkam, so musste ich das jetzt dennoch loswerden.

»Doch, bist du«, nickte sie und lehnte sich über das Sofa, sodass sie darauf kniete und sich mit den Ellbogen abstützen konnte. »Und du fickst toll. Wahnsinnig toll.«

Ich holte tief Luft und stieß sie langsam wieder aus. »Sara … hör auf, so zu sprechen«, ermahnte ich sie.

»Warum? Ich kann sehen, dass es dir gefällt, wenn ich so spreche: ficken, Schwanz, Muschi, Titten … das gefällt dir, ich seh's!« Sie deutete auf meine Hose, die tatsächlich schon etwas ausgebeult war.

Fuck, leider mochte ich es wirklich, wenn sie Wörter in den Mund nahm, die sie normalerweise nicht sagte – sondern nur meinetwegen.

»Komm zu mir und nimm mich in den Arm.« Ihre Augen wurden wieder so groß und bettelnd wie gestern, als sie mit mir unbedingt zu Macy's hatte gehen wollen – eine Entscheidung, die ich nicht bereute … im Gegenteil. Aber das hier …

»Ich werde dich in den Arm nehmen, wenn du es in ein paar Stunden immer noch willst«, sagte ich und lehnte mich gegen die Kochinsel.

»Ich will es *jetzt*, nicht in ein paar Stunden«, schmollte sie und biss auf ihrer Unterlippe herum. »Ich will, dass du mich fickst, fickst, fickst.«

»Bitte hör auf damit«, bat ich inständig. »Ich bin auch nur ein Mann und wenn du das da tust …« Ich wirbelte mit dem Zeigefinger vor mir in der Luft herum, sodass ich damit Sara und das Sofa umkreisen konnte.

»Setz dich wenigstens neben mich«, schmollte sie.

Okay, ich konnte nicht anders, als dieser Versuchung nachzugeben. Auch wenn ich wusste, dass sie mich wahrscheinlich in ein paar Stunden dafür hassen würde, was hier gerade passierte. Aber bis dahin konnte ich zumindest ihre Nähe noch etwas genießen … ob ich das *danach* noch durfte, war fraglich. Denn ich wusste nicht, wie sie darauf reagieren würde, wenn ich ihr erklärte, dass ich Leute kannte, die einfach so Drogen vorbeibrachten.

»Ich werde nicht mit dir schlafen«, stellte ich klar, während ich auf sie zuging.

»Okay, nicht ficken, verstanden.« Sie lächelte mich erwartungsvoll an und ließ sich dann zurück auf das Sofa fallen, wo sie die Pizza mit einer beherzten Handbewegung auf den Boden fegte. »Komm! Hier.«

Ich setzte mich auf die Stelle, auf die sie deutete, und hob den Arm, um mich auf der Lehne abzustützen, während ich mich zu ihr drehte.

»Erzähl mir von dem Mädchen«, bat sie mit glänzenden Augen. »Sie ist wunderschön.«

Ich stutzte und runzelte die Stirn. Dieses Gespräch würde ganz und gar nicht angenehm werden, ich fühlte es …

Kapitel 22

Sara

Dieses Gespräch würde ganz und gar wunderbar werden, ich fühlte es …

Alles fühlte sich wunderbar an. Ich, die Couch, die Wohnung, New York … alles wunderbar toll! Auch Evan war so was von toll! Er kochte gerade Nudeln für uns! Nudeln! Feine, tolle Nudeln! Auch seine *eigene* Nudel war toll!

Oh Mann, ich war ja so versaut! Ich redete versaut! Ich tat versaute Sachen … großartig! Keine Kontrolle, vollkommen unkontrolliert!

Es schien mir, als könne mich nichts und niemand aufhalten. Mein Körper wirkte wie vollgepumpt mit Endorphinen. Wenn das der Verdienst dieser Frau war, die vorhin geklingelt hatte, dann war auch sie auf jeden Fall und definitiv toll. Toller Evan – kannte so tolle Frauen! Die auch noch toll backen konnten!

»Ich weiß nicht, was sie dir erzählt hat«, sagte Evan stirnrunzelnd, während sein Blick über mein Gesicht glitt. »Aber sie ist einfach eine Zeit lang *die* Person gewesen, die mich von dieser beschissenen Welt ablenken konnte.«

Ich kicherte bei seinen Worten. Warum sollte denn eine Zeichnung sprechen können? Hatte Evan vielleicht auch einen Keks gegessen?

Dummer Evan … spricht so dumme Sachen …

»Sie hat mir nichts erzählt«, grinste ich. »Aber ich finde sie wundervoll.«

»Ich weiß, dass du das nur sagst, weil du auf Drogen bist. Niemand findet sie wundervoll«, meinte er mit einem leichten Schmunzeln.

»Oh doch, sie ist so schön.« Ich nickte mit Nachdruck und merkte, wie mein gesamtes Umfeld mit nickte. Der Tisch, das Sofa, Evan … alles nickte. Ein erneutes Kichern entfuhr mir und ich nickte weiter. So lange, bis Evan meinen Kopf mit beiden Händen festhielt. Seine Hände waren so weich, so warm … sein Blick so wunderbar …

»Sara.« Er sagte meinen Namen leise, eindringlich.

Ich mag es, wenn er in mich eindringt …

»Ja?«, hauchte ich und blickte in diese unwirklich blauen Augen, die mich wie ein Sog in sich aufnahmen. Mir wurde beinahe schwindelig, weil ich mich fühlte, als würde ich in einen tiefen, blauen See stürzen. So blau wie in diesem Moment waren mir seine Augen noch nie vorgekommen.

»Du solltest jetzt was essen.« Er erhob sich und ging in die Küche, um die Nudeln abzuschütten.

Ich schaute ihm hinterher.

Er sieht so sexy aus …

Als er zurückkam, hatte er zwei Teller mit Nudeln dabei. Darauf konnte ich eine rote Sauce erkennen. Die Teller wirkten riesig.

»Wow, sooo große Teller«, staunte ich, als ich einen davon ergriff und die Gabel nahm, die er mir hinhielt.

Er seufzte, ehe er sich setzte. »Vielleicht sollte ich dich *doch* jetzt flachlegen«, murmelte er, während er begann, mit einer Gabel in den Nudeln herumzustochern. »So groß wie jetzt wird dir mein Schwanz wohl nie wieder vorkommen …«

Ich warf ihm einen Blick zu und begann dann so laut zu lachen, dass ich beinahe den Teller zu Boden fallen ließ. Evan konnte ihn mir gerade noch wegnehmen und auf den Couchtisch stellen. Ich hatte einen regelrechten Lachflash, von dem ich mich erst nach ein paar Minuten einigermaßen erholt hatte.

»Du bist so lustig«, keuchte ich, als ich wieder zu Atem kam und mir die Tränen aus den Augen wischte. »So unheimlich lustig.«

Er schnaubte, schmunzelte jedoch. »Iss deine Nudeln und dann trinkst du ganz viel.«

»Wodka?« Ich hob beide Augenbrauen.

Er schüttelte den Kopf. »Nein, definitiv nicht. Wasser. Viel Wasser.«

Ich nickte. »Wasser … ein schönes Wort. So feucht … wie ich zwischen den Beinen. Ein sehr versautes Wort eigentlich.«

»Iss jetzt.«

Er reichte mir den Teller und ich versuchte ein paar der langen Nudeln auf die Gabel zu bekommen. Vergebens. Meine Hände wollten das Besteck irgendwie nicht halten, weil es viel zu leicht wirkte, und die Nudeln, die ich aufspießte, verabschiedeten sich vor meinem Mund noch zurück auf den Teller.

Ein paar Sekunden lang sah mir Evan dabei zu, dann seufzte er, stellte seinen eigenen Teller hin und nahm mir die Gabel aus der Hand. »Hier, ich helfe dir«, meinte er und drehte ein paar der Nudeln auf.

»Du bist so …«

Er stopfte mir die Pasta in den Mund. »… toll, ich weiß.«

Ich nickte zustimmend, während ich kaute und schluckte. »Wow, die schmecken wahnsinnig lecker.«

»Wer hätte *das* denn gedacht …« Er schmunzelte.

Ich mochte es so sehr, wenn er schmunzelte. Dann wirkte er gleich viel jünger und vor allem liebenswerter. Während er mich mit weiteren Nudeln fütterte, schaute ich ihn einfach nur an.

So verdammt süß. So verdammt sexy. So verdammt lieb.

Ein warmes Gefühl überkam mich, das sich in meinem Bauch festsetzte und sich von dort in jede Faser meines Körpers ausbreitete, sich regelrecht einnistete, bis ich mich vor Wärme ausgefüllt fühlte.

Selbst als der Teller leer war und Evan ihn zur Seite stellte, um mir eine Flasche mit Wasser zu geben und selbst zu essen, blieb dieses Gefühl. Ich trank das Wasser, das kühl meinen Hals hinunter in meinen Bauch rann, aber es vermochte die Wärme nicht auszulöschen. Beinahe konnte ich es in meinem Magen verdampfen hören.

»Ich bin so müde«, murmelte ich, als Evan die Teller abräumte.

»Das ist normal. Leg dich etwas hin.«

Ich hörte ihn in der Küche hantieren, aber mein Kopf war mit einem Mal so schwer, dass ich ihn nicht mehr wirklich heben konnte. Vorsichtig legte ich mich aufs Sofa, die Wasserflasche fest mit den Armen umschlungen. Irgendwie war es mir gelungen, den Deckel darauf festzuschrauben.

Als ich meine Augen schloss, spürte ich, wie sich die Wärme weiter ausbreitete, bis das wahnsinnig schöne Kribbeln meinen ganzen Körper erfüllte. Und da war ein Sog, der mich zu sich holen wollte. In die Dunkelheit. In den Schlaf. Aber ich kämpfte dagegen an und blinzelte, um wach zu bleiben. Ich wollte jede Sekunde genießen, die ich dieses Kribbeln und die Wärme in mir trug.

Vor meinem Blickfeld tauchte Evans Gesicht auf. Er war vor mir in die Hocke gegangen und hob die Hand, um mir über den Kopf zu streichen. »Ich bringe dich ins Bett, dann kannst du deinen Rausch ausschlafen.« Seine Stimme war irgendwie lauter als vorhin. Tiefer. Eindringlicher.

Ich schüttelte den Kopf. »Möchte hierbleiben. Bei dir.«

Er zögerte einen Moment, dann nickte er. »Also gut.«

Ich fühlte, wie er meinen Kopf etwas anhob und sich dann so hinsetzte, dass ich auf seinem Schoß lag. Die Wasserflasche hielt ich immer noch umschlungen.

»Ich schaue etwas fern«, hörte ich Evan über mir sagen.

Dann erklangen viele Stimmen, Musik und weitere Geräusche, die intensiver klangen als alles, was ich bisher wahrgenommen hatte. Was besaß Evan bloß für einen Fernseher?

Ich wollte mich etwas aufrichten, um hinzusehen, doch Evan drückte mich sanft, aber bestimmt zurück. »Du schläfst jetzt«, murmelte er.

Mein Nicken war kaum als solches zu erkennen, da ich einfach meine Wange auf seinem Oberschenkel rieb. Ein paar Sekunden später fühlte ich seine Hand, die über meine Schulter nach oben zu meinem Hals strich und dann sanft über meine Haare fuhr. Wieder und wieder. Es war ein unglaublich schönes Gefühl, welches das Kribbeln in meinem Körper noch weiter steigerte.

»Evan?«, flüsterte ich.

»Hm?« Er hielt in seiner Bewegung inne.

»Ich glaube, ich verliebe mich in dich.«

Was er darauf antwortete, konnte ich nicht mehr verstehen, denn der Sog, der die ganze Zeit an meinem Bewusstsein gezerrt hatte, gewann endlich seinen Kampf und zog mich in die kribbelnde, warme Dunkelheit.

Gott. So gut hatte ich mich noch nie gefühlt.

Kapitel 23

Evan

Gott. So schlecht hatte ich mich noch nie gefühlt.

Ich war wie gelähmt und Saras Worte hallten in meinem Bewusstsein in Endlosschleife wider. Hatte sie das gerade wirklich gesagt?

›Ich glaube, ich verliebe mich in dich.‹

Ja, es war ihre Stimme gewesen. Wenn sie auch sehr schläfrig geklungen hatte. Ich hatte ihr nichts antworten können … denn seither befand ich mich in Schockstarre.

Auch wenn ich wusste, dass die Drogen aus ihr sprachen, so wollte mein Herz unbedingt, dass diese Worte wahr waren. Dass sie nicht aus einem Drogenrausch stammten … und mein Verstand bettelte darum, dass es *nicht* so war. Dass sie das *nicht* so gemeint hatte …

»Himmel noch mal, Sara«, stöhnte ich leise, während ich bemerkte, dass ihre Atemzüge regelmäßiger geworden waren. Sie schlief. Konnte mich nicht hören.

Irgendwann gelang es mir, meine Hand von ihrem Kopf zu lösen, und ich legte meinen Arm um ihre Taille. Sie murmelte etwas im Schlaf und kuschelte sich dann noch näher an mich. Eine Bewegung, die mich elektrisierte. Noch nie hatte sich eine Frau mir so geöffnet. Noch nie so viel Vertrauen gezeigt wie Sara in diesem Moment. Einem Moment, in dem sie hilfloser war, als sie wohl jemals sein wollte.

Und dennoch hatte sie nicht ins Bett gehen wollen, um ihren Rausch auszuschlafen.

›Möchte bei dir bleiben.‹

Ein weiterer Satz, der in meinem Kopf nachhallte.

›Möchte bei dir bleiben. Verliebe mich in dich.‹

»Nein, Baby, tu das nicht«, flüsterte ich, während ich auf den flimmernden Bildschirm starrte und doch nicht wahrnahm, was dort lief. »Verliebe dich nicht. Bitte.«

Natürlich antwortete sie mir nicht.

Eine Weile lang blieben wir einfach in dieser Position auf dem Sofa. Sie mit ihrem Kopf in meinem Schoß gebettet, ich auf die Glotze starrend, während ich versuchte, die letzten Stunden irgendwie in mein bisheriges Leben einzuordnen.

Keine Ahnung, wie viel Zeit verging – ob eine Stunde oder zwei. Vielleicht auch drei oder zwanzig … nein, zwanzig nicht, denn draußen war es immer noch hell, als Sara sich irgendwann rührte. Sie hob den Kopf von meinem Oberschenkel und blinzelte verschlafen.

»Hallo?«, murmelte sie.

»Bist du noch high?«, fragte ich und strich ihr über den Kopf.

»Weiß nicht.« Sie stemmte sich auf und sah mich aus geröteten Augen an.

»Du solltest eine kalte Dusche nehmen«, schlug ich vor. »Das wirkt bei mir immer Wunder.«

»Dusche … ja …« Sie nickte fahrig und strich sich ein paar Strähnen aus dem Gesicht. Dann traf mich ihr Blick. Unsicher. Schläfrig. »Kommst du mit?«

»Duschen?« Ich sah sie überrascht an und überlegte dann einen Moment.

Mit ihr zusammen zu duschen wäre wahrscheinlich wie Medizin für meine durcheinandergewirbelten Gefühle … wir könnten Sex haben … Sex half mir immer, meinen Kopf leer zu bekommen … aber …

»Nur wenn du nicht mehr high bist.«

»Weiß nicht«, wiederholte sie.

»Komm, ich helfe dir hoch.« Ich erhob mich und streckte ihr meine Hand entgegen.

Sie ergriff sie vorsichtig und ließ sich von mir auf die Beine ziehen. Sie war noch etwas wackelig unterwegs, aber ihre Bewegungen wirkten zumindest kontrollierter als vorhin. Dennoch schlang ich einen Arm um ihre Taille, um sie zu stützen.

Und ja, erwischt … auch um sie näher bei mir zu fühlen.

Wir gingen zusammen ins Bad, wo ich ihr half, das Shirt auszuziehen. Dieses Mal fühlte ich keinerlei Erregung, als sie nackt vor mir stand. Was wahrscheinlich vor allem daran lag, dass sie so hilflos wirkte wie ein Kind. Nein, ich würde definitiv nicht mit ihr zusammen duschen …

»Schaffst du es allein?«, fragte ich, als sie sich an der Duschkabine festhielt.

Sie nickte und stellte das Wasser an.

»Kalt«, ermahnte ich sie.

Wieder nickte sie – und schrie leise auf, als sie den Hebel in Richtung ›kalt‹ drehte. Ich stand noch eine Weile da und beobachtete, wie ihre Lebensgeister langsam zurückkehrten. So lange, bis ich sicher war, dass sie nicht in der Dusche hinfallen würde. Dann verließ ich das Bad und ging ins Schlafzimmer, um ihr frische Kleidung zu holen – und erstarrte mitten unter dem Fadenvorhang.

»Verdammter Mist«, fluchte ich, als mein Herz seine Funktion wieder aufnahm.

Ich starrte auf die Zeichnungen, die meine verdammte Vergangenheit mit einer Heftigkeit über mich hereinbrechen ließen, bis nichts als Schutt und Asche übrig waren.

Die Zeichnungen, die ich eigentlich hatte verbrennen wollen … und es doch nicht schaffte …

So schwach. So feige. Verdammt …

Alles, was Sara in den letzten Stunden in mir hatte entstehen lassen – diesen kleinen Funken der Hoffnung, dass ich doch mehr wert war, als ich gedacht hatte … *das* alles wurde mit einem Schlag zunichtegemacht. Zermalmt unter der Abrissbirne, die sich aus Schuld, Scham und Hass zusammensetzte.

Schuld an dem, was ich getan hatte.

Scham darüber, was ich war.

Und Hass auf mich, dass ich es nicht verhindert hatte.

Es dauerte eine Weile, bis sich mein Körper aus der Erstarrung lösen konnte. Dann ging alles rasend schnell. Ich stürzte mich auf die Zeichnungen und schob sie hastig zurück in die Mappe, als könne ich damit die Tatsache löschen, dass Sara sie gesehen hatte.

Sie musste sie gesehen haben … wahrscheinlich beim Aufräumen.

Hatte sie mich deswegen vorhin so komisch angesehen? Hatte sie nicht meine namenlose Geliebte gemeint, als sie mich nach dem schönen Mädchen gefragt hatte? Sondern …

»Verdammt!«, keuchte ich, als ich mich an einer der Zeichnungen schnitt.

Warum Schnitte mit Papier viel mehr schmerzten als Schnitte mit einem Messer, würde mir wohl für immer ein Rätsel bleiben. Wahrscheinlich beruhte es auf dem gleichen Prinzip wie dem, dass sich Wunden in der Seele niemals richtig schlossen, solche auf der Haut jedoch schon.

Blut tropfte auf die Zeichnung und ich wischte es mit dem Handrücken weg, was dazu führte, dass das Gesicht, das mich all die Jahre in meinen Albträumen verfolgt hatte, jetzt aussah, als würde es Blut weinen.

»Verdammt ...« Meine Stimme war so leise, dass selbst *ich* sie kaum hören konnte.

Mit einem Mal wich alle Kraft aus meinem Körper und ich sackte auf das Bett, die Zeichnung mit beiden Händen festhaltend.

Erinnerungsfetzen tauchten in meinem Kopf auf.

Flammen ... Schreie ... meine Schreie ... ihre ...

Ich schloss die Augen und versuchte tief durchzuatmen. So wie es mir die Psychiater immer eingebläut hatten, wenn sich eine Panikattacke in mir aufbaute.

Es nützte nichts. Es nützte einfach nichts ... ich spürte, wie mein Herz zu rasen begann, als wolle es jeden Tropfen Blut aus mir herauspressen. Wie meine Kehle sich zuschnürte, ich kaum noch Luft bekam. Mein Magen rebellierte und mir wurde so übel, dass ich glaubte, mich hier und jetzt übergeben zu müssen.

»Evan?«

Die Stimme erklang nahe an meinem Ohr und ich fühlte eine Hand, die meine Schulter berührte.

»Evan?«

Sara ... sie war hier. Neben mir.

Ich presste die Augen noch fester zusammen, als könne es sie zum Verschwinden bringen.

Gut, kapiert: Ich war in der Hölle angekommen. Aber in der Hölle sollte es keine Sara geben. Keine Hand, die mir über den

Rücken fuhr. Keine Lippen, die meine Wangen berührten ... es sei denn, sie stammten vom Teufel persönlich.

»Evan ... was ist mit dir?«

Ihre Stimme klang fester. Nüchterner. Sie schien nicht mehr unter Drogen zu stehen.

Im Moment wusste ich jedoch nicht, ob mir das nicht lieber gewesen wäre. Denn ich war nicht bereit dafür, mich der nüchternen Sara zu stellen. Ihren Fragen. Vorwürfen. Ihrer Enttäuschung.

Nein. Noch nicht ...

Mein Puls raste weiter, ich spürte ihn an meinem Hals, in meinem Kopf. Mir wurde schwindelig, weil ich nicht mehr richtig atmen konnte. Ich spürte, wie mir die Zeichnung aus der Hand genommen wurde, wie Sara ihren Arm um mich legte, ihren Kopf auf meiner Schulter abstützte.

Sie flüsterte Worte in mein Ohr, die wahrscheinlich beruhigend wirken sollten. Sie taten es nicht. Nichts konnte mich beruhigen ... das hatte es noch nie gekonnt. Ich war immer schon diesen beschissenen Gefühlen hilflos ausgeliefert gewesen. Schon immer seit ... seit jener Nacht vor acht Jahren ...

Verdammt, ich hatte geglaubt, ich hätte es endlich überstanden. Endlich meine verfluchte Vergangenheit zum Schweigen gebracht. Vergraben in dem Loch, das sie in mein Leben gerissen hatte.

Weit gefehlt. Ich hatte nichts begraben. Gar nichts. Es war alles hier gewesen ... die ganze Zeit. Hier bei mir. Direkt neben dem Bett im Schrank. Hatte dort gelauert wie eine Schlange, die eine Ratte beobachtete und in dem Moment zuschlug, wo sich ihre Beute in Sicherheit wähnte. Wo sie verletzbar wurde.

Verdammt. ICH war die Ratte.

»Evan!«

Saras Stimme wurde schärfer. Ich konnte spüren, wie sie an meiner Schulter rüttelte. Doch ich konnte die Augen nicht öffnen. Es ging nicht. Ich konnte sie nicht ansehen – nicht, wenn sie mich *so* ansah, wie sie mich ansehen würde.

Als meine Wange zu brennen begann, merke ich erst, dass sie mich geschlagen hatte. Sara hatte mich geschlagen. Mir eine Ohrfeige verpasst, die den Strudel, in den ich geraten war, für einen kurzen Moment durchbrach. Es war wie ein Luftloch in einem Tunnel voller Wasser.

Luft – sie drang in meine Lungen und ich saugte sie gierig ein, schlug die Augen auf.

Sie stand vor mir, hatte die Hände in die Hüften gestemmt.

Ich blinzelte ein paar Mal und hob dann die Hand an die warme Stelle in meinem Gesicht, die sie mit ihrer Handfläche getroffen hatte.

»Au, verdammt. Das hat weh getan«, murmelte ich.

»Ich werde dir noch viel mehr weh tun, wenn du nicht endlich aus dieser Lethargie rauskommst!« Sie funkelte mich mit so viel Energie an, dass ich kaum glauben konnte, dass sie erst noch vor Kurzem high gewesen war.

Mein Blick glitt über ihren Körper. Sie stand nackt vor mir. Keine Ahnung, ob sie sich nach dem Duschen wieder aus- oder gar nicht erst angezogen hatte. Es war mir auch gleichgültig. Der Anblick, den ich vor mir hatte, half mir, mich auf etwas zu konzentrieren, das im Hier und Jetzt war. Auf Sara. Die funkelnde, splitternackte Sara.

Sie schnaubte leise, dann deutete sie auf das Bild, das auf dem Boden lag. »Du hast mir noch einiges zu erklären.«

Okay, sie war eindeutig nicht mehr high. *Das* war wieder die Sara, die ich kannte … die nicht nackt vor mir herumtanzte … obwohl … sie war gerade nackt …

»Ich …«

Weiter kam ich nicht, denn da hatte sie sich schon auf mich gesetzt und drückte mich nach hinten aufs Bett.

Was zum Teufel …

»Aber zuerst werde ich mich bei dir bedanken, weil du vorhin so Gentleman-like gewesen bist.« Sie lächelte mich zweideutig an, aber ich verstand erst, was sie meinte, als sie etwas nach unten rutschte und begann, meine Hose zu öffnen.

Das war der Moment, in dem sich meine Panikattacke vollends in Luft auflöste.

Ach du Scheiße, sie würde mir doch jetzt nicht … doch … sie tat es gerade.

Ich hatte mich geirrt … ich war nicht in der Hölle, sondern im Himmel angekommen!

Kapitel 24

Sara

Ich hatte mich nicht geirrt …

Evan hatte eindeutig eine Panikattacke gehabt – und ihn abzulenken, war das einzige Mittel, das mir auf die Schnelle eingefallen war, um ihn aus seiner Starre zu lösen.

Jetzt saß ich auf ihm und begann seine Hose auszuziehen.

Er hatte sich mit den Ellbogen aufgestützt und sah mir mit dunklem Blick dabei zu. Ich konnte erkennen, wie erregt er war … mir ging es genau so.

Aber noch ehe ich irgendetwas machen konnte, flog die Wohnungstür in hohem Bogen auf und mir entfuhr vor Schreck ein Schrei. Evan sprang vom Bett und ich konnte gerade noch verhindern, dass ich zu Boden stürzte, indem ich mich an ihm festhielt. Meine Augen flogen zum Fadenvorhang, wo jetzt ein dunkelhaariger Mann in Uniform auftauchte … mit einer Pistole in der Hand. Ein Polizist. Etwa so alt wie mein Vater, mit grimmiger Miene und wütendem Blick.

»Was verdammt …«

Weiter kam Evan nicht, denn der Mann fing an herumzubrüllen. »Auf den Boden! Alle beide!«

Ich zuckte zusammen und versuchte meine Blöße irgendwie zu bedecken. Evan reagierte schnell. Er zog seinen eigenen Pullover aus und reichte ihn mir so rasch, dass der Polizist ihn nicht daran hindern konnte.

»Auf den Boden!«, schrie der Mann erneut und ich konnte hören, dass hinter ihm weitere Personen in die Wohnung gestürmt waren. Glas klirrte und ich hoffte, dass es nicht das von Toni war. Es war ein absurder Gedanke, aber würde der Goldfisch sterben, würde das auch einen Teil von Evan töten.

Blitzschnell zog ich den Pullover über und ließ mich dann zu Boden fallen – neben Evan, der bereits dort lag, die Hände über dem Kopf verschränkt. Es schien nicht das erste Mal zu sein, dass er so was tun musste.

»Es wird alles gut«, murmelte er, während er in meine Richtung sah.

Ich nickte hektisch und machte es ihm nach, legte die Hände über meinen Kopf. Mein Blick war fest auf ihn geheftet, während mein Herz raste.

Warum waren Polizisten in seiner Wohnung? Was war bloß passiert, während ich high gewesen war? Ich versuchte mich zu erinnern, ob irgendetwas vorgefallen war, das dieses Szenario erklärte. Nein … da war nichts gewesen … oder?

Ich war definitiv wieder nüchtern – spätestens seit dieser Polizist hereingestürmt war.

»Auf die Beine!«, befahl der Mann und packte Evan grob an den Schultern. »An die Wand!«

Ich machte Anstalten, mich ebenfalls zu erheben, wurde aber von einem Fuß zu Boden gedrückt.

»Sie nicht!«

Also blieb ich liegen und versuchte zu erkennen, was sie mit Evan anstellten. Da er kein Oberteil mehr trug, wurde jetzt seine Hose durchsucht, die Evan hochgezogen und geschlossen hatte.

»Ausziehen!«, befahl der Polizist.

»Das könnte Ihnen so passen!«, schnaubte Evan, was jedoch dazu führte, dass der Fremde ihm seinen Unterarm in den Nacken drückte und sein Gesicht gegen die Wand presste.

»Keine falsche Bewegung«, knurrte der Mann. »Hände an die Wand!«

Tränen traten in meine Augen und verschleierten meinen Blick. Was machten sie nur mit ihm? Warum waren sie so grob zu ihm? Was wollten sie hier?

»Sir, wir haben was gefunden«, erklang eine weitere Stimme. Dieses Mal von einer Frau. »Es war in einem Aluminiumpaket, unter sehr verdächtigen Weihnachtskeksen.«

Ich versuchte meinen Blick frei zu blinzeln und hob den Kopf ein wenig. Eine junge Polizistin mit kurzen, blonden Haaren war ins Schlafzimmer gekommen und hielt ein kleines, weißes

Plastiksäckchen in der Hand. Es war etwa so groß wie ein Viertel ihrer Handfläche.

Der Mann packte es und hob es an Evans Gesicht. »Was ist das?«

»Ich weiß nicht«, röchelte er, da er kaum Luft bekam.

»Lügen Sie mich nicht an!«, schrie der Mann. Er ließ Evan kurz los und steckte einen Finger in das weiße Zeug, um ihn dann mit der Zunge leicht zu berühren. »Das ist Kokain! Sie werden festgenommen wegen illegalen Drogenbesitzes.« Er griff an seine Seite und holte Handschellen hervor, die er Evan anlegte. »Sie haben das Recht, zu schweigen. Sie haben das Recht, sich einen Anwalt zu nehmen. Alles, was Sie ab jetzt sagen, kann vor Gericht gegen Sie verwendet werden.« Dann wandte er sich an die Frau. »Durchsuch sie.« Er zeigte auf mich. »Ich bringe den Kerl in den Wagen. Die anderen sollen die Wohnung nach weiteren Drogen absuchen. Der Tipp war ja wirklich Gold wert!«

Die Polizistin nickte und trat dann zu mir, während ihr Kollege Evan wegzerrte.

»Sara, glaub mir, ich hab damit nichts zu tun«, rief Evan, ehe er aus dem Zimmer gezerrt wurde.

Ich sah ihm fassungslos hinterher. Waren wir vor wenigen Minuten noch im Himmel gewesen, so brach dieser gerade über uns zusammen.

Die Polizistin wirkte immerhin nicht so unfreundlich wie der Mann. Sie war ungefähr in meinem Alter, vielleicht ein paar

Jahre älter. Als sie mir befahl, aufzustehen, tat ich es. Ich fühlte mich wie gelähmt, unfähig, etwas zu sagen oder zu tun. Sie durchsuchte mich – da ich nicht viel am Körper trug, war das ziemlich schnell erledigt.

»Sie ist sauber«, sagte die Frau zu irgendjemandem, der wohl auch ins Zimmer gekommen war. »Wir werden sie trotzdem auf die Wache mitnehmen.« Dann wandte sie sich wieder mir zu. »Ziehen Sie sich etwas an. Und nehmen Sie Ihre Ausweispapiere mit. Die werden Sie noch brauchen.«

Ich fühlte mich wie im falschen Film … das musste ein Albtraum sein. Vielleicht war ich immer noch high und fantasierte? Vielleicht würde ich gleich aufwachen und in Evans Armen liegen?

Fahrig suchte ich nach Unterwäsche und meiner Jeans und zog beides an. Evans Pullover legte ich nicht ab. Er roch immer noch nach ihm und ich würde ihn mit ins Grab nehmen, wenn es sein musste. Dann griff ich nach meiner Handtasche und steckte mein Handy hinein. Hoffentlich durfte ich meinen Vater anrufen …

»Kommen Sie mit«, sagte die Polizistin in freundlicherem Tonfall als der Typ vorhin zu Evan.

Ich folgte ihr widerstandslos aus der Wohnung.

Als ich im Flur ankam, konnte ich erkennen, wie die alte Frau von unten aus ihrer Tür spähte. Sie würde Hannes hoffentlich darüber informieren, was passiert war … vielleicht konnte er das Ganze aufklären. Es musste sich um ein Missverständnis handeln …

Draußen fiel der Schnee sacht auf uns herunter. Es war früher Abend und eiskalt. Ich hätte meinen Mantel mitnehmen sollen, wie mir zu spät einfiel.

Evan saß bereits in einem der beiden Polizeiautos, die vor dem Haus standen. Er musste frieren, denn er trug nichts als seine Hose. Sein Blick war mindestens genauso verstört wie meiner, als ich an dem Autofenster vorbeiging. Unsere Blicke trafen sich für den Bruchteil einer Sekunde – es reichte, um zu wissen, dass er unschuldig war. Ich wusste es einfach.

Natürlich setzten sie mich nicht in denselben Wagen.

Während wir zur Wache gebracht wurden, versuchte ich meine aufkommende Nervosität unter Kontrolle zu bekommen.

Es würde sich alles klären. Es *musste* einfach so sein.

Ich glaubte Evan, wenn er sagte, dass er nichts mit dem Koks zu tun hatte, das in seiner Wohnung gefunden worden war … aber woher konnte es denn sonst stammen? Die Polizistin hatte erwähnt, dass das Kokain in dem Päckchen mit den Zimtkeksen gefunden worden war. Konnte es sein, dass diese schwarz gekleidete Unbekannte Evan die Drogen untergejubelt hatte? Aber warum? Warum tat man so etwas? Einem Menschen absichtlich schaden? Eifersucht? Nein … sie schien nicht wirklich gewusst zu haben, dass ich in Evans Wohnung war … oder doch? Aber woher?

Meine Gedanken überschlugen sich beinahe, weil ich fieberhaft nach einer Antwort suchte.

Endlich kamen wir bei der Wache an und wurden ins Gebäude geführt. Es gelang mir, einen kurzen Blick auf Evan zu werfen, ehe er in einem der Büros verschwand, wo er wahrscheinlich verhört wurde.

Mich brachten sie in ein anderes Zimmer, zu einem älteren Mann, der mich mit scharfem Blick ansah. Er trug einen dichten Bart, der mit silbernen Strähnen durchzogen war. Seine Augenbrauen waren buschig, aber seine weißen Haare gepflegt. Etwas in seinen Augen schüchterte mich ein … und dennoch vermeinte ich, Wärme darin zu erkennen. Vielleicht konnte ich mit ihm in Ruhe sprechen. Vielleicht würde er mir glauben, dass Evan unschuldig war.

Das Büro war klein und ordentlich. Außer einem Schreibtisch und mehreren Aktenschränken gab es nur noch zwei Stühle. Auf dem Schild vor dem Polizisten stand ›Officer A. Stone‹.

Die Polizistin, die die ganze Zeit bei mir gewesen war, gab Mister Stone meine Personalien und bedeutete mir dann, mich auf einen der Stühle zu setzen, während sie hinter mir stehen blieb. Ich folgte ihrer Anweisung und starrte auf das Blatt Papier, das vor dem Mann lag.

»Was machen Sie mit Evan?«, fragte ich.

»*Ich* stelle die Fragen«, brummte der Mann und hob den Blick von meinem Pass, den er mit beiden Händen hielt. »Ihr Name ist also Sara Miles und Sie kommen aus England?«

Ich nickte knapp. »London.«

Er notierte sich etwas auf dem Zettel. »Wie lange kennen Sie Evan Wayne?«

Ich zuckte mit den Schultern. »Ich habe ihn auf einer Online-Plattform kennengelernt … für Singles. Kennen tue ich ihn erst seit knapp zwei Tagen. Wir haben zwar vorher gechattet, aber uns noch nie getroffen.«

Der Mann nickte und notierte sich erneut ein paar Sachen. »Hatten Sie jemals mit Drogen zu tun?«

Ich schauderte unwillkürlich.

Etwas, das dem Mann nicht entging, denn sein messerscharfer Blick traf mich erneut. »Wir werden nachher einen Drogentest machen«, meinte er dann und schrieb weiter.

»Ich … ich habe aus Versehen vor ein paar Stunden Kekse gegessen«, stotterte ich, weil ich das Gefühl hatte, dass ich irgendetwas sagen musste. »Zimtkekse … mit Marihuana drin … sie waren von einer schwarz gekleideten Frau gebracht worden … für Evan … als Geschenk. Ich wusste nicht, dass Drogen darin sind … ich dachte, es wären ganz normale Kekse … ich hätte niemals freiwillig so etwas gegessen … das müssen Sie mir glauben.«

Der Polizist musterte mich mit neuem Interesse. »Wer war diese Frau?«

»Ich weiß es nicht. Aber sie sagte, sie kenne Evan, sei seine Freundin. Und sie hat die Kekse für Evans Geburtstag gebacken.«

Wieder notierte sich der Mann etwas. Dann hob er den Blick und tippte etwas in den Computer neben sich ein, ehe er mich erneut ansah. »Evan Wayne hat heute nicht Geburtstag, sondern erst am einunddreißigsten Dezember.«

»Nicht heute?« Ich sah ihn entgeistert an. Das bedeutete, dass diese Frau mich angelogen hatte. »Bitte, ich kenne Evan zwar noch nicht so lange, aber ich bin mir sicher, dass er unschuldig ist. Er würde seine Freiheit nie derart gedankenlos aufs Spiel setzen. Er hat so viel getan in den letzten Jahren, um nicht mehr straffällig zu werden.«

»Die Entscheidung, ob er schuldig ist oder nicht, überlassen Sie bitte dem Gericht.« Der Mann sah mich erneut scharf an.

»Aber … Sie können ihn doch nicht für etwas einsperren, das er nicht getan hat!«, rief ich und musste mich zusammenreißen, um nicht aufzuspringen. »Das muss ein Missverständnis sein … oder …« Ich stutzte und sah ihn dann eindringlich an. »Ich bin mir ziemlich sicher, dass ich weiß, wer dahinterstecken könnte.«

Der Polizist seufzte und sah mich gelangweilt an. »Hören Sie, ich habe Ihnen schon gesagt, dass Sie das dem Gericht überlassen sollen.«

»Nein, Sie verstehen nicht.« Ich schüttelte vehement den Kopf. »Ich bin mir sicher, dass dieser Matt … Dingens … Bakker! Matt Bakker … dass er seine Finger im Spiel hat. Er wird auch ›Matt, der Bäcker‹ genannt.«

Der Mann hob eine Augenbraue. »Matt, der Bäcker? Woher kennen Sie diesen Namen?«

»Evan …« Ich hielt inne, da ich merkte, dass ich jetzt aufpassen musste, was ich gleich sagen würde. Das Letzte, was ich wollte, war, Evan zu belasten. »Wir sind Matt Bakker gestern Nachmittag begegnet. Im Battery Park. Er hat mich sexuell belästigt und Evan hat mir geholfen.« Gut, es war etwas übertrieben, aber Matt *hätte* mich sexuell belästigt, wäre Evan nicht dazwischengegangen. »Kann sein, dass das alte … Zwistigkeiten heraufbeschworen hat. Matt war ziemlich wütend auf Evan. Und es ist doch sehr verdächtig, dass nur einen Tag darauf eine Frau mit Drogen bei ihm auftaucht, oder?«

»Warum sollte das verdächtig sein?« Der Mann sah mich aus schmalen Augen an.

»Nun … Evan hat noch *nie* eine Frau zu sich in die Wohnung genommen. Da können Sie seinen Nachbarn Hannes Schmidt fragen … oder die Nachbarin von unten … Miss Walker, die alles überwacht, was im Haus geschieht. Die können das bestätigen. Daher ist es höchst ungewöhnlich, dass diese Frau mit einem Mal aufgetaucht ist.«

»Wie mir gesagt wurde, waren *Sie* in der Wohnung, als die Razzia stattfand«, meinte der Polizist und fuhr sich mit dem Zeigefinger über den Bart. »Sie sind auch eine Frau.«

»Das stimmt … aber … ich bin hier in New York, weil ich Urlaub machen wollte. Bei Evan. Wir haben uns wie gesagt im Internet kennengelernt. Ich glaube, er wollte gar nicht, dass ich bei ihm übernachte, aber sein Freund Hannes hat darauf bestanden.«

Der Mann seufzte. »Ich werde diesen Hannes zum Verhör herbestellen«, sagte er schließlich. »Gehen Sie mit meiner Kollegin mit, geben Sie die Kontaktdaten an und lassen Sie den Drogentest machen.«

»Der wird positiv ausfallen …« Ich hörte selbst die Panik in meiner Stimme. »Aber ich wusste wirklich nicht, dass Marihuana in den Keksen ist! Ich habe noch nie in meinem Leben Drogen genommen und werde auch nie wieder welche nehmen. Das war ein Versehen. Ich wollte nicht …«

»Beruhigen Sie sich, Lady«, meinte der Mann. »Sie werden mit einer Verwarnung und einer Geldstrafe davonkommen. Mister Wayne hingegen …« Er hob die Augenbrauen. »Wir werden sehen, was wir mit ihm machen. Er ist vorbestraft, wir werden ihn für mindestens vierundzwanzig Stunden hier behalten.«

»Was?« Meine Stimme klang mit einem Mal viel zu hoch. »Nein … aber … gibt es keine Kaution oder so?«

Der Polizist lehnte sich im Stuhl zurück. »Die wird noch festgelegt. Aber ziemlich sicher wird sie so hoch sein, dass er sie nicht bezahlen können wird.« Dann gab er der Polizistin ein Zeichen, die immer noch hinter mir stand. »Abführen.«

Ich wollte noch so viel fragen und loswerden, aber meine Kehle fühlte sich wie zugeschnürt an. Widerstandslos ließ ich mich von der blonden Polizistin in einen Nebenraum führen.

Wann genau war das Chaos über mich hereingebrochen? Warum fühlte es sich gerade so an, als würde mir der Erdboden unter den Füßen weggezogen?

Kapitel 25

Evan

Mir wurde der Erdboden unter den Füßen weggezogen und das Chaos brach immer stärker über mich herein.

Was machten sie mit Sara? Keiner wollte mir etwas sagen, niemand meine Fragen beantworten. Was mit *mir* geschah, war mir gleichgültig. Aber Sara durften sie kein Haar krümmen. Sie hatte mit dieser ganzen verdammten Sache nichts zu tun. Sie war nicht schuld an dem, was passiert war … und das musste ich diesen Paragraphenreitern irgendwie verklickern.

Jetzt saß ich in einer Zelle und wartete darauf, dass sie mich weiter verhörten. Im Büro hatten sie nur meine Personalien überprüft, dann war ich weggeführt worden. Sie hatten bereits ihre Meinung über mich gefasst … ich stand schon auf der Abschussliste.

Inzwischen hatten sie mir immerhin ein Oberteil gegeben, das ich hatte überstreifen können. Und eine Hose. Beides in Grau gehalten. In Gefängnis-Grau. Ich hasste diese Farbe …

Immer wieder stand ich auf und tigerte in der Zelle herum. Ich war nicht der Einzige hier – es gab nebenan noch weitere Zellen, die mit Gitterstäben voneinander getrennt waren. Darin befanden sich andere Häftlinge – alles Männer. Mein Zellennachbar hatte mit mir ein Gespräch beginnen wollen, aber ich hatte es abgewürgt. Mir war nicht nach Sprechen zumute. Mir war einfach nur schlecht …

Irgendwann kam endlich ein junger Polizist, der mir abermals Handschellen anlegte und mich dann in ein Büro zu einem älteren Mann führte. Er hatte weiße Haare und stechend blaue Augen. Kein Typ, mit dem man sich anlegen wollte, wie ich sofort erkennen konnte.

»Setzen Sie sich, Mister Wayne«, sagte er mit tiefer Stimme und deutete auf einen der Stühle vor seinem Schreibtisch.

Ich folgte seiner Aufforderung, ließ ihn jedoch nicht aus den Augen. »Wo ist Sara?«, fragte ich, ehe er etwas sagen konnte.

»Ihre Freundin wurde vor drei Stunden abgeholt«, sagte der ältere Polizist. Er lehnte sich etwas im Stuhl zurück und ich spürte, wie sich meine Eingeweide zusammenzogen.

»Von wem wurde Sara abgeholt?«, wollte ich wissen. Sie kannte niemanden hier in New York. Außer Hannes … ich betete zu Gott, dass *er* es war, der sie von hier weggebracht hatte.

»Sie hat einen Freund angerufen. Der hat ebenfalls hier als Zeuge ausgesagt. Ein gewisser Hannes Schmidt.«

Ich atmete leise aus, als ich seinen Namen hörte. Zum ersten Mal war ich froh darüber, dass er mein Nachbar war. Er würde sich um Sara kümmern, solange ich weg war. Wie lange das auch immer sein mochte …

»Wir werden sie in Gewahrsam nehmen«, fuhr der Polizist fort.

»Ich bin unschuldig!«, rief ich. »Ich würde keine harten Drogen zu Hause bunkern. So dämlich bin ich nicht!«

Der Mann sah mich abwägend an. »Mag sein. Ihre Freundin Sara hat uns einen wertvollen Hinweis gegeben, dem wir nachgegangen sind.«

»Was für ein Hinweis?«

»Sie kennen einen gewissen Matt Bakker?«

In mir gefror alles. Warum hatte Sara dem Polizisten diesen Namen genannt?

»Ja …«, antwortete ich gedehnt. »Aber ich habe ihn schon länger nicht mehr gesehen.«

»Da hat uns Ihre Freundin aber etwas anderes erzählt.« Der Mann verschränkte die Arme vor der Brust.

Verdammt! Was hatte Sara ihm gesagt?! Wollte sie mich etwa mit Absicht ins offene Messer laufen lassen? Hasste sie mich, weil sie in Sachen hineingezogen worden war, die sie sich nicht einmal in ihren schlimmsten Albträumen hatte vorstellen können? Glaubte sie nicht an meine Unschuld?

»Wo waren Sie gestern um diese Zeit?« Der ältere Polizist sah mich jetzt so durchdringend an, dass ich in meinem Stuhl kleiner wurde.

Meine Gedanken überschlugen sich, weil ich den Grund für diese Frage nicht wusste.

»Im Battery Park«, antwortete ich schließlich.

Es brachte nichts, ich musste die Wahrheit sagen, wenn ich auch nur den Hauch einer Chance haben wollte, hier rauszukommen.

Der Mann nickte und machte sich ein paar Notizen. »Wer war bei Ihnen?«

Wieder zögerte ich. Aber mir war klar, dass der Polizist sofort erkennen würde, wenn ich ihn anlog. Solche Typen wie er waren darin geschult, Lügen von Wahrheit zu unterscheiden. Also holte ich tief Luft.

»Sara wollte unbedingt Downtown ansehen«, erklärte ich. »Und die Freiheitsstatue. Daher sind wir in den Battery Park gefahren … und da sind wir meinem Kumpel Matt begegnet. Okay, ›Kumpel‹ würde ich ihn nicht mehr nennen. Er ist ein Arschloch. Und er hat Sara bedroht. Wir konnten ihm und seiner Bande entkommen.«

»Gut, das reicht mir vorerst«, meinte der Polizist. »Ihre Aussage deckt sich mit der Ihrer Freundin.« Er schrieb noch etwas auf seinem Papier herum, dann hob er den Blick. »Wir haben ein Angebot für Sie, sagen wir mal, so eine Art Weihnachtsgeschenk: Die Kaution wurde auf tausend Dollar festgesetzt. Eine Summe, die Sie wohl kaum begleichen können. Aber wenn Sie mit uns kooperieren, könnten wir sie auf fünfhundert Dollar runtersetzen. Ihre Freundin hat einen Scheck hiergelassen, der diese Summe decken würde. Sie hat ihren Vater dafür angerufen. Die Bedingung ist folgende: Sagen Sie uns alles, was Sie über Matt Bakker wissen. Wir sind ihm seit einer Weile auf den Fersen, haben aber nichts gegen ihn in der Hand, um ihn dingfest zu machen. Und erzählen Sie uns ebenfalls von Ihrer Freundin, die Ihnen diese Marihuana-Kekse gebracht hat. Wir haben den Verdacht, dass es sich um eine Dealerin handelt, die mit Matt in enger Verbindung steht. Wenn Sie kooperieren, könnten Sie bereits morgen Mittag wieder auf freiem Fuß sein. Sie haben Glück, dass wir keine weiteren Drogen in Ihrer Wohnung gefunden haben – und auch sonst nichts Verdächtiges. Zudem haben wir die Aussagen Ihres Freundes und Ihrer Nachbarin. Alles zusammen ist uns Beweis genug, dass Sie zumindest versuchen, Ihr Leben in den Griff zu bekommen …«

Ich starrte den Polizisten verdattert an. »Ich werde also nicht ins Gefängnis kommen?«

Der Mann zuckte mit den Schultern. »Sie haben es in der Hand. Wenn Sie auf unseren Deal eingehen, können Sie mit einem blauen Auge davonkommen. Wenn nicht … nun, die zweite Variante sollte Ihnen ja bereits aus Ihrer Vergangenheit bekannt sein.«

Ich nickte langsam. »Nun gut. Ich werde Ihnen alles sagen, was ich über Matt Bakker weiß … es ist allerdings nicht viel.«

»Ich werde Ihre Aussage aufzeichnen.« Der Mann holte ein kleines Diktiergerät hervor und stellte es vor sich auf den Tisch. »Dann mal los.«

Wieder nickte ich und holte tief Luft, während mein Herz schneller zu schlagen begann. Das hier war jetzt unglaublich wichtig ... »Ich habe ihn das letzte Mal vor fünf Jahren gesehen, kurz nachdem ich aus dem Gefängnis gekommen bin.«

»Wie war Ihr Verhältnis davor?«, unterbrach mich der Polizist.

»Vor dem Gefängnis? Wir waren ... Kumpels. Hatten das eine oder andere Ding zusammen gedreht. Nichts Großes. Kleinere Deals, Diebstähle. Dafür habe ich meine Strafe ja bereits abgesessen.« Ich sah ihm fest in die Augen. Nicht, dass er noch auf die Idee kam, das, was ich hier gerade erzählte, gegen mich zu verwenden.

Der Polizist neigte seinen Kopf. »Das ist mir bekannt. Wir werden Dinge, die *vor* ihrer Gefängnisstrafe passiert sind, nicht gegen Sie verwenden. Fahren Sie fort.«

»Okay.« Ich atmete tief durch. »Matt Bakker ist ein Arschloch. Er hat überall seine Finger im Spiel und delegiert alles, was ihn irgendwie belasten könnte, an andere. Der Fokus liegt bei ihm auf Drogen und Prostitution. Sein Hauptquartier ist nicht einmal seinen engsten Freunden bekannt. Er trifft sich meist in irgendeinem Park im südlichen Teil von Manhattan mit seinen Anhängern. Verkleidet sich auch gern mal als Geschäftsmann.«

»Können Sie mir ein paar Namen von den Leuten nennen, die mit ihm in enger Verbindung stehen?«

Ich nickte und ging die Namensliste durch, die mir aus meiner Zeit vor dem Gefängnis noch in Erinnerung war.

»Gut. Das sollte uns auf jeden Fall weiterhelfen«, meinte der Polizist. »Wie sieht's mit Ihrer Freundin aus, die Ihnen die Marihuana-Kekse und das Kokain vorbeigebracht hat?«

Ich legte meine Stirn in Falten. »Ich kenne sie nicht wirklich, weiß nicht mal ihren Namen. Ab und an habe ich sie besucht ... gewisse ... männliche Bedürfnisse, wenn Sie verstehen. Sie hat immer Drogen bei sich zu Hause. Versteckt sie in einem Geheimfach unter dem Sofa. Warum sie mir diese Kekse vorbeigebracht hat, kann ich nur erahnen ... wenn Sie sagen, dass sie mit Matt Bakker in Verbindung steht, dann könnte es sein, dass er ihr den Tipp mit Sara gegeben hat. Und sie vorbeigekommen ist, um sich selbst zu vergewissern, ob es stimmt. Wir waren zwar nicht fest zusammen, aber womöglich hat sie mir dann aus Eifersucht die Drogen untergejubelt ... zuzutrauen wär's ihr, sie ist meist sehr impulsiv.« Ich fuhr mir mit beiden Händen durch die Haare, was schwierig war, weil ich immer noch Handschellen trug.

»Das wäre eine mögliche Erklärung«, sagte der Polizist langsam. »Wir werden sie auf jeden Fall verhören.«

»Wird sie auch einen Deal von Ihnen angeboten bekommen?«

Der Mann schüttelte zu meiner Erleichterung den Kopf. »Wenn es stimmt, was Sie und Ihre Freundin ausgesagt haben, hat sie eine Straftat begangen, die unter anderem Körperverletzung einschließt. Aber wenn sie etwas über diesen Matt Bakker weiß, dann werden wir uns vorbehalten, ihr ebenfalls einen Deal anzubieten. Allerdings in stark abgeschwächter Form zu dem, was wir Ihnen angeboten haben.«

Eine Weile noch fragte er mich über Dinge in Bezug auf Matt Bakker aus. Ich erzählte ihm alles, was ich wusste. Was wirklich nicht so viel war. Dennoch schien es ihm zum Glück zu reichen, denn am Ende sagte er: »Wir werden Sie die Nacht über hierbehalten, bis wir allen Hinweisen nachgegangen sind und die Verdächtigen überführt haben. Wenn alles stimmt, was Sie uns angegeben haben, sind Sie ab morgen Mittag auf freiem Fuß und die Kaution wird dann nicht eingefordert.«

Ich nickte und ließ mich zurück in die Zelle führen.

Das würde eine lange, kalte Nacht werden … ohne Sara.

Kapitel 26

Sara

Das würde eine lange, kalte Nacht werden … ohne Evan. Ich starrte aus dem Fenster seines Schlafzimmers und sah den Schneeflocken zu, die leise vom Himmel fielen. Alles wirkte so ruhig und friedlich … dabei tobte in mir ein Hurrikan.

Für Evan hatte ich meine eiserne Regel gebrochen und meinen Vater angerufen. Auf die Moralpredigt war ich vorbereitet gewesen … auch darauf, dass ich morgen mit dem ersten Flieger wieder nach Hause reisen musste. Das hatte ich alles bereits einkalkuliert, während ich seine Nummer gewählt hatte. Aber nicht, dass er mir tatsächlich einen Scheck von fünfhundert Dollar ausstellen würde, um Evan aus dem Gefängnis zu holen. Ich hatte nicht einmal großartig darum betteln müssen – wahrscheinlich hatte mein Vater ein so schlechtes Gewissen, weil er mich seit drei Monaten nicht mehr gesehen hatte und bald Weihnachten war, dass er mir jeden Wunsch erfüllt hätte.

Morgen würde ich New York also verlassen … viel früher, als ich gedacht hatte …

Kein Evan mehr … kein Rockefeller Center …

Ich seufzte bei dem Gedanken, dass irgendwie alles ganz und gar nicht so abgelaufen war, wie ich es mir vorgestellt hatte.

Angefangen bei Evan, der mich mit seiner Art erst überrascht und dann fasziniert hatte … und dann …

Ach herrje, allein bei der Erinnerung daran, was wir gestern gemacht hatten, schoss mir die Röte in die Wangen und mein Herz stolperte, um dann einen Gang zuzulegen. Ich hatte mich wirklich in Evan verknallt … und das machte den Abschied nicht einfacher …

Ich hatte den Polizisten angefleht, nochmals mit ihm sprechen zu dürfen. Leider vergebens. Er hatte mich nicht zu Evan gelassen. »Aus ermittlungstechnischen Gründen«, hatte er gesagt.

Verdammte Ermittlung! Verdammte Gründe!

Ich wollte zu Evan … mich wenigstens von ihm verabschieden. Denn so rasch würde ich ihn wohl nicht wiedersehen – ich war zwar volljährig, aber da mein Vater mir ab sofort den Geldhahn zudrehen würde, war's das vorerst mit Auslandsreisen. Mein Gehalt von meinem Kellner-Nebenjob reichte gerade mal für die Miete und ein paar Drinks, wenn ich ab und zu abends ausging.

Ich legte mich bäuchlings auf Evans Bett und sog seinen Duft ein, der mir aus den Kissen und der Decke entgegenströmte, mich einhüllte und tröstete.

Wie konnte man sich so schnell so stark zu jemandem hingezogen fühlen? Jemanden, den ich nicht einmal wirklich kannte? Und der ganz und gar kein Unschuldslamm war?

Hannes hatte mir vorhin, als er mich abgeholt hatte, alles gebeichtet. Alles darüber, dass *er* es eigentlich gewesen war, mit dem ich die ganze Zeit gechattet hatte. Dass Evan bis vor wenigen Tagen nicht einmal gewusst hatte, dass ich herkommen würde. Hannes hatte es mit eingezogenem Kopf erzählt, als hätte er erwartet, dass ich ihm eine runterhaute, wenn ich die ganze Wahrheit erfuhr.

Aber ich hatte ihm keine runtergehauen … ich hatte ihn umarmt und mich bei ihm bedankt. Eine Geste, mit der er wohl nicht gerechnet hatte, seinem Gesichtsausdruck nach zu urteilen. Doch ich musste ihm einfach Danke sagen. Dafür, dass er mich hergeholt und mir Evan vorgestellt hatte.

Denn inzwischen mochte ich *den* Evan, wegen dem ich New York so überstürzt verlassen musste, noch viel mehr als *den*, wegen dem ich ursprünglich hierhergekommen war.

Hätte ich nicht geglaubt, dass in Evan ein freundlicher Mensch steckte, hätte ich es wohl nie so lange mit ihm ausgehalten. Mir wohl nie so viele von seinen dämlichen Sprüchen angehört. Ich hätte mich von seiner abweisenden Fassade verscheuchen lassen, ehe ich die Gelegenheit gehabt hätte, den Mann dahinter kennenzulernen.

Ja, ich mochte diesen Evan, der brummig sein konnte. Sarkastisch. Zynisch. Abweisend. Und der sich dennoch um mich kümmerte, mich küsste, mich verwöhnte, mit mir Dinge tat, die ich mir im Traum niemals hätte vorstellen können. Evan, der so viele Seiten an sich hatte … eine harte Schale, hinter der er ein großes Herz verbarg … und eine Vergangenheit, die mir Kopfzerbrechen bereitete.

Die Zeichnungen, die ich in seinem Schrank gefunden hatte, hatte ich auf dem Boden ausgebreitet. Ich hatte nach irgendeinem Hinweis gesucht. Irgendetwas, was es mit diesem Mädchen auf sich haben könnte. Natürlich hatte ich nichts gefunden, und auch Hannes, den ich gefragt hatte, hatte mir nichts über die Bilder sagen können – das hätte mich auch irgendwie gewundert.

Schließlich hatte ich es aufgegeben und begonnen, Evan einen langen Brief zu schreiben. Einen Brief, in welchem ich versuchte, meine Gefühle für ihn in Worte zu fassen. Ich hatte etwa zwanzig Mal damit begonnen, bis ich alles so formuliert hatte, wie ich es für einigermaßen angemessen empfand.

Hannes war irgendwann mit einer warmen Suppe vorbeigekommen, die wir auf Evans Sofa gegessen hatten. Er hatte mir zugehört, mich in den Arm genommen – und ja, er war eindeutig schwul. Er kam mir vielmehr wie Mary vor, wenn sie mich aufmuntern wollte.

Irgendwann war er in seine Wohnung zurückgegangen und ich hatte lange mit Mary telefoniert. Ihr alles erzählt, was hier passiert war. Bei ihr war es zwar mitten in der Nacht gewesen, aber sie hatte mich getröstet. Es hatte gutgetan, ihre Stimme zu hören.

Dann hatte ich begonnen, Evans Apartment weiter aufzuräumen. Einfach um mich irgendwie zu beschäftigen und von den Gedanken abzulenken, die in meinem Kopf herumwirbelten. Dabei war mir eine Idee gekommen, die ich morgen umsetzen würde, ehe ich New York verlassen musste. Mein Flieger ging um vierzehn Uhr. Mir blieb noch Zeit dazu, meinen Plan in die Tat umzusetzen … und Evan vielleicht zu helfen, nach vorn zu blicken.

Ich würde ihn nicht anrufen, wenn ich zurück in London war, und seine Nummer blockieren. Das nahm ich mir fest vor und das Kontrollmonster in mir, das von all den Ereignissen der letzten Stunden Kopfschmerzen hatte, nickte zustimmend. Ich hatte die Kontrolle abgegeben. An Evan. Es war schön gewesen und ich wusste jetzt, dass ich nicht immer alles planen musste.

Dennoch musste auch *ich* nach vorn blicken.

So sehr ich Evan auch mochte und so sehr es mir das Herz zerreißen würde, ihn nie mehr wiederzusehen … es war besser, den Kontakt zu ihm abzubrechen, als zu wissen, dass ich ihm womöglich genauso viel bedeutete wie er mir. Und wir nicht zusammen sein konnten.

Da ich so schnell nicht wieder nach New York fliegen würde und er mit Sicherheit nicht genug Geld besaß, um mich regelmäßig in London zu besuchen, war das die beste Lösung für uns. Wir konnten keine Fernbeziehung führen. Dafür kannten wir uns nicht gut genug. Und nur durch chatten oder skypen würden wir uns auch nicht besser kennenlernen. Evan war ein Mensch, den man mit Berührungen erreichen konnte. Nicht mit Worten. Das hatte ich in den letzten Stunden begriffen.

Die Entscheidung war mir unglaublich schwergefallen, aber wenn ich wollte, dass er glücklich wurde, dann musste er es ohne mich werden.

Mit diesen Worten im Hinterkopf schlief ich in seinem Bett ein. Ich träumte wirre Dinge – von Evan im Gefängnis. Dinge, die mich immer wieder aus meinem Schlaf rissen, mein Herz rasen ließen.

Es war eine unruhige Nacht und als ich am nächsten Morgen erwachte, fühlte ich mich wie gerädert.

Dennoch packte ich meine Sachen und ging dann zu Hannes, da er mir würde helfen müssen. Es war Mittwochmorgen und Hannes hatte mir erklärt, dass er heute frei hatte. Er hatte mir sogar angeboten, mich zum Flughafen zu begleiten – was ich sehr gern angenommen hatte. Der Gedanke, allein dorthin zu fahren, hätte mir nicht behagt. New York war einfach zu groß … in jeder Hinsicht.

»Ja?«, fragte Hannes, als er mir die Tür öffnete. »Kann ich noch etwas für dich tun?«

Ich nickte. »Fährst du mit mir zu einer Tierhandlung?«

Hannes strich sich ein paar blonde Strähnen zurück und runzelte die Stirn. »Tierhandlung? Warum willst du denn dorthin?«

»Wirst du schon sehen.«

Er schüttelte verständnislos den Kopf, nahm aber seine Jacke und folgte mir.

Zwei Stunden später standen wir wieder in Evans Wohnung.

»Glaubst du, er wird sich darüber freuen?«, fragte ich Hannes unsicher.

»Evan?« Er warf mir einen schiefen Blick zu. »Ich denke schon. Und du willst ganz bestimmt nicht, dass ich dich anrufe? Oder dir eine Mail schreibe?«

Ich schüttelte den Kopf. »Nein. Schreib mir bitte nur, wenn irgendetwas mit Evan ist. Der Officer hat gesagt, dass er heute Mittag entlassen wird. Dann bin ich aber schon am Flughafen. Falls er doch nicht entlassen wird oder sonst irgendetwas ist, schreib mir bitte. Aber sonst … es bringt ja nichts, wir haben keine gemeinsame Zukunft. Es würde uns beide eher unglück licher machen, als dass es uns helfen würde, wenn wir weiterhin Kontakt hätten.«

»Verstehe.« Hannes stand mit trauriger Miene vor mir.

»Hey.« Ich berührte ihn am Arm. »Du hast uns beiden wirklich einen Gefallen getan. Ich weiß jetzt, dass ich auch mal die Kontrolle abgeben kann und es sich gut anfühlt. Und Evan … ich glaube, er steht auch am Beginn einer Veränderung. Ich hoffe es zumindest fest für ihn.«

Hannes nickte. »Womöglich hast du recht. Dennoch hätte ich mir gewünscht, dass ihr zwei mehr Zeit miteinander gehabt hättet. Ihr wärt ein schönes Paar gewesen …«

Ich lächelte. »Vielleicht ist es besser so. Wer weiß, ob wir uns nicht doch noch in die Haare gekriegt hätten. Aber so kann ich immer mit einer schönen Erinnerung an New York zurückdenken. Nun ja … wenn man vom Gefängnis mal absieht.«

»Okay. Bist du bereit? Können wir los?«

Ich sah mich noch einmal kurz in der Wohnung um. Dann ergriff ich meinen kleinen Koffer, der nun keine neue Kleidung oder Weihnachtsgeschenke enthielt, da ich das Geld für etwas anderes ausgegeben hatte.

»Ja, lass uns gehen.«

Ohne mich noch einmal umzudrehen, verließ ich Evans Apartment.

Mein Abschiedsgeschenk stand auf der Kommode … neben meinem Brief. Einem langen Brief, der ihm all das sagen würde, was ich ihm noch hatte sagen wollen. Am Schluss meines Textes hatte ich lange gefeilt, mehrere Versionen ausprobiert, ihn dann aber so geschrieben, wie ich ihn beim ersten Gedanken hatte aufschreiben wollen.

Mach's gut, Evan. Zerreiß deine Wunschliste und beginne, deinen Wünschen zu folgen – sie zu erleben.

Bye

Sara

Kapitel 27

Evan

Mach's gut, Evan. Zerreiß deine Wunschliste und beginne, deinen Wünschen zu folgen – sie zu erleben.
Bye
Sara

Diese Worte las ich durch, während ich vor der Kommode in meiner Wohnung stand. Es waren Worte, die mir näher gingen als all die Floskeln der Psychiater, bei denen ich bisher gewesen war. Sie bewegten etwas in mir … jedes Mal, wenn ich sie vor Augen hatte.

Sara …

Die Blätter des Briefs waren bereits zerknittert, weil ich sie so oft in den Händen gehalten hatte. Neun Wochen war es jetzt her, seit Sara abgereist war. Neun verdammt lange, harte Wochen. Inzwischen war der Frühling dabei, in New York Einzug zu halten. Aber für mich blieb es dennoch Winter … so fühlte es sich zumindest in meinem Herzen an.

Oje, war ich melodramatisch geworden … aber daran war einzig und allein Sara schuld.

Sara …

In den ersten Tagen hatte noch alles nach ihr gerochen. Alles, was ich angefasst hatte, hatte mich an sie erinnert. Immerhin war ihr Duft irgendwann verblasst … ich hatte mir sogar gewünscht, wieder mit dem Rauchen anzufangen, dann hätte ich nämlich meine Wohnung zuqualmen und Saras Geruch vertreiben können. Aber ihre Worte hielten mich davon ab, erneut damit zu beginnen. Ich hatte meine letzte Zigarette geraucht, als ich aus der Untersuchungshaft entlassen worden war, und danach das Päckchen weggeschmissen.

Sara …

Jeden Tag erinnerte mich ihr Geschenk daran, dass sie hier gewesen war. Manchmal kam sie mir wie ein Dschinn vor, der mit einem Fingerschnippen mein ganzes Leben umgekrempelt hatte. Wie ein Bulldozer, der die Mauer, die meine Vergangenheit so lange zuverlässig vor mir verborgen hielt, eingerissen hatte. So, dass ich hinschauen musste. Dass ich nichts mehr unter den Teppich kehren konnte …

Sara …

Als ich nach meiner Verhaftung nach Hause zurückgekehrt war, hatte ich erstmal zehn Minuten lang wie erstarrt einfach in der Haustür gestanden.

»Sie wollte es dir eigentlich persönlich geben, aber sie musste abreisen. Ihr Vater hat darauf bestanden«, waren Hannes' Worte gewesen, ehe er mich allein gelassen hatte.

Mein Blick war auf die Kommode geheftet gewesen, als wäre er dort festgefroren. Denn darauf stand ein brandneues Aquarium … mit zwei Tonis, die fröhlich hin und her schwammen.

Ich hatte nicht einmal genau sagen können, wer von den beiden Toni Nummer 3 war. Zumindest damals noch nicht. Inzwischen hatte ich gelernt, wie man weibliche und männliche Goldfische voneinander unterschied. Es war zwar nicht einfach und ich verwechselte die beiden nach wie vor. Aber das Männchen (das ich Elvis getauft hatte) war etwas kleiner und schlanker.

Wir hatten eine äußerst ruhige Weihnachtszeit hinter uns, Toni, Elvis und ich. Auch wenn alles in mir danach geschrien hatte, mir wie immer Gras zu besorgen und mich zuzudrohnen, so hatte ich dieses Mal dennoch nur *eine* Tüte gekauft … die von McDonald's. Auf die andere hatte ich verzichtet, mir dafür aber zwei Bier mehr als üblich gegönnt. Hannes hatte mich eingeladen, an Heiligabend zum Weihnachtsessen bei seiner Mutter mitzukommen – was ich natürlich abgelehnt hatte. Das Robbenbaby hatte schon genug Wirbel in mein Leben gebracht. Mehr war ich nicht bereit, zu ertragen.

Sara …

Immer wieder hatte ich an sie denken müssen … ich hätte ihr gern eine SMS geschrieben oder eine Mail. Aber sie war in ihrem Brief sehr deutlich gewesen.

Lass uns das, was wir hatten, in Erinnerung behalten. So, wie es war. Versuche nicht, mich zu kontaktieren. Bitte. Wir sind nicht dafür bestimmt, zusammen zu sein. Aber ich werde immer mit einem Lächeln an New York zurückdenken.

Einem Lächeln … ich konnte sie förmlich vor meinem inneren Auge lächeln sehen, wenn ich ihre Worte las. Ihre Grübchen, ihre grünen Augen …

Verdammt … sie konnte doch nicht von mir erwarten, dass ich meinen Wünschen folgte – und gleichzeitig sagen, ich dürfe sie nicht mehr kontaktieren?! Das war Folter! Aber es passte leider zu ihr. Auch wenn sie weiter geschrieben hatte, dass sie nun wusste, dass sie auch ab und an die Kontrolle abgeben konnte, so hatte sie es nicht getan, als sie New York verlassen hatte. Ganz und gar nicht. Sie war vielmehr vor dem geflohen, was ihr so große Angst bereitete: dem Unberechenbaren. Mir.

Das wurde mir mit jedem Tag, der verging, klarer. Und in mir reifte ein Plan heran. Noch war ich nicht mutig genug, ihn umzusetzen, aber bald.

Zunächst musste ich mit meiner Vergangenheit hier in New York richtig abschließen … was unter anderem beinhaltete, dass ich als Zeuge bei Matts Gerichtsverhandlung aussagen würde. Die würde in einigen Wochen beginnen. Und danach … danach würde ich endlich meinen Wünschen folgen. Ob

Sara das passte oder nicht. Aber sie konnte nicht einfach ihren Duft und ihre Bilder hier bei mir lassen und von mir erwarten, dass ich es ignorierte.

Wenn ich in die Küche ging, sah ich sie auf der Ablage sitzen. Eis in meinem Wodka – ganz schlechte Idee … da waren die Erinnerungen noch stärker. Mein Sofa, mein Bad, mein Bett … jap, auch das hatte sie für immer markiert. Von Toni und Elvis ganz zu schweigen.

Sie hatte mein Leben erschüttert – bis in die Tiefe. Und das in nur zwei Tagen.

Aber ich hatte diese Erschütterung nötig gehabt. Das war mir inzwischen bewusst. Es war wirklich an der Zeit, nicht mehr davonzulaufen vor dem, was mir Angst machte … und den ersten Schritt würde ich *heute* gehen.

Mein Blick schweifte nochmals zu Elvis und Toni, die wie immer friedlich in ihrem neuen Aquarium schwammen.

»Wünscht mir Glück«, murmelte ich.

Ihr Haus lag in Brooklyn – in einem Viertel, das ich seit Jahren gemieden hatte … ich kam mir hier in etwa so fehl am Platz vor wie ein Fisch in einem Storchennest. Das war zumindest einer der vielen Gründe gewesen, die ich mir aufgezählt hatte, wenn mich das schlechte Gewissen überkam.

Doch heute zählte dieser Grund nicht. Heute war ich dabei, endlich mit meiner Vergangenheit ins Reine zu kommen.

Ich hatte mir extra viel Zeit beim Rasieren gelassen und eine meiner besten Jeans gewählt. Sie sollte nicht denken, dass ich der Junkie war, für den mich alle über so viele Jahre gehalten hatten. Zu dem ich nach unserem letzten Zusammentreffen mutiert war, weil ich die Schuld anders nicht ausgehalten hatte.

Als ich jetzt vor ihrem Haus stand, zögerte ich dennoch, während mein Finger über die Klingel glitt. Alles hier wirkte so gepflegt, rein und schön. So schön, wie sie gewesen war … ehe …

Ich schloss kurz die Augen und atmete tief durch.

Ich *konnte* das. Ich *musste* es einfach können …

Die Klingel war schrill und hoch, sodass ich leicht zusammenzuckte. Hatte sie früher auch schon so geklungen? Es war so lange her … fast acht Jahre.

Es dauerte eine gefühlte Ewigkeit, bis eine Frau mittleren Alters die Tür öffnete. Wahrscheinlich die Haushälterin, so wie sie gekleidet war. Zumindest kannte ich sie nicht.

»Ja?« Sie musterte mich von oben bis unten – wie ein Storch, der gleich den Fisch essen würde.

Ich räusperte mich. »Mein Name ist Evan Wayne. Ist … ist Diana zu Hause?«

Diana … ich hatte ihren Namen seit Jahren nicht mehr ausgesprochen. Es fühlte sich falsch an, dass ich ihn in meinen Mund nahm. Sie war rein – und ich nicht.

Die Frau runzelte die Stirn. »Sie hat sich gerade hingelegt.«

Sie war also da. Nur ein paar Schritte von mir entfernt …

Verdammt.

Alles in mir zog sich zusammen und bettelte mich an, einen Rückzieher zu machen.

Aber nicht heute … nein. Nicht heute. Ich kann das.

»Es dauert nicht lange«, sagte ich. »Es ist wichtig.«

Ja, das war es. Sehr wichtig sogar. Für mich.

Wieder musterte mich die Haushälterin. Dann nickte sie langsam. »In Ordnung. Ich werde sehen, ob sie schon schläft.«

Sie schloss die Tür hinter sich und ließ mich mit vor Nervosität feuchten Händen zurück.

Es schien eine Ewigkeit zu dauern, bis sie zurückkehrte und mir knapp zunickte. »Sie möchte Sie empfangen.«

Das klang wie eine Audienz beim Papst … aber so fühlte es sich auch an.

Ich nickte und betrat das Haus. Es hatte sich kaum etwas verändert, seit ich das letzte Mal hier gewesen war. Gut, dieses Mal schrie mich ihr Vater nicht an. Und das hysterische Weinen ihrer Mutter war auch nicht zu hören. Ob sie noch hier lebten? Womöglich. Ziemlich sicher sogar … aber immerhin schienen sie heute nicht hier zu sein. Mein Glück, sonst hätte ich keine Chance gehabt, Diana zu sehen.

Mein Herz begann unregelmäßig in meiner Brust zu poltern, als wolle es mit aller Vehemenz da raus und davonrennen, während ich der Haushälterin durch die Flure folgte. Bilder von Pferden hingen an den Wänden. Ölgemälde. Ich erinnerte mich daran, wie viel ihr Reiten bedeutet hatte. Wie glücklich sie ausgesehen hatte, wenn sie auf einem Pferd saß. Das würde sie nie wieder tun können …

Als wir im Schlafzimmer ankamen, blieb ich einen Moment lang in der Tür stehen und atmete tief durch. Auch hier sah alles immer noch so aus wie beim letzten Mal. Dunkelrote Vorhänge, hohe Fenster. Der weiße, schmale Schrank, in dem sie immer ihre schönen Kleider aufbewahrt hatte. Das große Puzzle-Bild, das Venedig zeigte – ihre Lieblingsstadt in Europa. Alles war noch genau so, wie ich es in Erinnerung hatte. Die einzige Ausnahme bildete das Pflegebett, zu dem die Haushälterin jetzt trat … und in dem *sie* lag.

»Diana.« Ich hatte keine Ahnung, ob meine Stimme überhaupt so laut war, dass sie sie hören konnte.

Ihr Anblick schnürte etwas in mir ab und ich musste meine ganze Kraft aufbringen, um weiter zu atmen.

Als mich der Blick aus diesen dunkelbraunen Augen traf, setzte mein Herz für einen Schlag aus. Es war das Einzige an ihr, was noch genau so schön war wie früher. Alles andere … die Haut darum herum … sie war ledrig und wirkte wie eine getrocknete Schlamm-Maske. Die wenigen dunklen Haare, die sich noch auf ihrem Kopf befanden, waren dünn und schauten unter einem Tuch hervor, das sie wahrscheinlich meinetwegen trug.

Ich erinnerte mich an ihr anmutiges Gesicht … das ich so gern geküsst hatte. Das ich im Gefängnis immer und immer wieder gezeichnet hatte … in allen Situationen, die wir zusammen erlebt hatten.

Die Zeichnungen hatten mir geholfen, nicht den Verstand zu verlieren … und waren meine Selbstgeißelung gewesen. Meine Bestrafung für mich.

»Evan.« Ihre Stimme klang eigenartig – was wohl daran lag, dass sie ihren Mund kaum bewegen konnte.

Ich schluckte den Kloß herunter, den ich in meinem Hals fühlte, und trat zu ihr ans Bett.

Wie oft hatte ich mir diesen Moment vorgestellt. Wenn ich sie zum ersten Mal wiedersehen würde. Wenn ich ihr gegenüberstehen würde. Ihr in die Augen blicken. Doch nichts hätte mich auf die Schuldgefühle vorbereiten können, die ich jetzt empfand. Und auf die Scham, weil ich so lange vor diesem Augenblick geflohen war. So viele Jahre hatte verstreichen lassen …

Ich sank neben dem Bett in die Knie, ohne dass ich es verhindern konnte. Meine Hände griffen nach der Decke, die über ihren schmalen Körper gelegt war, während mein Blick in ihren Augen gefangen war. Diese Augen … die mich ansahen, als wäre ich ein Geist.

»Es tut mir so leid«, flüsterte ich.

Was genau, konnte ich nicht sagen, denn ich traute meiner Stimme nicht.

… dass ich sie allein gelassen hatte.

… dass ich feige war.

… dass ich es nicht verhindert hatte.

… dass ich nicht an ihrer Seite gewesen war.

… dass ich so ein Arschloch gewesen war.

… dass ich …

»Schon gut.« Ihre Wange zuckte, als versuchte sie, zu lächeln.

Ihr Lächeln war so schön gewesen … so rein … so herzlich …

Das Zucken in ihrem Gesicht war kein Lächeln. Sie würde nie wieder lächeln können, da ihre Muskeln verbrannt waren. Ihre Hand griff nach meiner. Sie war in einen dicken Verband gewickelt. Es musste ihr Schmerzen bereiten, sie zu bewegen. Ich konnte sehen, dass ein großer Teil davon amputiert worden war.

Nein. Nichts war gut. Nichts würde je wieder gut sein.

»Du kannst nichts dafür.«

Weitere Worte, die mein Innerstes trafen und mich den Kopf schütteln, mich leise aufstöhnen ließen.

Wann genau hatte ich angefangen zu weinen? Als ich in diesen Raum getreten war war? Als sie mich berührt hatte? Meine Wangen waren feucht, mein Blick verschleiert, sodass ich ihr entstelltes Gesicht nur noch schemenhaft wahrnahm.

»Es ist schön, dass du da bist.«

Abermals Worte, die mich innerlich zerfetzten. Ich hätte in den letzten Jahren *immer* da sein müssen. Immer. An ihrer Seite. So wie ich es ihr versprochen hatte … damals.

Aber ich war ein feiges Arschloch gewesen. Hatte mich lieber in Drogen und Alkohol geflüchtet … bei Matt Bakker verkrochen … so lange, bis ich ins Gefängnis gekommen war. Wenn ich es mir früher schon eingestanden hätte: Ich hatte es darauf angelegt. Ich hatte ins Gefängnis kommen *wollen*. Hatte bestraft werden wollen, da ich selbst keine ausreichende Strafe für mich fand. Denn keine Bestrafung war hart genug für das, was ich getan hatte … oder was ich *nicht* getan hatte.

Ich erinnerte mich an den Streit, kurz bevor es passiert war. Daran, dass sie mich im Regen hatte stehen lassen. Dass sie zu meinem damaligen Freund Robin ins Auto gestiegen war. Hätte ich doch bloß gemerkt, dass er ebenfalls betrunken war. Hätte ich doch bloß nur für einen winzigen Augenblick meinen Stolz heruntergeschluckt und wäre ihr gefolgt. Hätte …

»Ich hätte bei dir sein müssen«, murmelte ich. »Ich hätte dich nicht mit diesem Arsch fahren lassen dürfen.«

Sie schüttelte leicht den Kopf. »Du hattest getrunken. Es war gut, dass du nicht gefahren bist. Und Robin … er hat es nicht verdient, auf diese Weise zu sterben.«

Bilder flimmerten vor meinem inneren Auge auf. Von der Nacht, die mein Leben über den Haufen geworfen hatte. Dem brennenden Auto, dessen Front gegen einen Baum gekracht war, den Schreien, dem Heulen der Sirenen. Ich konnte den Rauch in meinen Lungen fühlen, in meiner Nase. Den beißenden Geruch wahrnehmen … meine Verzweiflung, Angst, Trauer fühlen.

Die Erinnerungen waren mit einem Mal präsenter denn je.

Aber ich drängte sie nicht zurück. Wenn es einen Ort gab, an dem sie eine Daseinsberechtigung hatten, dann hier. Dann jetzt. Bei ihr.

»Diana …« Ihren Namen zu sagen fiel mir schwer, aber das war gut so. »Ich habe in all den Jahren immer nur an dich gedacht. Jeden Abend. Jede Nacht. Jeden Morgen. Jeden Tag. Ich habe …«

»Schhht«, flüsterte sie und fuhr mir mit der Hand über den Arm. »Ich habe gespürt, dass du da warst. Auch wenn du nicht *hier* warst. Und es war gut, dass du nicht gekommen bist. Meine Eltern …« Wieder zuckte ihre Wange, als würde sie lächeln. »Du kannst froh sein, dass sie vor zwei Tagen in den Urlaub gefahren sind. Sie hätten dir den Arsch aufgerissen.«

Solche Worte aus ihrem Mund zu hören, war, als ob ein Schwan das Krähen eines Raben nachahmen wollte. Es passte nicht zu ihr und dennoch … ich spürte, wie sich ein Schmunzeln auf meine Lippen legte.

»Du siehst gut aus«, fuhr sie fort, während sie die Hand hob und damit über meine Wange strich. »Noch besser, als ich dich in Erinnerung hatte.«

Ich schloss die Augen, während sie mein Gesicht abtastete. Es war ein komisches Gefühl, den Verband auf meiner Haut zu spüren. Und dennoch heilte sie mich mit dieser kleinen Berührung ein wenig. Ein winziges Stück meines zerfetzten Inneren fügte sich an den richtigen Platz. Selbst wenn das Chaos weiterhin in mir herrschte und wohl niemals ganz aufgeräumt sein würde.

»Versprich mir etwas«, flüsterte sie.

Ich öffnete die Augen und sah sie an. »Alles.«

»Komm nie wieder her.«

Ihre Worte wirbelten das Chaos stärker durcheinander, hinterließen Schmerz und Angst. Ich wollte etwas erwidern, aber meine Kehle fühlte sich an wie zugeschnürt.

»Lebe dein Leben. Werde glücklich. Für uns. Bitte.«

Sie klang so eindringlich. So sehr nach Diana … dass ich nicht anders konnte, als zu nicken. Dabei löste sich der Knoten in meiner Brust, der dort die ganze Zeit festgesessen hatte, und ich begann hemmungslos zu weinen.

»Evan.«

… *Jahwe ist gnädig* …

Wenn sich *so* Gnade anfühlte … dann hatte ich sie definitiv nicht verdient.

Kapitel 28

Sara

Wenn sich *so* Liebeskummer anfühlte … dann hatte ich ihn definitiv nicht verdient.

Seit Monaten versuchte ich, ihn zu vergessen. Inzwischen hatte der Sommer in London Einzug gehalten, weit und breit keine Weihnachten in Sicht. Kein Schnee, keine Weihnachtsbäume, keine Kekse … und dennoch sah ich ihn überall, wo ich hinging. Wie oft war ich zusammengezuckt, weil ich gedacht hatte, seine Stimme zu hören. Wie oft hatte ich gemeint, seinen Kapuzenpulli irgendwo zu entdecken. Seinen Geruch wahrzunehmen.

Natürlich war das alles Einbildung gewesen … Einbildung und Selbstbetrug.

»Komm schon, Sara«, tönte Marys Stimme aus meinem Handy, während ich den Regentropfen zusah, die an meinem Fenster herunterliefen.

Es war ein lauer Sommerregen, der die Wärme des Tages etwas abkühlte. Die Straßenlaternen waren bereits angegangen und mir gegenüber sah ich die Hausfassade, wo hinter den meisten Fenstern allerdings kein Licht brannte. Es war Freitagabend und viele meiner Nachbarn – die vorwiegend Studenten wie ich waren – trieben sich wohl bereits in irgendwelchen Londoner Clubs herum. Der letzte Freitag im Semester … die Prüfungen waren vorbei und die Semesterferien standen vor der Tür. Der perfekte Abend, um zu feiern … aber mir war nicht nach Party. Ich wollte einfach nur hier drin bleiben und mir selbst leidtun.

»Du musst endlich mal wieder unter Leute«, drängelte Mary weiter. »Die Semesterabschlussparty meiner Freundin wäre die richtige Ablenkung. Du kannst nicht ewig wie ein liebeskranker Vogel Strauß den Kopf in den Sand stecken.«

»Ich bin kein Strauß«, schnaubte ich ins Telefon.

»Na gut, dann bist du eben ein Huhn«, meinte meine Freundin lachend. »Also, ich bin jetzt auf dem Weg zu dir und erwarte, dass du für's Ausgehen bereit bist, wenn ich in einer halben Stunde ankomme.«

Ich knurrte die Scheibe an. »Wetten, dass nicht?«

»Wetten, dass schon?« Damit legte sie einfach auf.

Missmutig warf ich das Handy aufs Bett und sah mich in meinem Einzimmerapartment um. Wie immer war es ordentlich aufgeräumt. Mein Putzfimmel war in New York nicht verloren gegangen. Was man von meinem Herz nicht wirklich behaupten konnte.

Mann! Ich kannte den Typen doch gar nicht wirklich! Wir hatten viel zu wenig Zeit miteinander verbracht! Alles im Chat war gar nicht *er* gewesen, sondern Hannes.

Und dennoch … Evan ging mir nicht mehr aus dem Kopf …

Jap, in diesem inneren Monolog war ich inzwischen Weltklasse!

Ich bin verknallt – er ist nicht hier – ich spiele Drama-Queen … spitze!

Herrje … würde ich ihn irgendwann vergessen können? Irgendwann? Selbst Filme, die in New York spielten, konnte ich nicht mehr anschauen … da ich heimlich immer nach Evan Ausschau hielt. Wie blöd konnte man sein, zu erwarten, dass er per Zufall gerade bei einem Filmset vorbeilief, wenn sie dort drehten?! … genau … sehr, sehr blöd! So weit war es schon mit mir gekommen …

Dumm, dämlich, blöd …

Ich hatte versucht, mich an Silvester mit einer Party, die Mary mir aufgeschwatzt hatte, abzulenken. Aber die Typen dort waren mir alle nur auf den Senkel gegangen. Zu viele aufgesetzte Lächeln, zu viele schleimige Komplimente … bei Evan war nichts aufgesetzt oder schleimig gewesen … er war einfach *er* gewesen.

Seit dem Silvester-Desaster mied ich jegliche Partys. Auch die Feier heute Abend würde ich schwänzen, da konnte Mary noch so ihre Überredungskünste anwenden.

Daher schlüpfte ich (um ein Zeichen des Protestes zu setzen) in meinen bequemen gelben Pyjama mit dem Häschen-Muster, kochte Tee, schnappte mir das Harry-Potter-Buch, das ich gerade las (warum hatte ich die Reihe erst so spät für mich entdeckt?!), und verkrümelte mich dann ins Bett. Ich würde lesen, und wenn es an der Tür klingelte, würde ich bestimmt nicht öffnen.

Ich war so vertieft in Harrys Geschichte, dass ich die Klingel wirklich beinahe nicht gehört hätte. Seufzend schaute ich auf mein Handy. Es war erst zwanzig Minuten her, seit Mary mich angerufen hatte. Warum bloß musste ich so eine Freundin haben, die derart penetrant war? Und dann auch noch zu früh?

Irgendjemand musste ihr geöffnet haben (wahrscheinlich einer meiner Nachbarn, die den Freitagabend ebenfalls zu Hause verbrachten), denn wenige Zeit später hörte ich sie an meiner Tür klopfen.

»Ich werde dir nicht öffnen!«, rief ich. »Da kannst du noch so versuchen, mich zu umgarnen. Es gelingt dir nicht!«

»Sara?«

Die Stimme, die erklang, ließ alles erstarren. Meine Gedanken, meine Bewegungen, meinen Herzschlag.

Diese Stimme … war das ein blöder Scherz von Mary?

Gütiger Gott …

»Sara? Bist du das?«

Er ist es. Er ist es. Er ist es.

Mein Gehirn nahm nur langsam seine Funktion wieder auf – und dies eher wie ein kaputter Schallplattenspieler.

Er ist es. Er ist es. Er ist es.

Ich erhob mich in Zeitlupe von meinem Bett und ging wie in Trance zur Tür. Dort legte ich eine Hand auf das Holz und atmete tief durch, während ich meinen Kopf dagegen lehnte.

»Evan?«

Meine Stimme klang belegt, rau, ungläubig und zittrig. Alles zusammen.

Von der anderen Seite kam keine Antwort. Vielleicht hatte ich mir das alles auch bloß eingebildet? Vielleicht war ich tatsächlich in den letzten zwanzig Minuten verrückt geworden? Sah Evan nicht nur überall, sondern hörte ihn jetzt auch noch?

Ich drehte den Schlüssel um und öffnete die Tür einen Spaltbreit – um dann erneut zu erstarren.

Er stand wirklich da. Vor mir. Live und in Farbe …

»Evan.«

Dass er einen Kapuzenpulli und Jeans trug, hätte mich nicht weiter verwundern müssen. Auch nicht, dass seine halblangen Haare unordentlich aussahen und etwas feucht waren, da er wohl keinen Regenschirm dabeihatte. Aber sein Blick … so dunkel und hungrig wie an jenem Abend in seinem Apartment.

Unwillkürlich spürte ich eine Gänsehaut, die über meinen Rücken und meine Arme rann.

»Sara.«

Er stützte sich am Türrahmen ab. Wahrscheinlich war ihm genauso schwindelig wie mir. Na ja. Wahrscheinlich nicht – ich hoffte es für ihn. Denn ich war gerade wirklich einer Ohnmacht nahe. Evans Calvin-Klein-Duft hüllte mich ein und ich schluckte, weil er mich so sehr an New York erinnerte, dass es weh tat.

Wir sahen uns einfach nur an und es schien eine Ewigkeit zu dauern, bis wir uns rühren konnten.

»Was …« Gut, mein Sprachzentrum funktionierte noch nicht, aber ich spürte, wie mein Herz dafür umso schneller schlug.

»Du hast geschrieben, ich soll meinen Wünschen folgen. Sie erleben«, beantwortete er meine unausgesprochene Frage, während sein Blick über mein Gesicht streifte und immer wieder an meinem Mund hängen blieben. »Hier bin ich.«

»Du …« Ich musste schleunigst dafür sorgen, dass ich wieder zwei Wörter nacheinander aussprechen konnte.

»Wen hast du denn erwartet?« Er legte den Kopf schief und musterte mich dann von oben bis unten.

Heiliger Mist! Ich trug immer noch meinen Häschen-Pyjama!

Peinlich berührt versteckte ich mich halb hinter der Tür. »Ich … Mary.« Zwei Wörter. Zwar kein Satz, aber zwei Wörter.

»Mary?« Er runzelte die Stirn. »Ich hoffe, dass das nicht bedeutet, dass du lesbisch geworden bist?«

»Was? Warum?« Ich starrte ihn entgeistert an.

»Weil du von ›umgarnen‹ gesprochen hast«, half er mir auf die Sprünge.

»Ach so? Ja, das … äh … ich meinte die Party.«

Wahrscheinlich hätte ich gerade so gut versuchen können, Chinesisch zu sprechen – Evan hätte gleich viel verstanden. Aber immerhin rieb er mir das nicht unter die Nase. Er schien den Kern meiner Aussage begriffen zu haben, denn er lehnte sich etwas nach vorn, näher zu mir.

»Darf ich reinkommen?«, fragte er.

»Ja, sicher!« Ich öffnete die Tür weiter und ließ ihn herein.

Er hatte nichts dabei als das, was er am Leib trug. War er schon länger hier in London? Oder gerade erst angekommen? Wo waren dann seine Koffer? Was bedeutet es überhaupt, dass er hier war?

Die Fragen jagten einander in meinem Gehirn.

»Entschuldige … ich ziehe mir rasch … was an«, stotterte ich.

Jetzt glitt ein leichtes Schmunzeln über seine Lippen und mein romantisches Ich drehte augenblicklich mit mir durch und sank ihm lechzend zu Füßen.

Gott! Wie ich es liebte, ihn schmunzeln zu sehen! Ich schwöre: Das hier jetzt genau so festhalten – und das Gemälde des Jahrhunderts wäre geboren. Picasso könnte einpacken! Leider konnte ich nicht malen und Evan hätte wohl kaum stillgehalten.

Heilige Maria und Jesus! Was trieben meine Gedanken in meinem Gehirn?!

»Baby, ich habe dich schon nackt gesehen«, grinste er. Er GRINSTE! »Dein Häschen-Outfit musst du nicht gegen etwas tauschen, das dir unbequem ist.«

Baby … nackt … in einem Satz … dazu dieses Grinsen … herrje, ich war nah dran, zu sabbern!

Mann! Ich war so was von hin und weg von ihm, dass ich mich am liebsten selbst geohrfeigt hätte. Wahrscheinlich hätte das aber bloß seine Meinung über mich bestätigt, dass ich in der Zeit, in der wir uns nicht gesehen hatten, verrückt geworden war.

Daher versuchte ich jetzt, so normal wie möglich mit ihm umzugehen (was in einem Häschen-Pyjama keine einfache Sache war).

»Willst du einen Tee trinken?« Ich hob eine Augenbraue und deutete auf die Tasse, die halb leer neben meinem Bett stand.

»Ihr zieht das wirklich durch, oder?«, fragte Evan mit heruntergezogenen Mundwinkeln, die ein sarkastisches Lächeln auf sein Gesicht zauberten. »Dieses Tee-Ding ist hier in England wohl echt der ganz große Renner.«

Ich nickte wie hypnotisiert von seinem Lächeln. »Ja. Wir lieben Tee.«

Mit einem Mal trat Evan etwas näher zu mir und drängte mich damit in Richtung Tür, die hinter meinem Rücken ins Schloss fiel. Sein Gang glich dem eines Panthers, der sich auf seine Beute zubewegte – umwerfend sexy. Mein Herz begann wieder schneller zu schlagen, sodass ich meinen Puls deutlich fühlen konnte.

Als ich an das Holz gepresst vor ihm stand und ihm in die Augen sah, jagten leichte Schauer durch meinen Körper. Er legte beide Handflächen rechts und links von meinem Kopf gegen die Tür und schloss mich damit zwischen seinen Armen ein, während er sich zu mir herunterbeugte.

»Ich bin nicht zum Teetrinken hergekommen«, raunte er in Panther-Manier.

»Nicht?«

Ich konnte nichts dagegen tun, dass ich wie ein Blondchen aus einem Fünfziger-Jahre-Film klang. Mein Gehirn arbeitete nur noch mit halber Kapazität, da das meiste Blut gerade dabei war, sich in meinen Adern in elektrische Stromstöße zu verwandeln.

Warum bloß hatte Evan immer noch (nach einem halben Jahr!) diese Wirkung auf mich? Warum war da dieses Knistern zwischen uns? Diese Anziehung?

»Nein.« Er schüttelte leicht den Kopf, was dazu führte, dass ihm ein paar seiner feuchten Haarsträhnen ins Gesicht fielen.

Gott, war er sexy!

»Warum bist du dann hier?«, hauchte ich.

Ich hoffte so, so sehr, dass er mir die Antwort geben würde, die ich mir wünschte.

»Rate mal.« Er kam noch näher zu mir, sodass sein Gesicht jetzt so nahe war, dass ich mich bloß etwas hätte vorlehnen müssen, um ihn zu küssen. Seine Unterarme stützten sich ebenfalls gegen das Holz hinter mir und ich fühlte seine Körperwärme, die mich einzuhüllen begann, ebenso wie sein umwerfender Geruch (es bräuchte einen Warnhinweis bei jedem

Calvin-Klein-Parfum! ›Aufpassen, kann dazu führen, dass gewisse Frauen dadurch zu rolligen Katzen werden.‹).

»Du hast was von ›Wünschen‹ gesagt.« Ich sah ihm unentwegt in die Augen.

Er nickte. »Ich bin ihnen gefolgt. Bis hierher.«

»Wie lange bist du schon in London?«, wollte ich wissen.

»Baby … du wirst dich niemals ändern, nicht wahr?« Wieder schmunzelte er. »Immer die Kontrolle behalten …«

Ich biss mir auf die Zunge, weil er wieder etwas Abstand von mir nahm und sich mit einer Hand die Haarsträhnen nach hinten strich, die ihn so verwegen aussehen ließen.

»Also gut, ich erzähle dir alles, was du wissen möchtest«, seufzte er. »Aber ich will ein Spiel daraus machen. Vorab: Bist du noch single?«

Ich nickte wie ein Wackeldackel, was abermals ein sündhaft sexy Lächeln auf seine Lippen zauberte.

»Das hatte ich gehofft … leg dich aufs Bett.«

Ich zögerte und sah ihn skeptisch an. »Warum?«

»Tu es.« Sein Blick wurde wieder glühend. So glühend, dass ich nicht anders konnte, als seiner Aufforderung zu folgen … mein ganzer Körper verlangte es geradezu von mir.

Langsam ging ich auf das Bett zu und setzte mich darauf. Dabei ließ er mich nicht aus den Augen … diese Augen … so dunkelblau und dennoch so strahlend.

»Leg dich auf den Rücken«, murmelte er.

»Aber …«

»Tu es.«

Ich nickte und legte mich auf den Rücken.

»Gut so.« Er kam zu mir und setzte sich auf den Bettrand. Ich wusste nicht genau, was er vorhatte, als er die Hand hob und mit einem Finger mein Kinn entlangfuhr. »Ich werde dich jetzt küssen.«

Himmel … ich verfiel ihm gerade mit Haut und Haaren …

Kapitel 29

Evan

Himmel … ich verfiel ihr gerade mit Haut und Haaren … Diesem Mädchen, das so unschuldig auf dem Bett lag und mich aus großen grünen Augen ansah. Dabei wusste ich, was alles in ihr steckte. Wozu sie fähig war … was sie mit sich machen ließ … und das machte sie nur umso anziehender.

Ich wünschte mir, die Zeit anhalten und dieses Bild für immer festhalten zu können, als ich mich langsam zu ihr herunterbeugte. Sie schloss die Augen erwartungsvoll, was mein Herz noch schneller schlagen ließ. Das Pyjamaoberteil, das sie trug, hatte fünf Knöpfe. Ich hätte es ihr am liebsten hier und jetzt vom Leib gerissen und musste mich zusammenreißen, es nicht zu tun.

Es war riskant gewesen, herzukommen. Ich hatte nicht gewusst, ob sie noch single war. Ob sie überhaupt zu Hause war. Schließlich war Freitagabend und sie hätte ebenso gut ausgehen können. Aber ich hatte mit mir selbst einen Pakt geschlossen: Wenn sie hier wäre, würde ich sie nie wieder gehen lassen. Ich hatte diesen Fehler bereits ein Mal gemacht – bei ihr würde ich ihn nicht wiederholen.

Als meine Lippen über ihre strichen, entwich ihr ein leiser Laut, der mich an ihr Stöhnen erinnerte – damals bei Macy's … in meiner Wohnung … über dem Sofa … in der Küche … in meinem Bett. Die Bilder, die in mir aufflackerten, ließen mich beinahe selbst seufzen.

Himmelherrgott! Diese Frau schaffte es, mich mit einem einzigen Laut derart zu erregen, dass ich fast meine Beherrschung verlor!

»Was willst du wissen?«, fragte ich, während ich meinen Mund federleicht über ihren wandern ließ. Es war kein richtiger Kuss, eher ein Streicheln. Sie schien diese Berührung jedoch genauso herbeigesehnt zu haben wie ich … eine Erkenntnis, die mir Schwindelgefühle bereitete.

Sie öffnete die Lippen ein wenig, um mir zu antworten. Diese Chance nutzte ich, um ihren Mund zu erobern, meine Zunge mit ihrer kurz kämpfen zu lassen. Es war ein berauschendes Gefühl, sie nach so langer Zeit wieder zu küssen. Fast wie beim ersten Mal …

Sara … Baby … ich hab dich vermisst …

Als ich mich von ihr löste, war ihr Blick verschleiert.

»Was tust du hier?«, flüsterte sie.

Ich musste mich räuspern, um ihr antworten zu können. Sie hatte mich vollkommen in ihren Bann gezogen. »Eine Antwort für ein Kleidungsstück«, raunte ich leise. »Du hast ein Oberteil, eine Hose, zwei Socken … Unterhosen und BH zählen nicht. Du hast also vier Fragen.«

Sie erschauderte sichtlich unter meiner Forderung.

»Ich trage keinen BH«, hauchte sie, während sie mir einen unschuldigen Augenaufschlag schenkte.

Heilige Scheiße! Ich brauchte all meine Kraft, um meine Gesichtszüge weiterhin auf ›sexy‹ zu halten und nicht auf ›Mein Hirn ist gerade nicht mehr durchblutet, darum sehe ich aus wie ein Vollidiot‹.

»Umso besser.« Meine Stimme klang viel zu kratzig. »Also, erste Frage, erste Antwort.« Ich lehnte mich nach unten zu ihrem rechten Bein und schob die Pyjamahose etwas nach oben, um die Socke zu ergreifen. »Meine Schwester wohnt hier in London. Ich bin bei ihr untergekommen, bis ich mir eine eigene Wohnung leisten kann. Was nicht mehr lange dauern wird, denn ich habe einen Job erhalten – in einem Tattoo-Studio.«

»Du tätowierst?!« Ihre Augenbrauen schnellten in die Höhe.

»Und das war Frage Nummer zwei – Antwort Nummer zwei: Ja, ich mache dort eine Ausbildung.« Ich schob ihr die zweite Socke ebenfalls von den Füßen.

»Halt! Die Frage hat nicht gegolten«, empörte sie sich.

»Die Regeln bestimme ich. Eine Frage, eine Antwort, ein Kleidungsstück.« Ich schenkte ihr einen Blick, unter dem sie vorhin schon erbebt war – so wie auch jetzt.

Du willst mich … ich kann es dir ansehen …

»Also, dritte Frage.« Ich schob mich etwas höher, während ich meine Hände ihre Beine entlang nach oben gleiten ließ, bis sie beim Bund ihrer Hose angekommen waren. Es handelte sich nur um einen Gummizug und ich schob zwei Finger darunter, ließ sie sanft über ihren Bauch gleiten, während ich mit ihrem Piercing spielte. Ihre Haut war so weich, wie ich sie in Erinnerung hatte. Und das Piercing …

Stell deine Frage, Baby. Lange kann ich mich nicht mehr beherrschen …

Ihre Augen wurden dunkler, während sie mich beobachtete. »Was ist mit Toni und ihrem Freund?«

Okay, sie überraschte mich immer wieder aufs Neue. DAMIT hatte ich nicht gerechnet – einer Frage zu den beiden Goldfischen. »Hannes hat sie adoptiert«, erklärte ich. »Es ist Zeit, dass sie einen Tapetenwechsel bekamen – so wie ich.«

Während ich sprach, zog ich langsam ihre Hose nach unten. Sie hob ihren Po leicht an, damit es mir einfacher fiel.

Braves Mädchen.

Als ich den Stoff bis zu ihren Kniekehlen geschoben hatte, hielt ich inne. Sie trug eine hellblaue Unterhose, die zwischen den Schenkeln bereits verdächtig dunkel geworden war.

»Du bist schon feucht …« Meine Stimme klang belegt. Diese Frau machte mich fix und fertig.

»Was denkst *du* denn? Dass ich mir in die Hosen gemacht habe?« Sie lächelte, aber es war ein beschämtes Lächeln.

Verdammt, sie musste sich nicht dafür schämen, dass sie angetörnt war. Ich war es mindestens genauso.

Um ihr zu zeigen, wie sehr mich das anmachte, fuhr ich mit dem Finger sachte über den Rand ihres Höschens und schob ihn leicht darunter. Sie stöhnte leise und schloss die Augen, während sie ihren Rücken wölbte.

»Noch nicht.« Ich legte meine Lippen erneut auf ihre und küsste sie, während ich mit dem Finger ihre empfindlichste Stelle massierte. »Aber bald.«

»Evan … was machst du nur mit mir?«, stöhnte sie in meinen Mund.

»Dito.« Ich verzog meine Lippen zu einem Lächeln, dann löste ich mich wieder von ihr, ließ aber meinen Finger weiter unter ihrem Höschen auf Wanderschaft gehen, durch ihre Spalte weiter nach unten gleiten, bis …

Verdammt, war sie feucht …

»Letzte Frage«, murmelte ich. »Und beeil dich bitte.«

»Wirst …«

Sie unterbrach sich mitten im Satz, weil die Tür ihres Apartments schwungvoll aufgestoßen wurde. Sara entwich ein leiser Schrei und sie setzte sich ruckartig im Bett auf, was dazu führte, dass ich mit meinem Finger unfreiwillig in sie eindrang.

Wahrscheinlich verzerrte sie daher ihr Gesicht, sodass es wirkte, als hätte sie in eine Zitrone gebissen. Sie versuchte die Lust, die ich deutlich in ihr pulsieren fühlen konnte, mit aller Macht zu unterdrücken. Was ihr sichtlich schwerfiel.

»Mary!«, stieß sie keuchend hervor.

Mein Kopf wirbelte zur Tür herum, wo jetzt eine junge, blonde Frau erschien – die uns fassungslos anstarrte. Sie trug einen schwarzen Regenschirm in der Hand, von dessen Spitze kleine Tropfen zu Boden fielen, und sah eigentlich ganz niedlich aus. Etwas pummelig vielleicht, aber ihre rosigen Wangen und ihr üppiger Ausschnitt waren nicht zu verachten. Auch der hautenge schwarze Minirock aus Leder und die dazu passenden High-Heels hätten dafür gesorgt, dass ich ihr zumindest nachgeschaut hätte, wäre sie auf der Straße an mir vorbeigegangen.

Mein Finger verweilte immer noch zwischen Saras Beinen und ich hatte auch nicht vor, ihn so rasch von dort wegzunehmen. Eine Tatsache, die diese Mary zu erschüttern schien.

»Was zum Teufel …«, begann sie und starrte Sara an. »Vergewaltigt dich der Kerl etwa?!« Sie holte tatsächlich mit ihrem kleinen schwarzen Schirm aus und kam bedrohlich auf mich zu.

Okay, jetzt war vielleicht *doch* der richtige Moment, um mich vorerst von Saras Lustzentrum zu verabschieden. Ich nahm den Finger unter ihrem Höschen weg und hob beide Hände.

»Keine Sorge, sie genießt es.« Ich hob einen Mundwinkel, um ihr ein schiefes Grinsen zu schenken.

Marys Blick flog zu Sara, die sich gerade in Grund und Boden schämte, wie ihrem feuerroten Kopf zu entnehmen war. »Stimmt das?«

Sara nickte kaum merklich und wich ihrem Blick aus. »Das ist Evan.« Sie deutete mit dem Finger zu mir, während sie versuchte, ihr Pyjamaoberteil so weit nach unten zu ziehen, dass es ihren Schoß verdeckte.

»Sehr erfreut.« Ich verzichtete darauf, ihr die Hand entgegenzustrecken, die eben noch dafür gesorgt hatte, dass Sara aufstöhnte.

Marys Blick wechselte so schnell zwischen Ungläubigkeit, Überraschung und Entsetzen, dass ich mir nicht vorstellen wollte, welche Gedanken sich gerade in ihr überschlugen. Sara musste ihr von mir erzählt haben – was genau, war mir im Grunde egal.

»Lässt du uns wieder allein?« Mein Tonfall war nicht unfreundlich, aber so, dass sie merkte, dass sie ziemlich störte – falls ihr das nicht selbst aufgefallen sein sollte. Zum Nachdruck hob ich die Augenbrauen.

»Äh … ja, sicher. Ist wirklich alles in Ordnung, Sara?«, fragte Mary mit einem letzten Blick zu der Frau, die neben mir auf dem Bett saß und deren Wangen immer noch eine sehr gesunde Farbe aufwiesen.

»Ja, ist es.« Jetzt bildete sich ein scheues Lächeln auf ihrem Gesicht, das meine Augen wie magisch anzog. »*Jetzt* ist es das.« Ihr Blick glitt zu mir und einen Moment lang sahen wir uns einfach nur an.

Was Mary tat oder sagte, konnte ich nicht mehr wahrnehmen, denn ich musste Sara küssen. Es war wie ein Sog, der mich drängte, meine Lippen auf ihre zu pressen. Ich hörte die Tür ins Schloss fallen, als Mary ging. Aber mein Mund löste sich dennoch nicht von Saras.

Ach verdammt, ich war wahrscheinlich gerade dabei, mich ernsthaft in sie zu verlieben …

Kapitel 30

Sara

Ach verdammt, ich war wahrscheinlich gerade dabei, mich ernsthaft in ihn zu verlieben …

So richtig. Unumkehrbar.

Ich verlor jegliche Kontrolle über meine Emotionen – und es fühlte sich einfach nur fantastisch an. Wie er mich gierig küsste, seine Zunge in meinen Mund drang, fest, hungrig. Wie seine Hände sich an meine Hüften legten, um mich noch näher zu sich zu ziehen.

Ich sank zurück aufs Bett und spürte, wie er sich seitlich auf mich legte, während er sich rechts und links von meinem Körper abstützte.

»Letzte Frage«, flüsterte er, als er den Kuss kurz unterbrach, um Luft zu holen und mich anzusehen. »Und wehe, du beeilst dich jetzt nicht.«

»Bleibst du bei mir?« Ich blinzelte, um ihn ebenfalls anschauen zu können. Ich *musste* ihm in die Augen sehen, wenn er meine Frage beantwortete.

»Was glaubst du denn?« Seine Augen blitzten, während er begann, mich am Hals zu küssen.

»Ja oder nein?«, wollte ich wissen.

Seine Finger öffneten die obersten Knöpfe meines Pyjama-Oberteils.

»Die Antwort wirst du noch ein paar Mal in dieser Nacht schreien.« Ich fühlte, wie sich seine Lippen auf meiner Haut zu einem Grinsen verzogen. Dann glitt seine Zunge über meine Kehle und ich schloss die Augen. »Ja, ich bleibe bei dir«, beantwortete er meine Frage, während er mich weiter küsste. »Und damit fertig mit der Fragestunde.« Sein Mund glitt tiefer nach unten. »Ich will dich. Ich habe so lange auf dich warten müssen. Dieser Brief …« Er hob den Kopf ein wenig und ich konnte unter meinen halbgeschlossenen Lidern sehen, wie er mich anfunkelte. »Wenn du jemals wieder so etwas tust, werde ich dir den Hintern versohlen – und zwar so, dass es *mir* Spaß macht, nicht dir.« Sein Blick war voller unausgesprochener Versprechungen … dunkel … geheimnisvoll … verheißungsvoll …

»Ich freu mich drauf«, lächelte ich, was ihm ein leises, frustriertes Stöhnen entlockte.

»Du hast ja keine Ahnung, was du gerade gesagt hast«, meinte er und öffnete mit einem Ruck mein Oberteil, sodass die restlichen Knöpfe wegflogen. Langsam streifte er es mir von den Schultern, bis ich nackt vor ihm lag.

Ich strampelte meine Beine von der Pyjamahose frei, die er nur bis zu meinen Unterschenkeln geschoben hatte, und hielt den Atem an, als er seinen Kopf zu meiner Brust senkte. Sein Mund schloss sich um eine Brustwarze, um daran zu saugen.

»Gott, Evan …«, stöhnte ich, während ich meinen Kopf in den Nacken legte.

»Merk dir diesen Spitznamen, der gefällt mir«, raunte er, was mir ein Lächeln entlockte. »Ich werde dir jetzt zeigen, was die Vorstufe von Blümchensex ist.«

»Und ich dachte, ich verbringe einen gemütlichen Freitagabend«, schmunzelte ich.

»Tust du auch, glaub mir.« Er löste seinen Mund von meiner Brust und verteilte dann zärtliche Küsse auf meiner Haut. »Wenn du wüsstest, was ich noch alles mit dir anstellen werde … morgen … übermorgen. Das hier ist nur der Anfang. Und ja, man könnte ihn als ›gemütlich‹ bezeichnen im Vergleich zu dem, was noch auf dich zukommt.«

Ich seufzte wohlig, während ich mich auf der Decke räkelte. Wenn ich im Himmel angekommen war, dann musste es sich genau *so* anfühlen.

Evan küsste sich weiter nach unten, über meinen Bauch. Er ließ seine Zunge sanft in meinen Bauchnabel gleiten, neckte mich, zog mit den Zähnen an meinem Piercing. Nicht fest, nur so, dass es kitzelte und ich ein Kichern unterdrücken musste.

Dann kam er bei meinem Slip an, der bereits so feucht war, dass es sich unangenehm anfühlte.

»Zieh ihn aus«, murmelte er leise.

Das musste er mir nicht zwei Mal sagen – ich wollte nur noch eines: mit ihm schlafen. So wie in New York. Also zog ich die Beine etwas an und hob dann das Becken, um mich von dem letzten Stoff zu befreien, der noch zwischen meiner Lust und Evan stand. Er sah mir mit dunklem Blick dabei zu.

»Du bist einfach perfekt, weißt du das?«, raunte er, als ich nackt vor ihm lag.

Es waren Worte, die tief in mein Herz drangen und dort ein warmes Kribbeln auslösten.

»Zieh dich auch aus«, flüsterte ich.

Einen Moment lang zögerte er, dann erhob er sich vom Bett, trat ans Fußende und sein Blick wurde so brennend, dass ich glaubte, zu versengen, wenn ich zu lange in seine Augen sah.

Langsam zog er seinen Kapuzenpulli über den Kopf. Darunter trug er ein weißes Shirt, das so eng an seinem Körper lag, dass es fast wie eine zweite Haut wirkte. Auch das zog er aus und warf beides auf den Boden.

Ich befand mich mit gespreizten Beinen vor ihm, auf die Unterarme aufgestützt, um nichts zu verpassen. Da das Licht meiner Stehlampe brannte, konnte ich ihn in seiner ganzen Schönheit bewundern. Er war nicht allzu muskulös, eher drahtig, so wie ich ihn in Erinnerung hatte. Das Tattoo, das von seinem Bauchnabel nach oben ging, hatte ich so oft in meinen

Träumen gesehen, seit ich New York verlassen hatte. Jetzt zog es sich etwas weiter nach oben, bis zu seinen Schultern.

»Hast du dich weiter tätowieren lassen?«, fragte ich.

Er legte den Kopf schief und nickte dann. »Ein kleines Kunstprojekt meines neuen Arbeitgebers.«

»Sieht gut aus.« Ich lächelte unwillkürlich. »Ich hoffe, es geht nicht allzu weit nach unten?«

Bei meinen Worten blitzte etwas in seinen Augen auf. Er löste die Knöpfe seiner Jeans und öffnete sie, ließ sie zusammen mit seinen Shorts nach unten gleiten. »Das hier bekommst nur *du* zu sehen«, meinte er mit einem sündigen Lächeln, das wie ein Zähnefletschen anmutete.

Jetzt stand er nackt und sichtlich erregt vor mir und ich fand ihn einfach nur schön. Das Tattoo hörte tatsächlich kurz über seinem Schaft auf, was mich aus irgendeinem Grund erleichterte. Ich wusste ja, dass er schon mit anderen Frauen geschlafen hatte, aber bei der Vorstellung, dass jemand das, was ich gerade vor mir sah, mit einer Tätowiernadel bearbeitete, zog sich alles in mir zusammen.

Ich rutschte zu ihm, bis er zwischen meinen Beinen stand, und hob dann die Augen, um ihn erneut anzusehen. Obwohl ich schon mit einigen Männern geschlafen hatte, hatte ich noch nie das tun wollen, was ich jetzt mit ihm tun wollte. Als mein Blick seinen traf, spürte ich, wie mein Unterleib vor Verlangen zu pulsieren begann.

Feuer … ich sah nur noch Feuer in seinen Augen. Sie waren so dunkel geworden, dass ich dachte, sie beständen aus glühenden Kohlen.

»Was hast du vor?«, fragte er mit heiserer Stimme und legte eine Hand an mein Kinn, um es anzuheben und mit dem Daumen sanft darüber zu streichen.

Ich leckte mir über die Lippen, beugte mich vor und küsste das Ende des Tattoos. Weiche Haare streichelten mich, als ich meinen Mund weiter nach unten wandern ließ.

»Ich habe das hier noch nie gemacht«, sagte ich leise.

Er wusste, was ich tun wollte, das konnte ich ihm ansehen, als ich erneut seinen Blick suchte. Sein Körper spannte sich an und die Vorstellung allein führte dazu, dass er noch erregter wurde.

»Baby … du musst das nicht tun«, murmelte er. Aber seine Stimme war so belegt, dass ich erkennen konnte, dass er sich das Gegenteil von dem wünschte, was er gesagt hatte.

»Sag mir, was ich tun soll.« Ich umschloss mit einer Hand seine Erektion und schob meine Finger langsam von oben nach unten und wieder zurück.

Er stöhnte auf und legte den Kopf in den Nacken, während er die Augen schloss. »Du machst das schon verdammt gut …«

Ich wiederholte die Bewegung, nahm die zweite Hand dazu und fuhr mit den Fingern seinen Schaft entlang. Meine Bemühungen wurden mit einem weiteren Stöhnen belohnt.

Von seiner Reaktion ermutigt, küsste ich ihn sanft auf die Spitze – was ihn aufkeuchen und die Augen aufreißen ließ.

»Fuck!« Seine Hände gruben sich in meine Haare, während er meinen Kopf etwas von sich wegschob, um mich anzusehen. »Sara ...«, ächzte er mit rauer Stimme.

Ich ließ ihn nicht ausreden, denn jetzt beugte ich mich wieder zu ihm, strich mit der Zunge über seine Unterseite und streifte von Anfang bis Ende mit meinen Lippen an ihm entlang, was ihn die Luft zischend ausstoßen ließ.

»Wenn du so weitermachst ...«

Erneut unterbrach ich ihn, indem ich nun sanfte Küsse über den Schaft verteilte, bis ich zu seiner Wurzel kam. Dabei ließ ich immer wieder meine Zunge über seine empfindliche Haut gleiten.

»Ist das gut?«, fragte ich zwischen seinen Beinen, während ich mit den Händen seine Pobacken umfasste.

»Gut?«, stöhnte er. »Baby ... gut ist eine Cremeschnitte. Das hier ist ... Himmelherrgott!«

Ich hatte seine Hoden in meinen Mund genommen und lutschte sanft daran. In irgendeinem Liebesroman hatte ich eine solche Szene mal gelesen und wollte es seither immer schon mal ausprobieren. Es fühlte sich komisch an ... weich und trotzdem hart.

Die Muskeln an seinem Hinterteil spannten sich an und seine Finger krallten sich in meine Haare, sodass es beinahe weh tat.

»Baby … bist du sicher, dass du das noch nie … getan hast?«, keuchte er über mir.

»Ziemlich sicher.« Ich ließ meine Zunge sanft zu seiner Spitze gleiten und nahm ihn dann in den Mund, während ich sanft zu saugen begann.

Woher ich diesen Mut nahm, war mir selbst schleierhaft … ich hatte einfach das Bedürfnis, ihm zu zeigen, wie sehr ich ihn mochte …

Und es schien ihm zu gefallen.

Kapitel 31

Evan

Es gefiel mir nicht nur, ich liebte es.

Ich liebte diesen heißen, feuchten Mund, der über meinen Schwanz glitt, ihn tief in sich aufnahm, daran lutschte, bis ich dachte, ich würde Sterne vor den Augen sehen. Dieses Bild würde ich für den Rest meines Lebens nicht vergessen.

Ich liebte es, ihr dabei zuzusehen, wie sie sich darauf konzentrierte, meine Reaktionen abzuschätzen und Bewegungen zu wiederholen, bei denen ich zusammenzuckte oder aufstöhnte.

Meine Hände hatten sich auf ihre Haare gelegt. Ich versuchte, nicht zu fest daran zu ziehen, nicht zu grob zu sein, während ich ihr zeigte, in welchem Rhythmus sie ihren Kopf bewegen sollte.

»Und?«, fragte sie mit vollem Mund. Das Vibrieren, das sie dabei in ihrem Hals erzeugte, elektrisierte meinen ganzen Körper.

Ich spürte ihre Zähne leicht über meine Spitze gleiten und brauchte alle Beherrschung, um meinen Höhepunkt hinauszuschieben. Dieser Anblick, wie sie mich mit dem Mund befriedigte, ließ alle Sicherungen in mir durchbrennen. Sie war so rein, so unschuldig ... so *Sara*. Es fühlte sich an, als würde ich sie verderben ... für mich verderben. Und dennoch war es großartig.

»Steh auf.« Meine Stimme klang selbst für mich wie die eines Fremden.

Aber ich musste das hier unterbrechen, wenn ich nicht in ihrem Mund kommen wollte. Und das wollte ich nicht ... jetzt nicht. Irgendwann bestimmt, aber jetzt wollte ich vor allem eines: ihr zeigen, dass sie bei mir nicht die Kontrolle behalten musste.

Sie gehorchte, ohne zu zögern. Als sie vor mir stand, bückte ich mich und zog ein Kondom aus meiner Jeans, das ich geschickt überstreifte. Sie sah mir dabei zu, was mich noch mehr antörnte.

Verdammt, ich wollte sie. Hier und jetzt. Aber ich wollte es so tun, wie *ich* es tun wollte.

»Stell dich ans Fenster.«

Sie starrte mich einen Moment lang vollkommen perplex an, dann setzte sie sich langsam in Bewegung. Ich konnte ihr ansehen, dass sie sich unwohl fühlte, weil ich ihr die Kontrolle über die Situation genommen hatte, und schmunzelte unwillkürlich, während ich selbst zum Lichtschalter ging. Kurze Zeit darauf lag ihre Wohnung in Dunkelheit.

»Öffne das Fenster.«

Jetzt drehte sie sich zu mir. Ich konnte ihren Gesichtsausdruck gegen das fahle Licht, das von draußen hereindrang, nicht erkennen, aber ihrer Stimme war zu entnehmen, dass sie mich gerade für verrückt hielt.

»Es regnet draußen … bist du wahnsinnig?«, fragte sie.

Jap, vielleicht. Ziemlich sicher sogar. Und daran bist du schuld, Baby.

»Öffne es. Der Regen ist warm – ich war vorhin draußen.« Ich schlenderte langsam auf sie zu, während ich die Schultern leicht kreisen ließ.

Sie zögerte, dann drehte sie sich um und ich konnte ihre Silhouette gegen das Fenster sehen. Sie war so perfekt. So verdammt sexy. Und so gehorsam … sie öffnete tatsächlich das Fenster. Es roch nach Sommer – wie Sara wohl in einem Sommerkleid aussehen würde? Bestimmt ebenso perfekt wie nackt. Ach verdammt, mir fielen tausende Szenarien ein, die wir im Sommer durchspielen könnten … auf einer Parkbank, wenn sie nichts unter ihrem Rock trug. Auf einer Wiese. Beim Schwimmen.

Aber jetzt wollte ich sie hier ficken. Am Fenster, mit Blick über London. Ihre Wohnung lag im fünften Stock, was uns eine schöne Aussicht über die Dächer der Nachbarhäuser bescherte.

»Lehn dich hinaus«, murmelte ich, als ich dicht hinter ihr stand.

»Du willst mich doch nicht aus dem Fenster schubsen?«

»Definitiv nicht.« Ich musste grinsen über ihre Vorsicht. »Ich will, dass du die Kontrolle abgibst. An mich. Dass du mir vertraust.«

»Aber … wenn uns jemand sieht? Zudem ist es kalt. Und der Regen … ich könnte mich erkälten.«

»Nun, dieses Risiko müssen wir eingehen.« Ich ließ meine Hand über ihre Schulter den Rücken hinuntergleiten, bis ich ihren Po umfassen konnte. »Aber was wäre das Leben, wenn man nicht etwas riskiert?« Bei meinen Worten entwich mir selbst ein raues Lachen. »Zudem … ich werde gleich dafür sorgen, dass dir nicht kalt ist. Und jetzt lehn dich über das Fensterbrett.«

Ich konnte sehen, wie sich eine Gänsehaut auf ihren Armen bildete, als sie meiner Forderung endlich nachkam und mir ihr prachtvolles Hinterteil entgegenstreckte.

Der Regen prasselte sanft auf ihren Körper, was sie erzittern ließ. Es war eher ein Nieseln. Dennoch sammelten sich die Tropfen auf ihrer Haut und rannen über ihren Rücken wie tausend Finger, die sie streichelten. Der Anblick allein hätte schon genügt, damit ich in den nächsten Jahrzehnten nie wieder einen Porno schauen müsste. Denn *so* etwas sah man in keinem Porno. So etwas gab es nur hier, bei Sara.

Ich knetete ihre Pobacken und ließ dann meinen Schwanz langsam über ihre Spalte gleiten, so wie ich es in New York getan hatte, als sie sich über mein Sofa gelehnt hatte.

»Ich werde dich jetzt so lange ficken, bis du kommst«, raunte ich, während ich über ihren feuchten Rücken strich und die Regentropfen auf ihrer Haut verteilte. »Und ich will, dass du dabei keinen Ton von dir gibst.«

»Aber …«

Sie keuchte auf, als ich ohne Vorwarnung in sie eindrang. Da sie zwischen den Beinen beinahe genauso nass wie auf ihrem Rücken war, tat es ihr wohl kaum weh. Es war vielmehr der Überraschung zuzuschreiben, dass sie leise gluckste, während sie mich in sich aufnahm.

»Kein Ton.« Ich griff mit einer Hand nach vorn zwischen ihre Beine, um ihren Lustpunkt zu stimulieren, während ich mit der anderen eine ihrer Brüste massierte.

Sie erzitterte unter meiner Berührung und krallte sich ans Fensterbrett, als ich begann, mich langsam in ihr zu bewegen. Mein Becken klatschte leise gegen ihren Hintern, als ich härter zustieß, und sie musste sich sichtlich anstrengen, um nicht zu stark nach vorn zu rutschen und mir Widerstand zu leisten.

Der Regen prasselte unablässig auf sie herunter und ein paar Tropfen trafen auch mich. Doch ich spürte sie kaum, da meine ganzen Empfindungen einzig und allein bei Sara waren. In ihr drin.

Fuck, Baby … du bist so geil …

Meine Hand verließ ihre Brustwarze und glitt in ihre nassen Haare, um ihren Kopf etwas nach hinten zu ziehen.

»Sieh dir London an«, flüsterte ich, während ich meine Stöße weiter verstärkte und mit der anderen Hand ihre Lust noch steigerte.

Ein leises Wimmern drang aus ihrem Mund.

»Schhht. Du willst doch nicht, dass die Nachbarn dich hören können.« Ich genoss es, sie so wehrlos vor mir zu haben. In diesem Moment musste sie mir vertrauen. Und ich würde dieses Vertrauen nie – nie im Leben – missbrauchen. Dafür bedeutete sie mir viel zu viel.

Verdammt, ich liebte es, wenn sie mir vertraute. Es zeigte mir einmal mehr, dass ich es wert war. Dass ich es wert war, mit ihr hier zu sein – sie zu verwöhnen. Dass ich Sara verdiente … ein unbeschreibliches Gefühl.

»Sara«, keuchte ich, als ich spürte, dass sich ihre Muskeln immer stärker um mein Glied zusammenzogen. »Baby … du bist so eng.«

Ihr Körper erzitterte unter mir und nach ein paar weiteren Stößen rollte die Lust durch sie hindurch. Sie bog den Rücken wie eine Katze, warf dann den Kopf in den Nacken und ein unterdrücktes Stöhnen drang aus ihrem Mund hinaus ins nächtliche, verregnete London.

Gleichzeitig konnte auch ich nicht mehr an mich halten und sackte schließlich über ihr zusammen, drückte sie aufs Fensterbrett, wo ich mich mit den Armen abstützte, Sara zwischen mir und der Nacht gefangen.

»Evan«, seufzte sie. »Das war … ich …«

»Schhht.« Mein Mund lag nahe an ihrem Ohr. Auch mein Gesicht wurde jetzt von Regentropfen getroffen. »Hör auf, immer alles in Worte fassen zu wollen.«

»Aber …«

»Nein.« Ich stieß mich vom Fenstersims ab und zog mich aus ihr zurück. »Komm. Wir müssen warm duschen, sonst wirst du dich tatsächlich noch erkälten. Und das wäre zu schade … ich hab noch viel vor mit dir in den nächsten Tagen.«

Sie richtete sich ebenfalls auf und als sie sich zu mir umdrehte, ergriff sie die Hand, die ich ihr hinhielt. Ohne ein weiteres Wort ging sie an mir vorbei und zog mich in die Richtung, in der ich das Bad vermutete.

»Weißt du, Evan«, sagte sie leise, während sie die Tür öffnete und den Lichtschalter bediente, »ich werde Hannes für immer dankbar sein.«

Als ich den Blick hob, sah ich, wie sie mich über den Badezimmerspiegel anlächelte. Ihre braunen Haare wirkten jetzt schwarz, da sie nass waren, und ihre grünen Augen leuchteten mehr denn je. Das Lächeln rief kleine Grübchen in ihren Wangen hervor, die mir bereits aufgefallen waren, als ich sie zum ersten Mal gesehen hatte.

Sie war einfach nur perfekt. Perfekt für mich.

»Ich hätte nie gedacht, dass ich das mal sage.« Ich umschlang ihren Oberkörper mit beiden Armen und drückte sie mit dem Rücken gegen mich, während ich einen Kuss auf ihren Hals hauchte. Ich beobachtete im Spiegel vor uns, wie sie genüsslich die Augen schloss. »Aber ich denke, ohne ihn hätten wir dieses chaotische Abenteuer mit Goldfischen und Weihnachtskeksen niemals erleben können.«

Ihr Lachen war hell, klar, rein und hallte noch in mir nach, als ich ein paar Stunden später neben ihr im Bett lag, ihr Atem regelmäßig geworden war und mein Herzschlag sich beruhigt hatte.

Ihr Lachen. Ihre Blicke. Ihre Berührungen …

Wenn sich *so* Liebe anfühlte, dann hatte ich zum ersten Mal in meinem Leben das Gefühl, dass ich das verdient hatte.

Epilog

Sara

»Das ist nicht dein Ernst!«

Ich starrte auf die Tickets. Dann zu Evan. Und wieder auf die Tickets.

Er sah mich mit schiefem Lächeln an. »Doch, Baby. Und wie es das ist. Happy Birthday.«

»Aber …«

Er trat zu mir, packte mich um die Taille und zog mich dicht an sich. »Worauf haben wir uns geeinigt?« Er hob eine Braue, während er die Augen verengte.

Ich senkte den Blick erneut auf die Tickets. »Nicht so viel nachdenken. Erleben. Aber«, ich sah ihn erneut an, »das hier! Ich …«

Meine Worte blieben mir im Hals stecken, denn er presste seine Lippen auf meine und erstickte damit jegliche Einwände im Keim. Als er mich endlich frei gab, musste ich erstmal wieder zu Atem kommen.

»Ich würde sagen, du musst langsam nach Hause fahren und packen«, meinte Evan mit einem breiten Grinsen. »Vergiss die Mütze nicht.«

Damit ließ er mich einfach stehen und verschwand in seiner Küche, um das Geschirr abzuwaschen. Er hatte mir zur Feier des Tages Pasta gekocht … immer noch das einzige Gericht, das er kochen konnte.

Ich stand verdattert in Evans Londoner Wohnung und wusste einen Moment lang nicht, ob ich vor Freude lachen oder weinen sollte. Ein Blick auf die Geburtstagskarte, die mir mein Freund vor ein paar Sekunden zusammen mit einer roten Weihnachtsmütze in die Hand gedrückt hatte, nahm mir die Entscheidung ab.

Mein Blick verschleierte sich vor Tränen … Tränen der Rührung.

Er hatte die Geburtstagskarte selbst gezeichnet. Auf der Vorderseite waren zwei Goldfische in einem kleinen Glas zu sehen. Einer davon trug eine Weihnachtsmütze.

Darunter hatte er geschrieben:

Ich weiß, du magst keine Mützen,
doch diese wirst du anziehen, Baby.

Evans Handschrift war nicht die schönste, aber ich konnte sie inzwischen ohne Probleme entziffern.

Als ich die Karte umdrehte, standen da die Worte, die mir vorhin beinahe die Sprache verschlagen hätten:

Denn es wird kalt sein in New York.

»Leider werden wir bei Hannes wohnen müssen«, rief Evan aus der Küche. »Aber er überlässt uns seine Wohnung und zieht für die Dauer unseres Aufenthalts zu seiner Mutter. Außerdem hat er versprochen, uns nicht auf die Eier zu gehen. Und Matt Bakker wird die nächsten Jahre hinter Gitter verbringen – zwei Störquellen weniger also, was dazu führen könnte, dass wir wirklich ganz normalen Urlaub machen.«

Ich betrachtete abermals die beiden Flugtickets, die in der roten Weihnachtsmütze verborgen gewesen waren. Eines gebucht für ›Evan Wayne‹, eines für ›Sara Miles‹. Abflugdatum war der zwölfte Dezember. Morgen.

Immer und immer wieder las ich die Namen und konnte es erst nach und nach begreifen.

Mein Traum würde doch noch wahr werden … ich würde den Weihnachtsbaum am Rockefeller Center sehen. Und den romantischen Urlaub verbringen, den ich mir vor einem Jahr so sehr erhofft hatte – zusammen mit Evan.

Greetings from New York

Dank

Meine lieben Leser

Dies sollte eigentlich ein Weihnachtsroman werden … aber die Geschichte von Evan und Sara wurde für mich viel mehr als das. Ich habe viele Gefühle darin verarbeitet, viele Dinge, die mich in den vergangenen Wochen beschäftigt haben.

Ich möchte euch von Herzen dafür danken, dass ihr meine Leser seid und euch auf dieses Abenteuer eingelassen habt, das wieder einmal außerhalb vom Fantasy-Land Altra stattfand. :-)

Wenn nur ein kleiner Funken von dem, was ich euch gern vermitteln wollte, ankommt, bin ich glücklich. Ich hoffe, ihr hattet genau wie ich schöne Stunden mit Sara und Evan in New York (und auch in London ;-)). Dass Evan euch mit seinem Sarkasmus und seiner abweisenden Haltung nicht zu sehr genervt hat – und Sara euch mit ihrem Kontrollmonster auch nicht auf den Keks gegangen ist. Sonst haltet euch an Toni, die schwimmt immer noch fröhlich ihre Runden und freut sich über die Gesellschaft ihres Elvis.

Falls es euch gefallen hat, würde ich mich wie immer freuen, wenn ihr eine Rezension auf Amazon, Lovelybooks oder einem der anderen großen Online-Portale verfasst. Das ist für uns Autoren einfach so wichtig und hilft uns, weitere Bücher schreiben zu dürfen. Und FALLS es euch gefallen hat, hätte ich schon weitere Ideen zu anderen Büchern mit dem Haupttitel ›Unlike‹. ;-)

Wie immer geht mein Dank auch an meine Testleser. Andi und Jasmin Wurzel. Ihr seid großartig und habt mir mit eurem Feedback sehr geholfen. Danke auch an meine liebe Freundin Jasmin Romana Welsch, die die expliziten Szenen bereits vorab gelesen und für gut befunden hat. Das hat mir viel Mut gemacht, in Evans ›Slang‹ weiterzuschreiben. ;-)

Ich möchte zudem meiner Familie danken, die nach wie vor hinter dem steht, was ich jetzt tue, und akzeptiert, dass ich meinen Traum Wirklichkeit werden lasse.

Ich wünsche euch nicht nur eine schöne Weihnachtszeit, sondern allgemein eine ganz schöne Zeit mit euren Lieben. Liebt und lebt. Folgt euren Wünschen, schreibt sie nicht bloß auf. Probiert aus und bereut nicht. Das Leben ist eindeutig zu kurz, um falschen Entscheidungen hinterherzutrauern. Denn jeder Moment ist kostbar.

Alles Liebe
Eure Corinne

C. M. Spoerri wurde 1983 geboren und lebt zusammen mit ihrem Mann in der Schweiz. Ursprünglich aus der Klinischen Psychologie kommend, schreibt sie seit Frühling 2014 erfolgreich Fantasy-Jugendromane (u.a. ›Alia-Saga‹, ›Greifen-Saga‹) und hat im Herbst 2015 mit ihrem Mann zusammen den Sternensand Verlag gegründet. Weitere Fantasy- und New-Adult-Projekte sind dabei, Gestalt anzunehmen. Über ihre Homepage **www.cmspoerri.ch** werdet ihr über alle Neuigkeiten informiert.

Über das Schreiben sagt sie: »Schreiben ist für mich kein Müssen, kein Sollen und kein Erzwingen. Es ist ein Dürfen. Ich empfinde es als Privileg, dass ich andere mit meiner Leidenschaft beschenken, sie in meine Fantasie entführen und verzaubern darf. Solange es Leser gibt, die meinen Büchern Leben einhauchen, sie mit ihrer eigenen Fantasie nähren und von ihren erlebten Abenteuern berichten, ist es der schönste Beruf auf Erden.«

Die Autorin freut sich über jegliche Art von Post.
Kontaktiert sie über ihre Homepage oder schreibt ihr direkt eine Mail: **info@cmspoerri.ch**

Fan werden:

- Facebook: https://www.facebook.com/C.M.Spoerri
- Twitter: https://twitter.com/CMSpoerri
- Youtube: https://www.youtube.com/user/CMSpoerri

**Wenn Ihnen dieses Buch gefallen hat,
gefällt Ihnen vielleicht auch:**

C. M. Spoerri

Emilia: Dein Weg zu mir

1. Mai 2016, Sternensand Verlag

326 Seiten, broschiert

€12,95 [D]

New Adult Liebesroman

Als Taschenbuch und e-Book

Klappentext:
Partys. Reisen. Flirten. Das bestimmt den Alltag von Emilia dos Santos – bis sie vom plötzlichen Tod ihrer Eltern erfährt. Mit einem Mal ist ihr sorgloses Leben vorbei. Sie soll nach alter Familientradition das Weingut im Napa Valley weiterführen und sieht sich damit einer Verantwortung gegenüber, der sie sich nicht gewachsen fühlt. Ganz und gar nicht. Da hilft es auch wenig, dass ihr Jugendfreund Alejandro wieder auftaucht und sie unterstützen will. Denn seine Nähe verwirrt und verunsichert Emilia nicht nur, sondern stellt sie zusätzlich vor die unangenehme Aufgabe, ihren bisherigen Lebensstil zu hinterfragen ...

Besucht uns im Netz:

www.sternensand-verlag.ch

www.facebook.com/sternensandverlag